« Lire en psychanalyse »

Collection dirigée par Christian Fierens et Guy Mertens

La collection

On ne dépasse ni ne résume les grands textes. On peut tout au plus choisir de les lire et de se laisser altérer par eux. Lire c'est entrer dans la mouvance de la lettre. C'est la prendre et la faire travailler comme signifiant, c'est-à-dire lui donner une nouvelle signifiance, en prolonger le sens, et lui ouvrir la voie pour qu'elle trace son chemin vers sa destination renouvelée. Loin de chercher à fixer ou à collationner les significations de l'écrit, il s'agit au contraire de mettre en vibration les équivoques du texte pour l'amener à parler. Une telle pratique c'est déjà s'inscrire en psychanalyse. Lire en psychanalyse consiste à ouvrir l'avenir des textes fondateurs en leur donnant la puissance de signifiant, c'est-à-dire de signifier au-delà de ce qu'ils signifient grâce à l'acte de lecture.

Adressez les commandes à votre libraire ou directement à

Éditions L'Harmattan

5,7 rue de l'École Polytechnique
F - 75005 Paris
Tél : 00[33]1.40 46 79 20
Fax : 00[33]1.43 25 82 03
commande@harmattan.fr
http://www.editions-harmattan.fr

ISBN : 978-2-8066-3659-1 D/2019/9202/13

www.eme-editions.be

Pierre-Christophe Cathelineau

L'économie de la jouissance

EME éditions

Lep.

À mon père,

à ma femme

TABLE DES MATIÈRES

PRÉFACE

Claude Landman

Une chose est sûre, le livre de Pierre-Christophe Cathelineau, *L'économie de la jouissance*, ne laissera pas le lecteur indifférent. La question qui s'y débat en effet est celle que pose Freud en 1930 : les données que nous apporte l'expérience pourtant réduite de la psychanalyse et de ce qui s'y découvre, les impasses du sexuel, sont-elles susceptibles de rendre compte en raison du malaise dans la civilisation que chacun éprouve et à nous autoriser à en apercevoir une possible résolution ?

C'est ainsi, dans le droit fil de l'audace qui fut celle du Viennois, que l'auteur se situe en prolongeant son analyse à partir de l'apport décisif de Lacan concernant des différentes modalités selon lesquelles se décline la jouissance chez l'être parlant et qui détermine ses relations, tant avec l'autre sexe que dans le lien social et politique.

Ainsi nous est annoncé d'emblée (p. 11) que sera privilégiée ici « la question du lien entre la jouissance et le signifiant, en tant qu'elle régit l'ordre de l'*oikos*, c'est-à-dire de la maison et de tout ce qui tourne autour, la famille, la cité, la nation ».

La thèse soutenue dans cet ouvrage est donc celle de savoir si, à partir de Freud et de Lacan, une juste intelligence de la structure de la jouissance qui est à l'œuvre dans l'économie psychique, économie psychique qu'il n'y a pas lieu de distinguer de ce que l'on appelle l'économie en général, serait en mesure de nous conduire à un allègement du symptôme, c'est-à-dire de ce qui ne va pas dans le réel, aussi bien pour le sujet que dans la cité.

Pour soutenir cette thèse, Pierre-Christophe Cathelineau se livre à un formidable parcours, à la fois rigoureux et éclairant malgré les difficultés qu'il aborde, dans un style remarquable par sa simplicité. À cet égard, le lecteur que je fus peut témoigner des véritables effets de sens produits par certaines démonstrations souvent saisissantes par leur acuité et leur pertinence.

C'est ainsi que sont examinées successivement les conséquences éthiques et politiques du choix pour lequel opte le sujet dans le pari de Pascal, tel qu'il est repris par Lacan sous la forme d'une matrice à quatre entrées dans le séminaire *D'un Autre à l'autre* ; les ouvertures cliniques que permet l'invention de l'objet a par Lacan, à partir de la référence à l'objet primordialement perdu chez Freud ; le saut dans l'économie psychique et l'économie tout court que constitue la subversion par Lacan de la notion de plus-value chez Marx, véritable fondateur, à son insu et contre ses intentions, du capitalisme rationalisé, par celle, absolument décisive, du plus-de-jouir ; l'analyse actualisée de *Psychologie des masses et analyse du Moi*, par la référence lacanienne au Nom-du-Père et à l'au-moins-un ; la mise à l'épreuve du maniement du nœud borroméen à trois et du nœud borroméen généralisé dans le repérage des mutations de la subjectivité auxquelles nous assistons, en particulier dans la jeunesse.

L'appui pris sur ces références autorise l'auteur à examiner certains symptômes contemporains, étroitement liés à la domination sans partage du capitalisme néolibéral que Lacan avait anticipée en écrivant la formule du discours capitaliste. Se trouvent ainsi examinées : la forclusion de la castration et des choses de l'amour que ce discours introduit dans la relation homme-femme, induisant l'émergence d'un matriarcat désexualisé, la jouissance de l'objet positivé et la perversion généralisée qui en découle, ou la jouissance de l'identité dans le radicalisme djihadiste qui n'est pas structurellement différent de la montée du nationalisme et du populisme.

Je laisse le soin au lecteur de prendre la mesure de la richesse de ce remarquable ouvrage, véritable viatique pour ceux qui ne souhaitent pas rester impuissants face aux dangers qui menacent et s'orienter avec courage, en connaissance de cause, sur la voie d'une juste intelligence de la jouissance et des allègements qu'elle pourrait rendre possible.

Il est à la fois émouvant et pertinent de constater que Pierre-Christophe Cathelineau oriente sa conclusion, grâce à la référence au nœud borroméen à trois, vers ce qui serait l'inscription possible du rapport sexuel, susceptible de réaliser, en la subvertissant sur un mode laïc, la prescription inaudible de *L'Ecclésiaste* : « Tout est vanité, sans doute, jouis de la femme que tu aimes, c'est-à-dire fais anneau de ce creux, de ce vide qui est au centre de ton être, il n'y a pas de prochain si ce n'est ce creux même qui est en toi, c'est le vide de toi-même. »

Énigme qui pourrait se traduire et se résoudre aujourd'hui, comme l'auteur l'écrit p. 190 et 191, dans un passage décisif que je cite dans son intégralité :

> « C'est que ce trou au centre du nœud borroméen, représenté par l'objet a, est aussi bien ce lieu où vient se "lover" une femme dans le semblant pour un homme, que le lieu qui cause son désir pour un homme : il n'est plus positionné comme à l'extérieur du périmètre de son désir, comme dans les mathèmes de la sexuation, mais appartient à l'écriture du désir d'un homme en propre.
>
> C'est aussi que, dans le nœud borroméen simple, la jouissance phallique "co-habite" avec la jouissance Autre à l'intérieur d'une écriture qui inscrit en elles un rapport, un rapport de nouage. Pourquoi ne pas imaginer qu'un homme cherche chez une femme la jouissance Autre alors qu'il fait l'épreuve de l'impératif phallique dans la vie quotidienne ou au lit, et qu'une femme cherche la jouissance phallique alors qu'elle fait l'épreuve de cette absence, de cet ab-sens qui la transporte ailleurs, en un lieu Autre, et que les deux nouages en jeu pour cet homme et pour cette femme se superposent, alors qu'ils font chacun à leur manière porter sur la jouissance qu'ils visent à travers l'autre, la phallique pour une femme, la jouissance Autre pour un homme, sans jamais perdre de vue le lieu d'où ils s'autorisent à jouir, de la jouissance phallique pour un homme, de la jouissance Autre pour une femme. Si bien qu'au non-rapport constitutif des mathèmes de la sexuation et à cette barre infranchissable des écritures se substitue une Autre façon de vivre le lien à l'autre sexe dans l'échange des jouissances partagées. C'est peut-être l'un des ingrédients de l'amour que d'être capable d'un tel rapport, et c'est aussi la façon dont chacun est le plus intelligent avec la jouissance, pour rompre la malédiction d'un péché originel qui voue le sexe aux gémonies et la malédiction d'une écriture qui rend impossible l'existence d'un lien réel entre les sexes. »

Et comme le souligne à juste titre Cathelineau, ce qui pourrait ainsi cesser de ne pas s'écrire, à savoir le rapport sexuel entre un homme et une femme, emporterait un enjeu politique. En effet, si l'on suit Lacan, ce sont les effets d'une écriture, celle des discours, qui viennent organiser le lien social et politique entre les parlêtres, en se substituant à l'écriture impossible du rapport sexuel. Tout particulièrement le discours du maître où le rapport maître/esclave vient à la place du rapport homme/femme.

Place maintenant au plaisir de lire *L'économie de la jouissance* !

INTRODUCTION

Peut-on faire l'économie de la jouissance ? La question est à entendre dans les deux sens au moins. Il s'agit de savoir si, en apprenant à connaître la façon dont se met en place sa relation à la jouissance, un sujet pourrait en faire l'économie, c'est-à-dire s'en passer. Rien n'est moins sûr. La description économique de la jouissance permettrait-elle de dire que l'on pourrait s'en passer ? C'est l'objet de ce livre que de tenter d'y répondre à cette question. Mais c'est aussi bien d'économie de la jouissance, au sens de sa structure économique, dont je veux parler, en référence aux multiples textes de Freud sur l'économie à l'œuvre dans le psychisme. De cette économie, Freud a parlé en termes d'investissements, ce qui ne sera pas tout à fait le point de vue adopté dans ce livre, même si *Le Capital* de Marx fait l'objet d'un commentaire approfondi. Qu'est-ce qui sera privilégié ? La question du lien entre la jouissance et le signifiant, en tant qu'elle régit l'ordre de l'*oikos*, c'est-à-dire de la maison et de tout ce qui tourne autour, la famille, la cité, la nation.

Le guide de notre interprétation de la jouissance sera à l'entrée de ce livre le *Qohélet*, texte canonique de la Bible, auquel Lacan renvoie tout au long de son séminaire comme à cette énonciation d'un savoir de la jouissance à l'orée du judaïsme antique : « La sagesse comme il apparaît du livre même de la patience, de la sapience, qu'est *L'Ecclésiaste* c'est quoi ? C'est, comme il est dit là clairement, c'est le savoir de la jouissance[1]. »

Ce que dit le texte sur ce qui cause notre jouissance relève d'un scepticisme dont Lacan s'est bien souvent autorisé : « Tout est vanité. » Et le texte ajoute « poursuite de vent ». Comment traduire *evel* ? Saint Jérôme traduit par *vanitas*. Henri Meschonnic y entend l'autre sens de ce mot qu'est « la buée », et c'est entre le sens abstrait de la vanité et le sens concret de la buée que navigue l'écoute attentive pour entendre à la fois ce qui est vain et ne mérite aucun attachement du sujet et ce qui s'efface comme la buée. Mais Lacan y voit plus que vanité et buée, il le résume à un terme qui est celui du *semblant*, de ce qui, comme la buée, semble exister mais disparaît tout de suite, et de ce qui, comme la vanité, manifeste la fragilité du langage et des discours qui en dépendent

1 Jacques Lacan, « Leçon du 10 mai 1972 », *Ou pire*.

pour les êtres parlants que nous sommes. Le semblant, c'est le signifiant dans la buée et la vanité des discours qui nous disent quoi faire et comment faire, c'est-à-dire nous prescrivent une jouissance que chacun est bien en peine de réaliser et n'a même pas intérêt à réaliser.

Qohélet nous le dit sur tous les tons, lui qui fut roi. La tradition fait de Qohélet le roi Salomon lui-même. L'opprimé, comme l'oppresseur, le juste et l'injuste connaissent le même sort dans la mort, et il arrive même que le méchant après sa mort soit vénéré comme un juste et que le juste soit oublié. N'attends rien du discours des maîtres, mais garde-toi de quitter ta place, lorsque tu dois servir. Lorsqu'il te requiert, réponds présent, car un maître est un maître et c'est lui qui a le pouvoir, et son pouvoir est aussi de pouvoir te nuire. Qohélet respecte le semblant du discours du maître, mais refuse d'en être dupe. Mon livre examinera plus loin la nature de ce discours.

N'attends rien de la possession : Qohélet a eu palais, épouses et richesses et il en est revenu, comme si l'objet, cause du désir, était à jamais perdu pour celui qui prétend en jouir. Mon livre dira pourquoi la jouissance de l'objet se trouve à la fois prescrite et interdite, et que c'est à suivre cette prescription dans le discours capitaliste que le sujet se perd dans les méandres d'une consumation contre laquelle Qohélet nous met déjà en garde. Ce livre s'interrogera sur les risques que comportent l'économie de la jouissance de l'objet et sa transformation en jouissance de l'identité, comme une réponse aux dérives de la jouissance.

Il reste que, si la jouissance est un impératif venu de l'Autre particulièrement absurde et brutal, il existe des manières de répondre à cet impératif sans doute moins bêtes que d'autres, ni addiction, ni passion identitaire. Que reste-t-il au sujet pour y répondre ? Une éthique du désir, un lien social organisé par le nœud borroméen et la possibilité d'un rapport sexuel entre un homme et une femme. Nous aborderons tous ces thèmes qui nous paraissent cruciaux pour le sujet contemporain.

« Le Dieu des Juifs, c'est-à-dire un Dieu avec qui on parle, un Dieu qui vous demande quelque chose et qui, dans *L'Ecclésiaste*, vous ordonne Jouis. Ça, c'est vraiment le comble ! Car jouir aux ordres, c'est quand même quelque chose dont chacun sent que, s'il y a une source, une origine de l'angoisse, elle doit tout de même se trouver quelque part par là. À cet ordre "Jouis !", je ne peux répondre qu'une chose, c'est,

J'ouïs[2]. » L'ordre est inaudible pour Qohélet, pour nous comme pour les juifs, ou plutôt à la limite de l'inaudible même s'il a pu l'ouïr. Il y répond par cette mise en garde à l'endroit de la jouissance, mais aussi ce souhait qu'elle puisse s'accomplir dans le sexe. « "Jouis avec la femme que tu aimes." C'est bien le comble du paradoxe, parce que c'est justement de l'aimer que vient l'obstacle[3]. »

C'est tout l'enjeu de l'impossibilité d'écrire le rapport sexuel entre un homme et une femme, et le fait que, si un homme aime une femme, il ne peut pas en jouir vraiment, comme d'un objet, et s'il en jouit comme d'un objet, c'est qu'il ne l'aime pas ; dans les deux cas, il est floué. Lacan n'a pas toujours soutenu cette interprétation du *Qohélet*, puisque dans la leçon du 13 novembre 1968 du séminaire *D'un Autre à l'autre*, il suggère une interprétation qui semble faire droit à l'idée d'un rapport sexuel où le sujet dans le sexe rencontrerait avec sa femme le vide qui le constitue. « Tout est vanité, sans doute, jouis de la femme que tu aimes, c'est-à-dire fais anneau de ce creux, de ce vide qui est au centre de ton être, il n'y a pas de prochain si ce n'est ce creux même qui est en toi, c'est le vide de toi-même. » Énigme qui n'est approchée, dit Lacan, que dans la Kabbale.

Nous verrons en effet à la fin de notre livre comment la Kabbale résout cette énigme et comment le nœud borroméen permet de la résoudre, en montrant qu'un rapport sexuel est possible, qui se structure autour de ce vide, même si jusqu'à la fin des séminaires Lacan se refuse à reconsidérer la possibilité de cette inscription. C'est à nous aujourd'hui de la faire vivre.

2 Jacques Lacan, « Leçon du 19 décembre 1962 », *L'Angoisse*.
3 Jacques Lacan, « Leçon du 16 juin 1971 », *D'un discours qui ne serait pas du semblant*.

I. LE JOUIR DE LA MÈRE EST INTERDIT

« Vous êtes embarqués. »

Rappelons les données historiques du pari qui figurent dans le « Discours sur la machine », ordinairement consultable dans n'importe quelle édition des *Pensées*. Pascal tente de convaincre les irréductibles, ceux qui ne jurent que par la raison et n'accordent crédit qu'au calcul pour orienter leur existence, les gens qui aujourd'hui occupent le terrain des opinions et des idées et qui ne croient qu'aux jouissances bien réelles qu'offre l'existence. Comment convaincre ces libertins et ces athées qui anticipent largement le mouvement de la déchristianisation à venir qu'il est plus intéressant de parier en faveur de l'existence de Dieu et de l'engagement à son service dès cette vie terrestre plutôt que de faire le choix de la jouissance immédiate des biens de ce monde ? C'est la question du pari.

Quelles sont les étapes de ce raisonnement qui conduit à faire céder les raisonneurs ?

Tout d'abord Pascal énonce ses principes.

La considération de l'infini vaut mieux que celle du fini.

Dieu, c'est l'infini. Notre existence terrestre, c'est le fini. Or « le fini s'anéantit en présence de l'infini et devient un pur néant ». Il n'y a entre la plénitude d'existence offerte par l'infini et la simple existence conférée par notre existence finie aucune comparaison possible : l'un est plénitude d'existence, l'autre est pur néant.

Le péché de la créature finie que nous sommes est un fait existentiel que nous devons reconnaître, et Dieu n'accorde sa Grâce, c'est-à-dire la possibilité du Salut, qu'à une minorité d'élus.

Pour le dire autrement, Dieu condamne la plupart des hommes à l'enfer et il n'en sauve que quelques-uns sans que l'on sache pourquoi. C'est la Grâce qu'il accorde aux uns et qu'il refuse aux autres. On se souvient que les représentations du Christ janséniste en croix sont celles d'un crucifié aux paumes tournées vers l'intérieur, pour bien marquer qu'à l'intérieur du champ défini par ces paumes il y a ceux qui sont sauvés, un petit nombre, et à l'extérieur, champ infini, il y a les damnés, c'est-à-dire la plupart des hommes.

Si ces prémisses sont admises, que nous reste-t-il à faire, sinon choisir de penser que Dieu nous a accordé dans son infinie bonté le Salut.

Faudrait-il arguer des preuves de l'existence de Dieu pour soutenir sa foi en Dieu grâce à des démonstrations rationnelles ? Pour Pascal, c'est trop facile, car au total nous n'avons de Dieu pas la moindre connaissance. De Descartes, qui veut prouver l'existence de Dieu, il dit : « inutile et incertain ». Si nous avons par les mathématiques une véritable connaissance de l'infini, nous n'en avons aucune de Dieu, qui dépasse tout ce que la créature peut se représenter. Il est intéressant ici de rapprocher l'argumentation de Pascal avec celle de Maïmonide sur Dieu, prononcée quelque six siècles plus tôt dans le *Guide des égarés*. C'est, on s'en souvient, la négation de la négation qui avec Maïmonide permet de cerner négativement l'essence de Dieu, sans que l'on puisse la définir positivement par la moindre connaissance. Elle consiste à nier en lui ce qui pourrait être fini du point de vue de la créature : par exemple, nous pouvons nier qu'il n'est pas tout-puissant, pour approcher ce qu'est la puissance de Dieu.

Pascal nous dit presque la même chose, en allant un peu loin dans l'aveu d'un échec de la connaissance de Dieu par la créature finie. La connaissance de Dieu est une béance pour la créature, qui n'est comblée par aucun savoir. Par conséquent il y a une incompréhensibilité radicale de l'essence de Dieu, qui est inaccessible à la connaissance, et il est donc impossible de prouver son existence, comme le croit par exemple la tradition scolastique depuis saint Thomas d'Aquin, mais surtout à son époque Descartes, qui en rajoute sur les preuves.

Ce n'est donc pas dans cette direction qu'il faut s'orienter, mais du côté de la théorie des jeux, c'est-à-dire d'un raisonnement qui parte de l'incrédulité du mondain pour lui montrer par le calcul qu'il a un intérêt rationnel à parier pour Dieu sans qu'il en ait bien sûr la moindre connaissance. Rappelons ici que Pascal est à la pointe de la connaissance mathématique de son époque. Il vient d'être sollicité par le chevalier de Méré pour résoudre plusieurs problèmes qui concernent le calcul des probabilités et pour fonder ce qu'on appelle aujourd'hui la théorie de la décision.

D'où la question pascalienne par excellence : « Que gagerez-vous ? » En un mot, qu'est-ce que vous êtes prêt à parier et pourquoi ? Il faut par le pari traiter la question de savoir s'il vaut la peine de dire que Dieu est ou n'est pas, en déterminant en même temps le gain que nous rapporte le fait de parier sur son existence ou le fait de ne pas parier sur elle. En jouant, on détermine à la fois l'enjeu, c'est-à-dire la mise, et à la fois le partenaire du jeu, selon qu'il existe ou qu'il n'existe pas, c'est-à-dire Dieu.

Pascal affirme en effet qu'il se joue un jeu pour chacun d'entre nous.

Une première réaction du philosophe mondain et libertin consistera à dire qu'on ne s'assoit pas à la table de jeu, on ne parie ni sur son existence, ni sur son inexistence. C'est une première possibilité qui est proposée par le texte de Pascal. Nous y reviendrons.

Mais Pascal passe outre ; il faut parier ! C'est un point tournant de la démonstration : « Ce n'est pas volontaire, vous êtes embarqués ! » Chaque créature est un joueur malgré lui et s'il lui appartient peut-être de ne pas participer au jeu, elle se rend vite compte qu'elle est embarquée, son existence de sujet l'embarque dans un pari pour ou contre l'existence de Dieu.

Ici Lacan s'arrête pour signifier la modernité du pari de Pascal.

« Nous sommes embarqués » signifie que c'est notre vie qui est à ce niveau du jeu engagée et que le pari de Pascal se situe de façon prémonitoire, comme Descartes, du point de vue de l'existence du Je. Pour s'en convaincre, il faut relire ces pages à la lumière de notre logique contemporaine, la logique néolibérale, celle qui prévaut aujourd'hui dans le calcul rationnel de nos intérêts et dans leurs anticipations rationnelles.

Qu'est-ce qui compromet le moins nos intérêts ? s'interroge Pascal à l'adresse des froids calculateurs que sont selon lui ceux que la religion n'émeut plus. C'est la question, si on y pense, assez blasphématoire pour l'époque, mais sans doute si actuelle, que pose Pascal, et dont dépend l'issue de la démonstration.

Il faut faire entendre au raisonneur qu'il est plus intéressant de parier pour Dieu, avec le risque de perdre sa mise, si Dieu n'existe, que de ne pas parier, ou de parier qu'il n'existe pas. Logique libérale avant l'heure.

Si je parie pour, nous dit en substance Pascal, je mets dans la balance cette mise qu'est ma vie, et cette mise me rapporte, si Dieu existe, une infinité de vies bienheureuses. Le calcul est vite fait sur la base d'un principe simple : le pari est équitable si l'espérance mathématique – produit du gain par la chance – est égale à l'enjeu, et avantageux si elle lui est supérieure. Supposons par exemple qu'il y ait une chance sur deux que Dieu existe (1/2), alors si je sacrifie ma vie dans l'espérance d'en gagner deux dans l'au-delà, l'espérance mathématique est égale à 1 (2 x 1/2). Le pari est intéressant si, sacrifiant ma vie, j'en obtiens deux en échange de ma croyance en Dieu.

La raison pour laquelle il serait aberrant de ne pas parier pour Dieu, c'est que si Dieu me garantit dans l'au-delà, non pas deux, trois, quatre, mais une infinité de vies en échange du sacrifice de ma vie terrestre, alors on voit qu'il est d'autant plus léger de sacrifier sa vie que l'espérance mathématique du gain est infinie.

Quel sens clinique a ce pari pour Lacan ?

C'est que le pari n'est pas compréhensible sans cette notion essentielle dont Lacan dit qu'elle est sa seule invention, l'objet a. Lacan n'a cessé d'affiner son approche. Qu'est-ce que l'objet a ? C'est cet objet que le sujet est appelé à désirer du fait des pulsions qui sont associées aux orifices de son corps. Lacan construit sa théorie de l'objet a sur les fondements de la théorie freudienne des pulsions. Ainsi, la bouche lui désigne-t-elle un objet oral, le sein, les orifices urinaires et anaux un objet lié au soulagement et à la défécation, l'urine et les fèces, les yeux le regard, les oreilles la voix, sans compter la lettre, comme objet a, qui naît de la pratique même de la parole, autant d'objets a que de pulsions qui y sont associées. Pourquoi a-t-il partie liée avec le désir ? Parce qu'à travers lui se constitue le fantasme : le sujet vise cet objet au-delà de la pulsion qui l'oriente vers l'objet qu'il a choisi de façon élective. Or cet objet, le sujet n'y a pas accès et il vaut mieux pour lui qu'il soit perdu, sauf à risquer d'être littéralement possédé et habité par cet objet comme la psychopathologie ordinaire permet de le faire valoir. Névroses, psychoses et perversions sont chacune à leur manière des passions de l'objet dont le sujet ne peut se déprendre qu'au prix d'un travail analytique. C'est précisément cet enjeu que Lacan veut nous faire entendre à travers le pari de Pascal. Il s'agit de faire entendre que la condition d'un rapport apaisé au désir est que le sujet se soit dépris de l'objet a. Voilà le but du commentaire du pari de Pascal.

L'objet a est donc premier et cause pour le désir d'un sujet. C'est de lui qu'il va s'agir pour la clinique. C'est à cet objet a qu'a affaire le patient. C'est aussi à lui qu'a affaire le sujet, individu ou citoyen, et sa position de sujet désirant dépend de cet objet.

Dans la leçon du 29 janvier 1969 du séminaire *D'un Autre à l'autre*, Lacan formule pour nous l'enjeu clinique du pari qui est celui de notre modernité à la croisée des chemins concernant la jouissance. Avec ce pari sur l'existence de Dieu ou sur son inexistence, c'est de cette modernité qu'il s'agit, celle qui s'interroge sur Dieu et sur l'engagement qu'exige la foi, et celle qui propose les voies d'une sortie de la religion, pour autre chose. « Voici donc ce qui est engagé, quelque chose (...) dont nous disposons pour le jeu, c'est à savoir une mise, cette mise figurons-la, c'est légitime, à partir du moment où nous avons pu nous-mêmes nous avancer pour saisir ce qui est en cause dans la question, à savoir ce plus énigmatique qui nous fait être tous dans le champ d'un discours quelconque, à savoir le a. »

La mise du sujet

Quelle est pour Pascal la mise du sujet ? Nous l'avons vu, c'est le sacrifice ou l'engagement d'une vie dans l'affirmation de l'existence de Dieu.

En quoi cette mise rejoint-elle celle à laquelle n'importe quel sujet a affaire dans son existence, mais aussi au cours d'une cure analytique ? C'est que pour Lacan sous le terme de vie se dissimule la cause même du désir, qui est cet objet.

La mise, qui est bien « une vie » pour Pascal, n'est autre que l'objet a. À cet objet nous aurions tous à renoncer.

Pour Pascal, il est clair que cet objet, cette vie ne valent rien au regard de l'infinité des vies bienheureuses promises par le discours religieux, si Dieu existe. C'est un zéro par rapport à l'infini : « C'est seulement par rapport à (l'infini des nombres entiers) que devient inefficient l'élément de départ, je veux dire neutre (...). C'est à ce titre qu'il devient zéro puisqu'il s'identifie à l'addition du zéro à l'infini, le résultat de l'addition ne pouvant se figurer que du signe qui désigne un des termes. » En un mot le zéro n'est rien par rapport à l'infini. Si la mise est zéro, c'est-à-dire l'objet a ou une vie, le gain est l'infini.

C'est dire qu'à l'horizon de la religion il y a une jouissance infinie : ce que Pascal appelle, dans le fil du pari et de la scolastique thomiste, les béatitudes. Si le gain est infini, Dieu représente un Autre dont la propriété principale conformément à la tradition religieuse la plus établie est d'être sans manque, sans la moindre trace de négativité : Lacan le formalise d'un A qu'il ne barre pas de la barre du manque et de la négativité.

La disproportion entre le rien et l'infini, entre la mise qui ne correspond à rien, la vie, l'objet a et cette infinité de vies bienheureuses a pour Pascal comme conséquence d'ôter tout parti. « Cela ôte tout parti », nous dit-il pour suggérer en une phrase lapidaire que cette disproportion abolit toute notion de juste répartition des enjeux entre les joueurs, nommément entre Dieu et sa créature, si le pari était interrompu.

Ici Pascal fait une allusion rapide à la règle dite des partis, qu'il a mise au point avec le chevalier de Méré et Fermat : quelle serait la juste répartition d'une mise commune si un jeu en plusieurs étapes était interrompu avant qu'il ne soit terminé ? On démontre qu'il est par exemple équitable, si la partie se fait à plusieurs joueurs en quatre temps et que nous misions chacun trente-deux pistoles au début du jeu, que je récupère ma mise si nous arrêtons le jeu avant le quatrième temps. Mais ici le jeu ne s'interrompt pas. Il n'y a qu'un temps pour parier et pour jouer. La règle des partis ne s'applique pas. La mise et le gain sont immédiats ; le jeu est engagé et s'interrompt immédiatement dès la première mise et la première manche, parce que nous sommes embarqués et c'est notre vie, c'est-à-dire notre rapport à la cause de notre désir qui est d'emblée en jeu. Telle est l'existence du sujet face à Dieu et face à lui-même.

Si le commentaire de Lacan s'arrêtait là, nous n'aurions droit qu'à un discours visant à faire l'apologie de la religion en garantissant la jouissance d'un au-delà improbable. Mais ce n'est absolument pas la visée de Lacan, même s'il montre que le discours religieux a le plus étroit rapport avec la jouissance du fait que la renonciation à l'objet a qu'est la vie est récompensée d'une jouissance infinie dans l'au-delà. Lacan vise autre chose.

Cette jouissance est figurée en haut à gauche d'une matrice en quatre cases qui indique d'une part ce que nous acceptons de miser pour Pascal relu par Lacan et ce que nous gagnons en échange de cette mise. Dans la case en haut à gauche, vous le voyez, parions pour l'existence d'un Autre pleinement existant et sans manque : ce qui est marqué par la proposition « Pour » et la lettre majuscule A qui signifie que l'Autre, le grand Autre, n'est pas barré, bref que Dieu existe dans le vocabulaire de Pascal, qu'il n'est pas un pur trou dans le discours, un pur manque. Il existe bel et bien, et le pari de Pascal consiste donc à lui abandonner la vie misérable qui nous porte pour espérer accéder dans l'au-delà à une infinité de vies bienheureuses, comme le dit Pascal. Cette vie misérable n'est rien, elle est égale à 0 et ce que nous pouvons espérer est infini : +∞

	Pour
A	0, +∞

Est-ce à ce choix que nous invite Lacan ?

Pas du tout. Son propos est celui d'un discours qui sort résolument de la religion pour montrer que, par rapport au discours religieux, il y a au moins trois autres possibilités, où la position éthique d'une fin de cure n'est finalement qu'une solution parmi d'autres, mais somme toute la plus rationnelle.

La solution de Pascal est de parier pour Dieu et de renoncer au rien, à zéro pour l'infini. « Infini, rien ». C'est celle d'un Autre pleinement existant, sans manque et qui pourvoit infiniment à la jouissance du sujet. C'est l'essence même du discours religieux à l'œuvre *in fine* dans les trois monothéismes : que cette infinité soit ici-bas dans le judaïsme ou au-delà dans le christianisme et l'islam, peu importe, le croyant fait l'expérience de cette infinité dans la foi.

Celle de Lacan est tout Autre, et il doit parcourir avec son auditoire deux autres possibilités offertes par le discours avant d'abattre ses cartes pour énoncer ce que le psychanalyste peut attendre d'un sujet s'il veut être en règle avec la jouissance et l'objet a.

La seconde possibilité après celle de Pascal est celle-là même du monde contemporain face à Dieu et à la jouissance, rien moins : elle consiste à dire que la vie et l'objet a, on les possède et on en jouit, sans limites et qu'en aucune façon il n'est envisageable de les perdre. Aucune perte. Lacan évoque à ce propos l'enfer, jouant avec Pascal sur l'équivoque de la signification religieuse d'un tel enfer. Ne pas renoncer à la vie, c'est-à-dire à l'objet a, et se prononcer ainsi contre Dieu, c'est-à-dire contre l'Autre, ce serait toujours tenir Dieu pour tout-puissant et infini, mais en venir à se faire payer le prix de cette jouissance dans son existence réelle. En réalité, la seule question pertinente qui se pose est de savoir exactement ce qu'il faut entendre par enfer. Est-il légitime de limiter l'acception de l'enfer à sa seule signification religieuse, l'expérience de damnation éternelle dans l'au-delà, ou ne doit-on pas élargir cette signification à sa portée clinique dans l'existence ou dans la cure ?

Qu'est-ce que l'enfer pour chacun, sinon précisément les effets sur nous d'un refus caractérisé de renoncer à la possession et la jouissance de l'objet a, c'est-à-dire à ce que Pascal appelle la vie. Nous connaissons les représentations de l'enfer, ces jardins des supplices tous plus horrifiques les uns que les autres que l'iconographie chrétienne en particulier a abondamment illustrés dans ses fresques et ses tableaux. Il y a par exemple – c'en est un exemple parmi des milliers – dans Jérôme Bosch des représentations abominables qui n'ont pu être imaginées qu'à partir des témoignages de la vie réelle ou fantasmée des sujets. C'est en substance ce que nous dit Lacan. Pour lui, cette proposition sur l'existence de l'enfer peut paraître scandaleuse ; il s'en étonne, puisqu'il est tout à fait clair et manifeste que cet enfer, on n'a jamais pu l'imaginer en dehors de ce qui nous arrive tous les jours, nous y sommes déjà. Ce qu'il appelle « l'étanchage de l'objet a », c'est cette façon que nous avons ordinairement d'être l'esclave consentant d'une jouissance sans limites de l'objet qui nous fait souffrir et nous tourmente à l'image des suppliciés des peintures de Jérôme Bosch.

En tout cas cet enfer, qui est le nôtre et dont le soubassement religieux peut scandaliser, est bel et bien figuré en haut à droite de la matrice :

	Contre
A	a, -∞

Pour le dire autrement, je garde le a que je refuse de sacrifier à l'Autre, mais continue de prétendre que cet Autre existe et qu'il veut que je lui sacrifie quelque chose dont je souhaite jouir sans restriction.

L'enfer, c'est donc l'enfer de celui qui continue de croire en l'existence de l'Autre, qui même en attend tout, qui est soumis à sa demande, pour lequel l'Autre n'est pas du tout barré. C'est pourquoi il est sur la même ligne que celui qui abandonne sa vie misérable au grand Autre en échange d'une infinité de vies bienheureuses. Paradoxalement, celui qui choisit l'enfer *hic et nunc*, ici et maintenant, le névrosé, le pervers, le psychotique, ne renonce pas à l'objet a, il en jouit, il le garde pour lui bien en poche et il s'insurge contre cette figure imaginaire de l'Autre, de Dieu – pourquoi pas –, qui lui demande à lui, quelle honte ! d'y renoncer. Il est contre cette figure de l'Autre, et son opposition radicale le fait exister, comme le croyant prêt au sacrifice. Qu'il s'agisse du discours religieux ou sa forme oppositionnelle avec les structures psychiques traditionnelles, c'est toujours d'une façon ou d'une autre une tentative désespérée de faire exister cet Autre qui pour Lacan n'existe pas. Autant dire que Lacan essaie par cette matrice de prendre ses distances avec les effets de l'objet a et avec la demande d'un Autre qui serait habité par quelque puissance souveraine.

Cette jouissance infernale, elle est ici très bien symbolisée par $-\infty$. C'est, dirions-nous, une infinité de vies infiniment malheureuses sous les dehors d'une jouissance qui se veut sans limites !

Notons la grande actualité de cette matrice en ce qu'elle vise deux formes d'aliénation à une jouissance infinie, celle que les croyants ont l'illusion de trouver dans l'au-delà et celle que les non-croyants veulent trouver ici-bas dans les objets pour lesquels ils se passionnent sans en mesurer les risques.

Qu'est-ce en effet par exemple que le djihadisme, sinon la forme islamiste d'un pari supposé réussi ? Il est valable dans toutes les religions, la juive, la chrétienne, la musulmane. Il suffit de vouloir sacrifier sa vie pour un Autre supposé exister, débordant d'existence, sans aucun manque, pour être dans la même logique que celle du djihadiste de base. S'il y a une forme de fanatisme à parier ainsi, ce fanatisme est universellement partagé par ceux qui revêtent le lieu de l'Autre de la dimension d'une existence positive et, j'allais dire, il y a de la noblesse illusoire dans ce sacrifice suprême, jusqu'au moment où l'on s'aperçoit que ce lieu de l'Autre ne demande rien, ne veut rien, car il est à proprement parler vide.

C'est le point où en est celui qui galère avec les jouissances, le sujet de la « nouvelle économie psychique », comme nous le dit Charles Melman dans un ouvrage paru il y a près de dix ans, celui qui est *addict* à Internet et aux jeux vidéo, qui est *addict* à l'alcool, aux stupéfiants, à la pornographie, au sport ou à toute autre activité supposée représenter la jouissance suprême et pour laquelle il est prêt, lui aussi, à sacrifier sa vie. Une jouissance sans limites, comme celle que nous représente en boucle la pub avec ses véhicules rutilants roulant sur des routes infinies en ville comme à la campagne et incarnant la puissance ; ou telle qu'elle nous est représentée dans la matrice par + ∞ ou - ∞. Deux possibilités pour une même impasse.

S'il y a quelque chose que montre la matrice développée par Lacan, c'est que pour le fanatique comme pour le pécheur, celui qui jouit sans limites, il y a toujours un Autre supposé garantir cette jouissance, l'appeler de ses vœux sur terre comme au ciel, comme on dit. Cet Autre n'est pas barré dans la matrice. C'est ainsi qu'il est relativement facile de montrer avec cette matrice que, pour un grand nombre de jeunes, le passage de la délinquance et de l'addiction systématique à l'islamisme radical – c'est-à-dire d'un enfer à un autre, et assurément c'est ce qu'ils ont fait et vécu avec Daech – relève de l'enfer et n'est qu'une façon alternative de faire vivre la jouissance de l'Autre, de jouir de l'Autre et de son existence. Il faut voir le film *Salafistes*, sorti en 2016, et constater le caractère infini de la jouissance dans laquelle ces jeunes ont été engagés, jusqu'au sacrifice. Car c'est cela qu'il y a à l'horizon de l'addiction ou du sacrifice.

Que dire à ce stade du pari de Pascal, sinon qu'il figure bien la façon dont, tous autant que nous sommes, nous sommes embarqués au regard du grand Autre et de l'objet a ? Nous ne cessons de l'étancher, si nous pensons que c'est ce que l'Autre nous veut, veut pour nous ! Nous l'étanchons à en crever ! C'est le noyau symptomatique de la psychopathologie commune, pas seulement celle des djihadistes.

Mais Lacan s'en tient-il à énoncer ces impasses ou va-t-il plus loin ? En rester là donne déjà un excellent coup d'œil sur ce qui se passe aujourd'hui dans notre monde contemporain. Mais il y a encore deux autres réponses possibles, dont l'une est développée par Pascal au début de son « Discours sur la machine », le texte du pari, et dont l'autre n'est pas évoquée par Pascal. Lacan rend compte de ces deux autres réponses.

Continuons sur celle à laquelle il ne s'arrête pas, celle de Pascal, qui ne l'intéresse qu'à moitié, et finissons sur ce qui sera la conclusion de ce parcours et un début de solution au problème posé par le pari.

Refuser de s'asseoir à la table de jeu : l'imposture philosophique

Il y a encore une façon de prendre les choses qui consiste tout simplement à refuser de s'asseoir à la table de jeu, c'est-à-dire prétendre qu'à aucun niveau nous ne serions embarqués dans quoi que ce soit. Pascal évoque cette possibilité au début de son discours.

Comment est-ce symbolisé dans la matrice ?

	Contre
Ⱥ	a, 0

Pour le dire autrement, je garde l'objet a, je garde la mise et je prétends en jouir, je ne crois en rien et je parie contre toute croyance, je ne suis dupe de rien, auquel cas mon gain est nul. Qu'est-ce que ça signifie, sinon que je ne suis pas embarqué et que je refuse de m'asseoir comme tout le monde à la table du jeu ? Qui est-ce ? C'est sans doute celui qui se berce de l'illusion de n'être pas embarqué. Qui ?

C'est à ce moment qu'il faut citer Lacan, et ceux qu'il vise nommément avec Pascal.

Or ce dont il s'agit et ce que veut dire en particulier le discours de Lacan quand il reprend celui de Freud, c'est très précisément qu'à se fonder sur ce que ce discours a ouvert, il se distingue essentiellement du discours philosophique. En quoi s'en distingue-t-il ? En ce qu'il affirme la primauté de l'objet a et que, comme le montre Pascal, c'est une pure illusion de croire que l'on pourrait ne pas être embarqué. Que dit un peu plus loin Lacan du sujet pensant ? « Dès qu'on monte sur la table de jeu, et Dieu sait si elle est déjà montée, il est d'abord le a » : le sujet pensant est avant même de penser pur objet pour l'Autre. Parce qu'il est embarqué, avant même d'avoir la capacité de penser, dans le discours de l'Autre qui le fait équivaloir à un pur et simple objet dans le désir de ses parents. Donc, nous dit Lacan, il n'y a pas besoin de penser pour être fixé comme a. Pour Lacan c'est déjà fait, contrairement à ce qu'on peut imaginer, précisément, de la lamentable carence, de la futilité de plus en plus éclatante de la philosophie, à savoir qu'on peut renverser la table de jeu ou ne pas y être présent.

Cette troisième solution est, disons-le, la plus fausse et la plus futile, celle d'un certain discours de la liberté revendiqué par la philosophie qui prétendrait que le sujet pensant pourrait n'être embarqué dans aucun pari. En réalité, tout sujet l'est, engagé, et ce discours qui prétend s'opposer à cette détermination est soit faux, soit futile, soit les deux à la fois, parce qu'il fait l'impasse sur ce qui constitue le sujet pensant, soit sa détermination par le langage contre laquelle il ne peut rien, sauf à se nourrir des illusions de sa liberté.

Mais cette détermination par le langage qui à un moment donné de son existence fait du sujet pensant un objet par rapport à l'Autre l'oblige à choisir entre ce destin que nous avons vu être le destin commun de la psychopathologie contemporaine, devenir le jouet de la jouissance de l'Autre pour n'avoir pas voulu renoncer à l'objet a et à ce statut d'objet. C'est le destin du sujet ordinaire aujourd'hui, se constituer comme objet de la jouissance de l'Autre, c'est la ligne supérieure de la matrice, celle qui rassemble croyants et non-croyants dans une même passion de l'objet et de la jouissance de l'Autre.

Il ne nous reste plus qu'à indiquer ce qui à ce stade de la réflexion de Lacan est une meilleure réponse à cette façon dont nous sommes tous embarqués dans la jouissance pour le meilleur et pour le pire.

Le choix des pépères

Que se passe-t-il si par hasard j'estime que Dieu n'existe pas, c'est-à-dire que le grand Autre est vide de toute existence, qu'il est un trou sans réponse, bref qu'il est comme le note Lacan barré (A̸) ? Est-il toujours possible de se prononcer en faveur d'un Autre vide et de croire en ce vide, en renonçant à cet objet a, c'est-à-dire, comme le croyant de Pascal, en se proposant de le perdre, mais cette fois en n'attendant rien de cette perte, aucune jouissance infinie, absolument rien ? Quelle est cette singulière position de parieur, celle d'un sujet qui parie pour ne rien gagner à la fin et qui pense que l'Autre est vide, sans Dieu à satisfaire ? C'est pourtant vers cette solution que nous engage Lacan.

Si le sujet est pour Lacan supposé savoir que Dieu n'existe pas, pourquoi ne pas penser que le a, il peut l'engager tout de même, le perdre, tout simplement ? C'est d'autant plus possible qu'il est de sa nature d'être perte, car pour mesurer ce qu'il en est d'un jeu où ici c'est à un certain prix qu'il le garde, le prix de moins l'infini, il peut être légitime pour lui de se demander si cela en vaut la peine, de se donner tellement de mal pour le garder. S'il y en a qui le gardent au prix de la perte moins l'infini, il a existé des gens qui balançaient le a sans avoir aucun souci de l'immortalité de l'âme. C'est en général ce qu'on appelle des sages, des gens pépères, dit Lacan. Cela a beaucoup de rapport avec le père. Voici la matrice de cette possibilité offerte au sujet dans une analyse ou en dehors :

	Pour
Ⱥ	-a, 0

L'objet a est marqué d'un signe négatif (- a), ce qui signifie qu'il est soustrait au sujet, mais dans l'espoir d'aucun gain (0), sinon celui d'être éloigné de l'enfer, bref d'une souffrance peu supportable. S'ajoute à cela l'expérience que chacun peut faire dans une analyse que l'Autre est vide, qu'il n'attend rien du sujet et que néanmoins il faut parier sur ce vide qui n'attend rien, qui ne veut rien. Fini l'infini de jouissances sans limites pour la souffrance qu'elles impliquent !

Lacan abat ses cartes ici. S'il a choisi de commenter le pari de Pascal, c'est pour dire ce qu'il en est du destin de chacun et de chacune au regard de la jouissance et de l'objet a. Ne pas y renoncer ou y renoncer n'a pas pour le sujet le même effet. C'est parce qu'on n'y renonce pas, comme nous l'avons montré plus haut, que c'est l'enfer, et la psychopathologie contemporaine est l'illustration de cet enfer, enfer religieux, enfer libéral – qu'on croie que Dieu existe ou que l'on s'imagine qu'on est libéré de l'Autre parce qu'on croit qu'il n'existe pas, alors qu'on ne cesse de nourrir sa demande infinie de jouissance.

Mais c'est parce qu'on y renonce qu'on peut être dit « pépère ». On y a même intérêt, compte tenu des conséquences que l'on observe pour soi et pour les autres d'une jouissance à laquelle on n'aurait pas renoncé. Ce n'est pas un choix moral, au sens où il serait moral de renoncer à la jouissance, comme le suggèrent les morales prescriptives, religieuses ou non, c'est plutôt le choix de la tranquillité des pépères contre l'enfer des addictions aux objets de consommation ou à Dieu…

Si je renonce, se dit le sujet, j'obtempère, j'opte en père, dirions-nous d'un jeu de mots qui fait ressortir ici la richesse de la langue française.

Lacan les a appelés les pépères. On aurait tort pourtant de minimiser l'aisance de leurs déplacements, mais ce que Lacan veut nous faire remarquer, c'est que c'est en tout cas là que, nous, dans l'analyse, nous avons placé la bonne norme.

La question est donc bien de savoir se détacher de l'objet a pour un sujet, c'est là que se situe la « bonne norme », qu'on y arrive par ou sans la psychanalyse. La suite de ce que dit Lacan mérite d'être citée intégralement, car il n'a sans doute jamais été aussi explicite sur ce qui constitue la fin de l'analyse pour un sujet.

« Le plus-de-jouir, c'est-à-dire l'objet a, est expressément modulé comme étranger à la question, si la question dont il s'agit dans ce que l'analyse peut permettre comme le retour à la bonne norme, comment ne voit-on pas que cette norme s'y articule comme la loi, la loi sur laquelle se fonde le complexe d'Œdipe et dont il est tout à fait clair par quelque bout qu'on prenne ce mythe que la jouissance s'y distingue absolument de la loi ; jouir de la mère est interdit, dit-on, et c'est ne pas aller assez loin, ce qui a des conséquences, c'est que le jouir de la mère est interdit. »

D'où l'importance de la fonction du père, comme nom, qui est comme pour le pari toujours une question de foi, même si Dieu n'existe pas.

Parier sur le Nom est donc équivalent pour Lacan à dire que l'Autre est vide et à lui abandonner l'objet a, sans même penser que ce soit cela qu'il veuille. Cette question du Nom-du-Père sera donc toujours l'exact corrélat de la question de l'objet a dans cet ouvrage, car c'est pour Lacan la seule porte de sortie possible par rapport à cette jouissance contemporaine infinie pour le meilleur et pour le pire, nous le verrons.

	Pour	Contre
A	$0, +\infty$	$a, -\infty$
A̸	$-a, 0$	$a, 0$

Il n'en demeure pas moins qu'aujourd'hui la jouissance de l'objet telle qu'elle est décrite par Lacan à propos du pari a envahi tout le champ du désir, en ne laissant même pas l'alternative au sujet d'être pépère, c'est-à-dire de se séparer une fois pour toutes de cet objet qui est à l'origine de l'enfer où il vit.

D'où vient que cet objet a envahi le champ de la réalité ? Lacan le dit et l'explique dans les séminaires *D'un Autre à l'autre* et dans *L'Envers de la psychanalyse*, et il en affine l'explication dans *Le Discours de Milan*. Pour faire bref, c'est le discours capitaliste dans ses ressorts les plus profonds qui aliène le sujet à la jouissance. C'est tout « l'objet » du chapitre suivant.

II. À L'AISE DANS LA PERVERSION

Marx, critique et fondateur du capitalisme

Que dire de la jouissance entendue au sens général ? Lacan évoque à son propos l'enfer.

Nous sommes habitués à l'enfer, et néanmoins soucieux de savoir ce qui le cause en nous et dans le lien social. Cet enfer est beaucoup plus menaçant et plus réel que la perspective que dessine Pascal à l'horizon de la damnation éternelle. Nous y sommes ! L'enfer, c'est ici et maintenant, et la question est bien de savoir pourquoi nous y sommes. C'est aussi celle posée par *D'un Autre à l'autre*. D'où vient que la jouissance a envahi le champ de la vie subjective et sociale ?

Alors évidemment pour répondre à cette question de la jouissance, nous sommes obligés de faire un détour, un détour par Marx. Il y a une citation de Lacan très amusante : « Si, par cet acharnement qui est le sien de se castrer, il n'avait pas comptabilisé ce plus-de-jouir, s'il n'en avait pas fait la plus-value, en d'autres termes s'il n'avait pas fondé le capitalisme, Marx se serait aperçu que la plus-value, c'est le plus-de-jouir. »

Vous savez que Marx a eu une vie pénible, recluse dans des logements très pauvres, plus ou moins subventionnés par Engels qui l'aidait à survivre. Il a vécu toute sa vie dans des conditions matérielles difficiles en écrivant comme un forcené *Le Capital*. La jouissance, il y avait largement renoncé dans sa vie physique et intellectuelle personnelle. Il eut une vie d'ascète, comme en témoignent tous ses biographes, soutenu par l'amour exemplaire de sa femme… Il fut dans le renoncement quasi total aux plaisirs de ce monde, sacrifiés à l'écriture de son œuvre.

En proposant le calcul de la plus-value et par là en donnant la théorie du système capitaliste, Marx a fondé le capitalisme. Ce fut l'arroseur arrosé, le pompier pyromane. Il a écrit les formules du capitalisme, lui il a donné vie, y compris à travers les critiques qui ont été faites de son œuvre par l'école dite marginaliste. Ce n'est pas parce que Marx est l'inventeur de la lutte des classes et de la révolution, voire de la baisse tendancielle du taux de profit, de la théorie de la disparition programmée du capitalisme, que pour autant il n'est pas le fondateur du capitalisme qu'il dénonce. Le capitalisme s'est développé grâce à la théorie de la plus-value, à laquelle on doit une accumulation du capital jamais atteinte avant le XXe siècle. Le capitalisme a ensuite prospéré sur les critiques du marxisme : les critiques que *Le Capital* a induites et qu'on a adressées à son œuvre n'avaient en effet comme but que de renforcer encore un peu plus le capitalisme et de lui donner une légitimité scientifique à travers l'économétrie et les mathématiques, déjà présentes chez Marx. Je pense en effet aux libéraux théoriciens du marginalisme, qui sont certes des antimarxistes purs et durs, mais qui, contredisant Marx, fondent un capitalisme encore plus exact. Il y a une tragédie de la pensée marxiste ; on imagine qu'elle est une pensée de l'émancipation, en réalité c'est une pensée de l'aliénation et cette aliénation a ceci de particulier, c'est qu'elle est ravageante.

Maintenant l'on sait comment fonctionne la plus-value, et des économistes qui en ont critiqué l'idée de fond en comble savent pourtant comment se servir de l'économétrie pour donner une base mathématique au système capitaliste et à l'accumulation du capital dans le sillage de Marx. C'est tout le malheur de Marx, c'est tout le drame du *Capital*, celui d'avoir donné naissance à la mathématisation de l'exploitation de l'homme par l'homme[4].

D'où viennent notre servitude collective et la forme d'impasse dans laquelle nous sommes embarqués à cause de la théorie marxiste de la plus-value ? Lacan répond à cette question par la reprise à nouveaux frais de l'interprétation que donne Marx du capitalisme mais en l'éclairant du discours de Pascal.

La réponse de Lacan trouve des résonances intellectuelles dans l'ambiance insurrectionnelle de son époque, les années 1960 et la grande époque d'une critique qu'on dirait radicale de la société bourgeoise à la lumière des écrits de Marx : *Le Manifeste du Parti communiste, Les Manuscrits de 1844*, mais surtout *Le Capital*.

À l'inverse de Louis Althusser, Lacan n'entreprend pas cette critique pour hâter la démolition de l'ordre établi, car il pense qu'à ce genre

4 Hubert Ricard, *De Platon à Wittgenstein; lectures lacaniennes*, « Lire en psychanalyse », Louvain-la-Neuve, EME, 2017 : on ne saurait trop recommander la lecture des articles qu'Hubert Ricard a consacrés à Marx dans cet ouvrage majeur qui est aussi une longue méditation sur des problématiques fondamentales de la philosophie rencontrées par Lacan dans son séminaire. Ils ont été un point de départ précieux pour mon étude de Marx.

de démolitions succèdent des reconstructions beaucoup plus douloureuses. Mais comme Althusser, il le fait pour mettre en évidence la structure d'un discours qui domine son époque (et triomphe aujourd'hui), celui des étudiants auxquels il s'adresse d'abord et plus largement celui de la société des Trente Glorieuses.

Chacun de nous participe ainsi au développement du discours capitaliste et s'y trouve pris comme dans une nasse dont il faut bien expliquer le fonctionnement réel. Là encore on est embarqué, que l'on soit pour ou contre, cela ne change rien, on y est.

La lecture de Marx par Lacan donne à ce fonctionnement un relief structural que par ailleurs il n'a pas dans les interprétations de la pensée marxiste classique, ni même dans l'œuvre d'Althusser.

Quel est le point de départ de Lacan ?

Une idée simple, qui se résume de la façon suivante : il y a entre la théorie de la plus-value et celle de l'objet a comme dédié à la jouissance une homologie de structure. Une homologie, c'est une notion mathématique qui signifie au sens large que l'on a affaire à la même logique, à la même rationalité, au même discours avec la plus-value et avec l'objet a.

Lacan nous dit : « C'est la même étoffe sur laquelle s'exerce le trait de ciseau du discours. » Pour le dire autrement, Marx découvre, avec le mécanisme de la plus-value, le mécanisme fondamental du capitalisme, en même temps qu'il met en évidence la cause du désir subjectif dans ce lien social et au-delà de ce lien social. Il s'intéresse à la relation particulière que le sujet de l'inconscient entretient avec cet objet dédié à la jouissance, et ce n'est un hasard si la référence à Pascal croise dans le séminaire *D'un Autre à l'autre* celle de Marx. Tous deux ont affaire, dans leurs recherches, à cet objet en tant qu'il est dédié à la jouissance, et cet objet est au cœur de leurs problématiques respectives.

De la plus-value au plus-de-jouir : un saut dans l'économie psychique

Pourquoi la plus-value est-elle le concept le plus important et le plus original de Marx ? Car c'est la clé de voûte du *Capital*, celle qui soutient tout l'édifice théorique de Marx.

Première question, quelle est la finalité du système de production capitaliste ? Est-ce la recherche du profit ?

Le profit consiste à ajouter une certaine quantité de valeur à la valeur initiale de la marchandise. Si l'on investit, on veut avoir un profit de n+1 ou n+3 ou n+4, donc une certaine quantité de valeur supplémentaire à la valeur initiale de la marchandise. Et c'est là que surgit la plus-value. Le profit est une forme transformée de la plus-value et il procède de cette extorsion forcée que subit le prolétaire.

Ce raisonnement est aussi valable pour le prolétaire que pour ce qu'on appelle aujourd'hui le cadre. En tant que salarié, le cadre contrairement à ce qu'on pense est dans le même cas que l'ouvrier. Il gagne plus mais c'est un travailleur intellectuel.

Pourquoi l'extorsion est-elle forcée ?

C'est que ni l'ouvrier, ni le cadre ne sont propriétaires des moyens de production et ils n'ont d'autre choix que de vendre leur force de travail. C'est leur seule ressource.

Pourquoi vendre sa force de travail ?

Ils le doivent pour vivre, pour assurer leur subsistance. Il faut bien vivre, dit-on. Le rapport de production capitaliste présuppose la séparation stricte des moyens de production qui appartiennent à ceux qui détiennent le capital, les capitalistes, et peuvent les acheter ; ils achètent Google, Twitter et la force de travail que possède le travailleur. C'est le principe du système capitaliste : il y a une séparation stricte entre les moyens de production détenus par les capitalistes et la force de travail que possède le travailleur. Aujourd'hui, bien sûr, n'importe qui peut s'improviser capitaliste, emprunter à la banque et créer une start-up. Mais les conditions de l'emprunt sont encore relativement drastiques.

Pour le dire très simplement, le travailleur est contraint de se vendre pour survivre. Aujourd'hui il y a tout un discours issu des écoles de commerce sur la nécessité de « savoir se vendre ». Il faut savoir se vendre, donc chacun se vend comme objet plus ou moins utile sur un marché, et, ce que craignent aujourd'hui les individus, c'est de perdre cette valeur marchande sur le marché. C'est aussi tout le drame du chômage de masse et la culpabilité de ceux qui ne savent pas se vendre.

Quand l'ouvrier se fait embaucher, en toute logique marxiste ce raisonnement est vrai pour n'importe quel salarié, ouvrier ou non, il vend sa force de travail pour un temps donné, par exemple trente-cinq heures. Ainsi, les cadres qui dans les institutions publiques ou privées sont au forfait sont corvéables à merci, ils travaillent autant que l'entreprise le nécessite. Ils vont gagner plus, mais également travailler plus.

Quelle est la valeur d'usage de cette marchandise qui est la force de travail ? Quelle est son utilité sociale ?

La valeur d'usage de la force de travail va de soi, elle est consommée dans la production elle-même. On consomme du travailleur, on consomme de l'ouvrier, on consomme du cadre. On les consomme pendant qu'ils fabriquent des objets ou des techniques ou des compétences, et c'est à ce titre que la force de travail a une valeur d'usage.

La valeur productive de la force de travail, en quoi consiste-t-elle ? Elle consiste à demander au travailleur, à l'ouvrier, au cadre des efforts physiques et intellectuels. Et même, j'allais dire, on va faire « suer le burnous », pour utiliser une expression du capitalisme colonial ; on va faire le maximum pour qu'il soit productif, performant. Les mots d'aujourd'hui, ce sont la performance, l'efficience et l'excellence. On va faire en sorte que le travailleur soit performant, que le cadre soit performant, qu'il soit efficient, c'est-à-dire que la rémunération du salarié produise un surplus de valeur.

Ces efforts physiques et intellectuels nécessaires sont là pour transformer des matières premières plus ou moins élaborées en objets fabriqués, utiles ou consommables.

Marx dans *Le Capital* donne souvent en exemple les productions de l'industrie textile ; en Angleterre l'industrie textile s'est beaucoup développée à son époque. Engels dirigeait une entreprise de textile. Il parle des morceaux de toile, des quantités de toiles échangées. Marx travaille beaucoup sur le tissu, c'est assez intéressant d'ailleurs, si l'on pense que Lacan a ensuite fondé la topologie du signifiant sur une pensée du tissu.

Comment mesure-t-on la valeur de la force de travail ? Par le salaire. Mais à quoi sert un salaire ? À vivre, c'est-à-dire à se nourrir, être éduqué, à s'habiller, se loger, à entretenir sa femme et ses enfants. Il s'agit pour Marx de savoir quelle quantité de travail social il faut pour que l'ouvrier puisse continuer de produire en ayant une vie à peu près supportable. Continuer de produire, cela veut dire qu'il ne faut pas le réduire à la misère, ni non plus qu'il vive dans l'opulence. Il faut que le travailleur productif puisse entretenir sa force de travail. Le travail social est inclus dans le salaire versé. Il gagne assez, mais pas plus, pour subvenir à ses besoins sociaux fondamentaux.

C'est cela que Marx appelle la reproduction de la force de travail. Il faut reproduire la force de travail. Alors il est vrai que les esclavagistes, à la naissance du capitalisme au XVIIe et au XVIIIe siècle, avaient trouvé la solution en transformant les esclaves en pure et simple matière première, que l'on pouvait jeter dès qu'ils étaient usés, sans se soucier de la reproduction de la force de travail. L'esclavage à la Réunion par exemple conduisait les esclaves à une mort rapide et atroce. Ils étaient immédiatement remplacés. On les considérait comme une sorte de bétail humain pour lequel le système productif représentait un gigantesque abattoir. Il faut voir que cette logique est à nuancer par rapport à certains développements du capitalisme. Certaines branches du capitalisme sont plus sauvages que d'autres, et il faut aussi penser au capitalisme d'État mis en place par Staline, digne héritier de cet esclavagisme barbare, pour produire à bas coût et réprimer toute forme de déviationnisme social dans ce territoire appelé la Kolyma où périrent en déportation, de fatigue, de faim et de froid, des millions d'êtres humains consommés et consumés par des tâches harassantes pour les mines aurifères de Sibérie. Mais le capitaliste ordinaire, celui que Marx rencontre en Angleterre, veut que sa force de travail se reproduise. Il demeure quand même un peu plus « gentil » que la nomenclature stalinienne, mettant en œuvre de façon parfaitement rationnelle les principes du marxisme au service de la production d'État. C'est la quintessence du goulag.

Marx admet que, par le salaire, le capitaliste, c'est-à-dire le propriétaire des moyens de production, achète la force de travail du prolétaire à sa valeur. Mais la valeur de la force de travail, qu'est-ce ? C'est la quantité de travail social incluse en elle. Il y a une certaine quantité de travail social qui est incluse dans le salaire.

Mais alors d'où vient le profit du capitaliste ? Par quel étrange mécanisme, en dépit du salaire, la force de travail est-elle à l'origine du profit ?

Admettons que la force de travail a une valeur déterminée par une certaine quantité de travail social. On dirait aujourd'hui qu'il faut tant de travail social pour que les enfants soient éduqués, tant de travail social pour que l'on puisse aller faire ses courses chez Franprix.

Le secret de la plus-value, c'est l'utilité sociale de la force de travail, c'est-à-dire qu'elle produit des objets utiles mais pas uniquement : la force de travail crée de la valeur.

Comment la valeur est-elle créée ? Parce que le salaire versé, qui rémunère l'entretien de la force de travail, ne coïncide pas nécessairement avec la valeur produite au total par la force de travail. Chacun produit plus de valeur que ce qu'il ne coûte du point de vue du salaire qu'il reçoit. Pour le dire autrement, la force de travail produit plus de valeur qu'il n'en faut pour garantir, par le salaire, sa reproduction. L'idée, c'est qu'on va rémunérer par un salaire l'ouvrier ou le cadre et lui permettre de vivre, mais on va le faire travailler au maximum. Maintenant il y a les trente-cinq heures, alors on augmente la productivité. On lui fait produire plus de valeur que ce qu'on lui faisait produire autrefois, dans le même temps. Cette valeur produite en plus de la valeur du salaire constitue la plus-value.

Plus-value en allemand cela se dit « *Mehrwert* » : littéralement « valeur en plus » ; *Wert*, c'est la valeur, *mehr*, « plus » : c'est la valeur en plus.

Il y a quelque chose d'autre qui est remarquable et que Marx met tout son acharnement à repérer. Le capitaliste est censé être le seul propriétaire des objets fabriqués dans le temps de la production et, par conséquent, c'est à lui seul qu'appartient le supplément de valeur qui a été inclus dans l'objet. Si l'on extrait par exemple deux tonnes de charbon par jour – le charbon est passé de mode –, cent kilos de charbon extraits sont nécessaires pour entretenir la force de travail, le reste, c'est pour le capitaliste. Donc il extorque, dit Marx, la plus-value, parce qu'il ne rémunère pas le travail au juste prix de sa production ; il choisit de consommer cette plus-value immédiatement en achetant des marchandises consommables ou de la réinvestir dans de nouveaux moyens de production. C'est exactement ce que Marx appelle le mécanisme de l'accumulation du capital, qui amplifie la séparation entre la force de travail et le capital. Là donc se situe l'extorsion du surtravail identifié par Marx, qui est le reste inaperçu et la vérité du mode de production capitaliste. Celui qui est rémunéré par un salaire est supposé ne jamais pouvoir devenir détenteur du capital. Il ne lui reste donc plus que – faut-il entonner *L'Internationale* ? – la solution de la destruction du système, la grève ou la révolution pour se réapproprier les moyens de production et la plus-value indûment prélevée. Et l'on sait avec quelle réussite la révolution de 1917, il y a cent ans, a triomphé en Europe. C'est le triomphe d'un capitalisme d'État encore pire que le capitalisme qui ne l'est pas. Le rêve révolutionnaire est mort en Union soviétique.

C'est le constat de cette injustice originaire qui jette Marx dans l'action politique et après lui les mouvements révolutionnaires qui s'inspirent depuis le XIXe siècle de cette analyse pour justifier une lutte sans merci contre le capitalisme et les privilèges de la bourgeoisie. Il y a des gens qui continuent bille en tête de penser qu'il y a des solutions de ce côté-là. C'est à la fois pitoyable et comique, et totalement inconséquent d'un point de vue historique et politique, puisque la révolution est à l'origine d'une aggravation du système de l'exploitation capitaliste dans les pays communistes, avec la productivité en moins.

Mais Lacan n'en tire pas exactement ces conclusions, même s'il est face à des jeunes qui ont l'impression de faire la révolution dans la rue, en Mai 68. Il va leur dire que leur révolution l'intéresse, mais peut-être pas là où ils pensent que cela pourrait l'intéresser.

Lacan dit parfois quelque chose d'assez marxiste dans son esprit, mais qu'il faut entendre avec des nuances, il dit que le capitalisme est intrinsèquement voué à la crevaison. C'est dans *Le Discours de Milan*. Grosso modo que tout cela va mal finir ! Nous verrons plus loin pourquoi.

Examinons la façon dont Lacan intègre la théorie de la plus-value dans sa théorie du sujet.

La première différence de Lacan avec Marx c'est qu'il part du fait que ce n'est pas l'économie qui détermine les positions subjectives, mais le langage, l'articulation symbolique d'un discours fondé sur la réalité du signifiant.

Pourquoi le langage ? Car c'est bien de cette articulation symbolique que résultent la production des objets d'une part, et d'autre part celle de la plus-value, que Lacan, dans *D'un Autre à l'autre*, appelle plus-de-jouir.

Pourquoi le terme plus-de-jouir ? Il n'y a pas d'interprétation sémantique du plus-de-jouir dans *D'un Autre à l'autre*, mais ce que l'on peut dire, c'est que la plus-value en tant que supplément de valeur est un supplément de jouissance. On va fabriquer des objets, on va en jouir un peu plus. Regardons la course folle aux iPhones, qui changent tous les ans. Aujourd'hui le plus-de-jouir est érigé en système : tous les secteurs de la consommation de masse sont concernés.

À partir de là, il faut considérer qu'il y a dans le mode de production capitaliste une équivalence entre la plus-value produite grâce aux marchandises et le plus-de-jouir impliquant un supplément de valeur dans la marchandise, identique à un supplément de jouissance.

Donc quelque chose va apparaître de façon extraordinairement étrange, c'est que le fameux objet a qui était articulé à la dimension pulsionnelle va en quelque sorte migrer dans le champ de la réalité concrète et venir s'incarner dans tous les objets de nos échanges. Lacan utilise le symbole a pour représenter dans son écriture tous les objets qui circulent dans l'échange. Il établit une équivalence entre les objets corporels articulés à la dimension corporelle et les objets qui circulent dans l'échange, car il n'y a d'objets d'échange que d'objets pris dans le circuit de la pulsion. Les objets d'échange appartiennent au circuit de la pulsion, ils sont tous qualifiables d'objet a.

Le forçage de Lacan consiste en cela : il passe de l'objet pulsionnel à l'objet a, qu'il appelle plus-de-jouir, en tant qu'objet d'échange revêtu d'une certaine quantité de jouissance supplémentaire. C'est un forçage, mais il le fait !

Du discours du maître au discours capitaliste

Avant de revenir à cet objet, venons-en à quelque chose qui est lié à cet univers de langage dans lequel nous sommes plongés et qui fait que cet objet se trouve produit.

Nous sommes plongés dans un univers de langage, et le premier univers politique de langage dans lequel nous avons été plongés, historiquement, c'est un discours, le discours du maître. On appelle « discours » selon Lacan une articulation symbolique à l'origine d'un certain lien social.

Qu'est-ce que le discours du maître ?

« Il faut que j'assoie ce qu'il en est de la désignation de l'appareil algébrique présent, comme donnant la structure du discours du maître. S1 c'est le signifiant, la fonction du signifiant sur quoi s'appuie l'essence du maître[5]. »

L'essence du maître s'appuie donc sur la fonction du signifiant.

« D'un autre côté, le champ propre de l'esclave, c'est le savoir. À lire le témoignage que nous avons de la vie antique, en tout cas sur le discours qui se tenait sur cette vie, lisez là-dessus *La Politique* d'Aristote, ce que j'avance de l'esclave comme caractérisé par celui qui est le support du savoir ne fait aucun doute. Dans l'ère antique, il n'est pas seulement comme notre moderne esclave, une classe, il est une fonction inscrite dans la famille. L'esclave dont parle Aristote est tout autant dans la famille que dans l'État, et plus encore dans l'une que dans l'autre, il l'est parce qu'il est celui qui a un savoir-faire[6]. »

Il y a dans *La Politique* un rapport fondamental, qui fonde le lien politique, qui est le rapport maître-esclave. Ce rapport a ceci de particulier qu'il est fondé sur un signifiant que l'on appelle le signifiant maître. Cela veut dire qu'il y a quelqu'un qui est dans la position de décider pour l'autre, mais qui ne peut agir ainsi avec son semblable qu'en raison d'une propriété du langage qui est de permettre d'énoncer des commandements, des impératifs. Le maître, c'est celui qui fonctionne à coups de commandements. C'est cela, le signifiant maître. Il est intrinsèque à l'usage du langage.

Nous sommes entrés dans le langage par le signifiant maître. Ce que repère Lacan, c'est que cette injonction est première dans le langage, pour un sujet. C'est à elle que le sujet est exposé, dès lors qu'il accède au langage, puisqu'il est littéralement commandé par les signifiants qu'il entend.

Et donc le signifiant maître, ce sont les signifiants qui le commandent dès son entrée dans le langage. Ce n'est donc pas un hasard si le maître vient occuper cette place. Le maître émet cette injonction, mais, dans la chaîne signifiante, il est aussi représenté par ce signifiant du commandement,

5 Jacques Lacan, *L'Envers de la psychanalyse*, Paris, Seuil, 1991, p. 20.
6 *Ibid.*

auprès de n'importe quel autre signifiant. Pour le dire autrement, quand vous entendez un commandement, à ce commandement répond, dans l'inconscient, un savoir, une façon de répondre, une façon d'entendre ce commandement, un savoir inconscient. La chaîne signifiante peut donc être symbolisée simplement par S1 et S2, S1 étant la dimension du commandement et S2 la dimension du savoir.

Un savoir répond au commandement. Ce qui est curieux, c'est que le sujet est représenté par le signifiant du commandement auprès d'un autre signifiant qui est le savoir. Il n'est pas dans le champ de la perception, il est représenté par le signifiant. Le sujet, en tant que sujet inconscient, n'est pas sur la scène du langage. Il se fait représenter par ce qu'il dit, par les signifiants. Il est à l'arrière-plan de ses énoncés en tant qu'il est représenté par eux. Lacan dit alors qu'il est représenté par un signifiant pour un autre signifiant, par le signifiant du commandement pour le signifiant du savoir.

Qu'est-ce que cela veut dire d'un point de vue politique ? C'est qu'il y a une homologie de structure entre le signifiant et l'ordre politique. L'ordre politique ne fait que refléter la structure du signifiant. C'est la thèse de Lacan, qu'il reprend aussi en disant que « l'inconscient est le politique ».

Il y a donc des sujets qui vont être du côté du commandement et d'autres sujets qui vont être du côté du savoir, du fait de la structure du signifiant. Il y a des maîtres et des esclaves du fait du langage et de l'inconscient. C'est extrêmement intolérable de dire cela pour nous aujourd'hui. En tout cas cette affirmation suscite l'indignation de nos modernes moralistes et de nos humanistes soucieux d'égalité. De fait, l'inégalité est inscrite dans le langage entre le signifiant du commandement et le signifiant du savoir qui répond à ce commandement.

Qu'est-ce que veut le maître ? Il veut pouvoir disposer du corps de l'esclave. Ce n'est pas le capitaliste. Le maître n'est pas le capitaliste. Le maître dispose du corps de l'esclave. Il a sa famille, au sens où on l'entendait dans l'Antiquité, il a ses hommes de main, ses servantes, et il les fait travailler. Il prélève une dîme, mais lui, le maître, a entièrement renoncé à la jouissance. La jouissance est du côté de l'esclave, l'esclave en profite. C'est lui qui jouit. L'esclave est dans la position où il peut jouir, il n'a pas renoncé à l'objet, il n'en donne au maître qu'une petite partie, une lichette. Il va donner une petite partie de cet objet, il va fabriquer les objets usuels dont a besoin le maître, mais c'est lui qui jouit. Il renonce à son libre arbitre, ce n'est pas lui qui commande, et il renonce à la disposition de son corps, mais c'est une renonciation que l'on va dire modeste, c'est la thèse de Lacan.

La vérité du maître, c'est un sujet qui désire. Il ne sait pas toujours ce qu'il désire, mais seul un sujet peut désirer. Ce sujet a comme symbole formel un $, qui se lit S barré. C'est une place muette. Il est donc représenté par les paroles qu'il prononce. Dans le discours du maître, il est représenté par l'agent auprès de cet Autre qui détient un savoir-faire et qui travaille, c'est l'esclave qui est censé lui répondre et qui jouit, et n'a pas renoncé à l'objet produit.

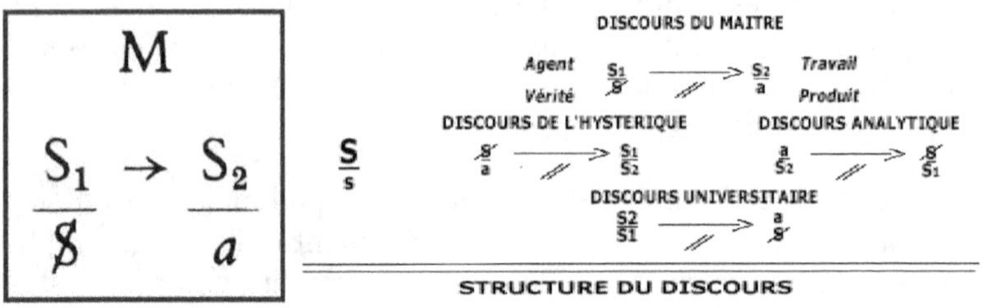

Dans le discours du maître, il est donc représenté par l'injonction qu'il adresse à cette place Autre, où se situe l'esclave, S2. À la place de l'Autre, c'est l'esclave qui est censé lui répondre, esclave qui jouit pour Lacan de cette place. Car c'est précisément lui qui jouit de son savoir-faire, parce qu'il n'a pas renoncé à l'objet, à cette place même de la jouissance où il peut produire quelques objets de sa fabrication, qui constituent son artisanat.

Notons que dans l'écriture du discours du maître, le plus-de-jouir est sous la barre, en dessous de la place de la jouissance et du savoir. Sous la barre, c'est-à-dire à la place de la production, c'est à cette place que se situe l'objet a. C'est l'esclave donc qui jouit et c'est le maître qui a renoncé à la jouissance. Lacan dit que le maître est castré, il a accepté la castration.

Hegel, avant Marx, fait un contresens : il s'imagine que l'esclave a la fonction d'assurer la jouissance du maître. Lacan contredit sur ce point Hegel dans *La Phénoménologie de l'esprit* : le maître s'est soumis à la castration, c'est même son problème, il a cessé de jouir, il y a renoncé.

Pourquoi est-ce son problème ? Parce que c'est le problème des maîtres en général – je ne fais pas l'apologie des maîtres, car le maître n'a aucune idée de ce qu'est son fantasme. En effet, entre la place en bas à droite du schéma du discours du maître, dans la première fraction, où se trouve le sujet, et la place en bas à gauche du schéma, dans la deuxième fraction, où se trouve l'objet, il y a un impossible, il y a quelque chose d'infranchissable pour le sujet : le sujet ne sait pas ce qu'est son fantasme dans l'objet a, il ne le rejoint pas. C'est le problème du maître, il ne sait pas ce qu'il désire. Alors il adresse des injonctions aveugles à son esclave, qui prévient ses désirs comme il peut ; c'est en tout cas aussi la thèse de Lacan.

On le voit dans l'analyse que je vous ai proposée : ce n'est pas l'économie qui détermine les positions de chacun dans le discours, mais la place à laquelle il est prédisposé du fait de son rapport au signifiant. Qu'il agisse en maître ou en esclave, peu importe, l'articulation symbolique du discours cerne un réel qui, au-delà de l'économie matérielle des rapports de production, concerne à proprement parler l'économie psychique. L'économie psychique c'est le pilier de l'économie réelle. C'est aussi pourquoi il est fondé de parler de l'économie de la jouissance en montrant qu'elle est à la fois psychique et politique.

Qu'est-ce qui fait dire par exemple que le maître a renoncé à la jouissance ?

L'esclave est toujours représenté dans les textes anciens comme celui qui jouit de son travail. Il est dans une logique qui est une logique telle que la fabrication de tel ou tel objet ou même l'élaboration d'une théorie sont sources pour lui de satisfaction, et c'est lui qui en est le vrai détenteur.

Dans les dialogues de Platon, quand Platon interroge un esclave, l'esclave produit du signifiant, produit du savoir, dans une relation qui est une relation à ce savoir de jouissance. Il montre sa jouissance dans le dialogue, ne serait-ce que par le brio avec lequel il s'exprime face à Socrate qui l'interroge. Je parle ici du *Ménon,* que Socrate bafoue au passage, comme le font très banalement les maîtres pour dédouaner des emprunts qu'ils font à l'esclave.

Pourquoi à l'inverse le maître y aurait-il renoncé ? Parce que ce qui intéresse le maître ce n'est pas la jouissance. Dans l'Antiquité, ce qui intéresse le maître – on voit cela dans *L'Iliade* d'Homère –, c'est quelque chose de parfaitement repérable, d'une logique, on va dire, de conquête, une logique de guerre, d'affirmation phallique. C'est la guerre prise dans la jouissance phallique qui suppose la renonciation précisément à l'idée même de préserver sa vie et l'inscription de la mort comme terme inéluctable de la jouissance et de l'existence.

L'un des critères, parfaitement repéré par Hegel, c'est que dans la lutte à mort qui se joue entre l'esclave et le maître, le maître accepte de renoncer à la vie, c'est-à-dire à la jouissance de la vie. Il renonce à l'idée qu'il devrait préserver son existence et sa vie. Ce qui a fait que dans les logiques de conquête il y avait des esclaves, c'était qu'on était capable de se battre et d'aller enlever au camp adverse d'autres êtres humains pour les réduire en servitude. C'est une logique qui suppose en arrière-plan la dimension de la domination et de la guerre.

Au terme de cette fiction du texte de Hegel *Domination et servitude*, la caractéristique de l'esclave va être cette position de savoir qui va faire croire à Hegel que l'esclave sera le grand gagnant de cette affaire, car il aura conquis grâce à son savoir-faire et au savoir accumulé par lui et ses descendants au cours des siècles la première place, pour finir par se rendre maître du maître. Cette vision est bien sûr contredite par le développement même du capitalisme. Lacan le dit explicitement. La dupe du progrès de l'Histoire n'est pas le maître, mais bien l'esclave.

Que s'est-il passé avec le capitalisme ? Le maître, aidé par les ambitions des philosophes, qui commencent à se manifester dès le *Ménon* à travers les questions de Socrate posées à son esclave, a capté le savoir de l'esclave, lui a subtilisé son savoir. Au terme d'un long parcours historique, cela signe l'entrée dans le capitalisme, c'est-à-dire l'extorsion à l'esclave par le maître de la totalité de son savoir. C'est la seconde thèse de Lacan. Le savoir passe en position d'agent du discours, et le maître se l'approprie complètement au terme d'un développement historique et scientifique qui aboutit au fait que l'esclave est dessaisi de ce qui à l'origine constituait son essence, le savoir.

La position d'agent du discours, qui est ici marquée par cette place (en haut à gauche du schéma du discours), c'est désormais le savoir qui la tient, S2, et la vérité de cette position de savoir, c'est l'impératif du signifiant maître (en bas à gauche du schéma du discours). C'est-à-dire qu'il y a un quart de tour de rotation par rapport au discours du maître (quart de tour dans le sens opposé des aiguilles d'une montre), qui fait passer ce S2 et ce S1 à ces places respectives d'agent et de vérité.

$$\frac{S_2}{S_1} \rightarrow \frac{a}{\$}$$

Que s'est-il passé ? Si vous lisez ce dialogue de Platon, c'est net. Tout le travail du maître Socrate va être d'extorquer son savoir à l'esclave, de lui subtiliser son savoir. C'est le procès éthique le plus sévère que Lacan fait à la philosophie, parce qu'il dit que c'est ce qui contribue à mettre en place un discours du « tout savoir », dominé par les maîtres qui sont désormais sachants. Ce qui n'était pas le cas du maître antique qui, lui, combattait sur les champs de bataille et s'occupait de politique.

Les maîtres, ce qui les intéresse désormais, c'est le savoir en tant qu'il procède de l'impératif, et cet impératif, c'est l'impératif de savoir. Continue de toujours plus savoir !

Au nom de cet impératif progresse sans limites la science ; c'est le discours de la science !

Il y a autour du discours de la science quelque chose qui est encore plus massif et qui est l'émergence de ce que l'on appelle la technocratie. Qu'est-ce que la technocratie ? Ce sont des maîtres qui savent. Un quart de tour, et on a des technocrates, des bureaucrates, qui détiennent un « tout savoir » et contrôlent une science qui galope. Ça galope ! C'est le progrès, comme on dit. À l'époque de Lacan, il y a eu des innovations comme la bombe atomique. Aujourd'hui c'est l'avènement du monde virtuel, des nouvelles technologies et de l'intelligence artificielle. Des théoriciens annoncent que dans quarante ans l'intelligence humaine sera surpassée par l'intelligence artificielle, que le savoir contenu dans les ordinateurs sera plus puissant que tout le savoir de l'intelligence humaine. Les maîtres de ce « tout savoir » auront définitivement changé de camp, et l'humanité sera peut-être considérée comme une anomalie à éliminer dans ce monde robotique, comme l'annoncent déjà les romans de science-fiction et certains maîtres à penser des nouvelles technologies. D'autres maîtres se substitueront aux maîtres des temps actuels.

Il y a donc une galopade, un entraînement tourbillonnaire du côté du développement du savoir.

Remarquons que les techniques de management anticipent beaucoup sur les conséquences de l'intelligence artificielle, puisqu'on dessaisit le salarié de ses compétences de savoir-faire pour le faire aller sur le savoir-être. C'est aussi une forme de dévalorisation du travail pour le salarié.

L'essence du travail a changé, parce que d'abord on n'a jamais autant travaillé, et que le travail n'a jamais été autant célébré qu'à notre époque : il est ce qui donne un statut à chacun dans le lien social ; en dehors de lui point de salut. Qu'est-ce qu'est devenu l'objet a dans cette course effrénée au travail et au savoir ?

Il est devenu le travailleur lui-même, c'est le consommateur aussi. C'est-à-dire que l'objet a, qui vient en position Autre, est devenu, comme l'avait très bien repéré Marx, l'unité de valeur. Nous sommes sans cesse, dans nos métiers respectifs, évalués. Qu'est-ce que cela veut dire, être évalué ? Être évalué cela veut dire être considéré comme producteur de valeur, et considéré comme valeurs. Nous sommes des valeurs marchandes.

Lacan disait cela en 1968, devant ces jeunes, c'était *de la bombe*. Nous sommes devenus une certaine quantité d'unités de valeur. Le travailleur n'est plus seulement en position d'esclave, n'est plus seulement détenteur d'un savoir, mais il est considéré comme unité de valeur. Le travailleur devient pur objet a, comme dans le discours au-dessus, et il est dans cette position Autre par rapport à cet impératif de savoir.

Qu'est-ce qu'un salarié sinon un *homme-marchandise*, au sens où l'entend Marx, c'est-à-dire un sujet revêtu d'une certaine valeur marchande. On dit bien aux jeunes gens dans toutes les bonnes écoles de commerce, lors de leur premier entretien d'embauche, de savoir « se vendre », se vendre comme objet. « Sachez vous vendre ! » Qu'est-ce, sinon précisément faire fonctionner cette dimension de l'objet pour soi-même et pour autrui ? C'est que notre force de travail peut être évaluée, elle est quantifiable. On est capable d'offrir un certain nombre de services au titre de sa force de travail à celui qui nous recrute et auquel on se vend comme une marchandise. C'est l'avènement d'un homme nouveau par rapport à l'Antiquité : l'*homme-marchandise*. Bien plus esclave que l'esclave antique, qui ne se vendait pas comme valeur et gardait à disposition la totalité de son savoir.

Comme exemple prototypique de cet homme-marchandise il y a le logo de Manpower, où on voit – c'est un dessin de Léonard de Vinci – un homme nu inscrit à l'intérieur d'un cercle. C'est typique : tout y est compris dans le signifiant Manpower et dans ce cercle qui inscrit l'objet humain au cœur de ce qui symbolise la totalité fermée sur elle-même. Dans ces entreprises d'intérim, on est dans la dimension de la marchandisation du corps et de l'esprit, et c'est ce que démontre le logo lui-même.

Alors évidemment, ce discours produit un sujet en position de production, $ (voir schéma). Alors justement ce $, son problème, c'est que le discours le produit. Cela produit des sujets qui ont bien du mal à s'affronter à la structure qui est face à eux, au S2 d'où il leur est commandé de savoir et qui leur commande de produire. Lacan souligne l'impuissance de ce sujet par rapport aux impératifs qui l'assaillent.

Pourquoi cette remarque est-elle intéressante ? Parce que Lacan dans un premier temps dans *L'Envers de la psychanalyse* considère que le discours universitaire, c'est le discours capitaliste. L'interprétation qu'il donne du discours universitaire, c'est celle-là même qu'il peut donner du discours capitaliste. Il s'adresse aux étudiants qui sont très excités face à lui, à Vincennes. Les étudiants l'interpellent sur le fait qu'ils veulent faire la révolution, on est en 1968. Et Lacan leur dit « vous êtes des a-studés », petit a, studés de *studium*, donc vous êtes en position d'objet a par rapport au système qui vous fabrique comme tel, pour le système marchand. Il y avait une réforme à l'époque, une réforme de l'enseignement universitaire qui créait ce qui s'appelait les « unités de valeur » (on n'en finit jamais avec les réformes de l'enseignement supérieur). Les unités de valeur, c'est typiquement un terme qui renvoie à cette dimension. Avoir une unité de valeur, être pourvu d'une unité de valeur, qu'est-ce que c'est sinon être valorisé sur un marché ? Apparemment l'université est aujourd'hui totalement décalée par rapport au marché du travail. C'est ce qu'on lui reproche d'ailleurs... Sauf qu'il y a, pour compenser cette inadaptation chronique, des super universités qui fabriquent des petits soldats motivés pour commander à la production des objets techniques et financiers. Cela s'appelle les grandes écoles. Qu'est-ce que c'est, sinon précisément une façon de valoriser, de valoriser des hommes-marchandises ? Car au fond l'université rêve depuis toujours de rejoindre dans ses idéaux ce que font les grandes écoles. Regardons ce que fait Polytechnique, HEC, Centrale : elles fabriquent du performant, du vendable, de l'efficace, de l'efficient, comme on dit, des hommes-marchandises hautement valorisables parce que détenteurs d'un savoir qui va donner à l'appareil productif tous ses signifiants maîtres, notamment dans le numérique et les nouvelles technologies.

En passant du discours du maître à cette première formulation du discours capitaliste on passe donc de l'objet a comme objet pulsionnel et fabriqué à cette idée que cet objet a va s'incarner désormais dans des êtres humains qui dans le discours prennent valeur d'objets purs et simples, valorisables, vendables et échangeables sur un marché.

Lacan disait cela aux étudiants en 1968, et il en attendait un progrès, du côté du discours psychanalytique, si l'on acceptait comme lui de constater les conséquences ravageuses de la plus-value. Parce que la plus-value n'a pas seulement des effets ravageurs en tant qu'accumulation de profits, elle en a aussi sur celui qui la produit, c'est ça que montre Marx, c'est-à-dire que celui qui la produit devient lui-même un objet dans le processus de production.

Ce discours (celui qui provient du quart de tour du discours du maître) dans *L'Envers de la psychanalyse,* c'est le discours capitaliste. Mais il porte un autre nom, nous venons de le voir. Il porte le nom de discours universitaire. Pourquoi ? Parce que c'est très précisément ce que l'université met en place pour la transmission du savoir social. C'est-à-dire un savoir en position d'agent, avec un impératif qui pousse à savoir, et des gens qui représentent cet impératif dans l'institution universitaire.

$$\frac{S_1}{\$} \longrightarrow \frac{S_2}{a} \qquad\qquad \frac{S_2}{S_1} \longrightarrow \frac{a}{\$}$$

Discours du maître

Discours capitaliste
Discours universitaire

Le capitalisme : un discours voué à la crevaison

Pourquoi utiliserait-on le même discours pour parler à la fois du discours universitaire et du discours capitaliste ? Cette objection légitime a suscité l'interrogation de Lacan lui-même, et il en est arrivé à se demander si cette formule S2/S1 → a/$ était celle du discours capitaliste. Est-ce vraiment cela qui rend compte du discours capitaliste ? Certes le discours capitaliste mâtiné de discours universitaire, cet hybride que nous présente Lacan dans *L'Envers de la psychanalyse*, permet de rendre compte de l'économie du « tout savoir », de la marchandisation et de l'objectivation des individus sur le marché, mais elle n'explique pas la dynamique intrinsèque du capitalisme, la réponse qu'il donne au sujet concernant précisément sa jouissance.

$$\frac{S_2}{S_1} \longrightarrow \frac{a}{\$}$$

Discours capitaliste

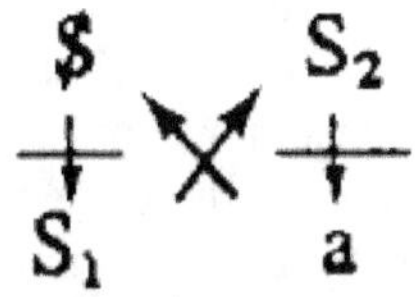

Discours capitaliste
Discours universitaire

Il y a quelque chose qui est tout à fait remarquable dans le discours capitaliste, qui est son côté astucieux. Lacan insiste dessus dans son *Discours de Milan* : si on regarde le discours du maître, il y a une forme d'impossibilité entre le maître et l'esclave, d'abord parce qu'il n'y a jamais d'accord entre celui qui commande et celui qui est commandé. Quand on fait l'expérience du discours du maître dans les institutions qui continuent bon an mal an de le pratiquer, il n'y a pas nécessairement d'accord, il n'y a pas d'accord entre ceux qui commandent et ceux qui savent. On le voit avec ce qui reste de discours du maître dans les institutions hospitalières où des syndicats revendicatifs ou les médecins, selon les cas, opposent souvent un non de principe à ce qu'ils appellent la direction.

Il y a aussi un problème entre $ et a. C'est ce que dit Lacan. Il y a entre $ et a un impossible, quelque chose qui est impossible à rejoindre, impossible à comprendre, impossible à entendre. Le maître est toujours aveugle, qu'il le veuille ou non.

Est-ce que le capitalisme permet de casser cette logique de l'impossible ? La réponse de Lacan, c'est que le capitalisme met fin à cette impossibilité structurale dans le discours du maître. Il casse cette impossibilité de structure. La grande invention du capitalisme, c'est qu'il n'y a rien d'impossible entre les différentes places. Et ce qui le montre dans les schémas que fait Lacan, ce sont les flèches qu'il inscrit entre les différentes places du discours capitaliste. Il y a une flèche oblique qui va de a vers $, donc l'objet a fait retour vers le sujet.

Qu'est-ce que ça veut dire : l'objet a fait retour vers le sujet ? Cela signifie que le sujet le récupère dans son intégralité, il en récupère la jouissance – et il faut entendre ici jouissance comme excitation supplémentaire mais aussi au sens du droit –, il la récupère, contrairement au maître antique qui se contente de ne prélever qu'une simple dîme ! Si l'on regarde les chaînes d'informations financées par la publicité, il y a un déferlement, un ruissellement d'objets qui sont supposés revenir au sujet. Le sujet, c'est nous. C'est nous en tant que spectateur de la télévision. Nous sommes là, nous recevons l'objet, on nous dit de l'acheter, on nous dit que c'est le meilleur rapport qualité-prix, la meilleure jouissance, la meilleure performance.

Ce qui est intéressant à noter dans ce discours capitaliste nouvelle manière écrit par Lacan, c'est que cette circulation décrite par les flèches est une circulation infinie, le tracé des flèches suggère le symbole de l'infini pour marquer et souligner cette dimension de déni de l'impossible et d'aspiration sans limites par l'objet a.

Et alors la vérité de ce sujet c'est en quelque sorte qu'il reçoit l'objet a. Il est supposé ainsi retrouver son fantasme, faire un avec son fantasme sans aucun reste. C'est ce que fait le publicitaire : il joue sur le fantasme de tout un chacun, fantasme de puissance avec les grosses voitures, fantasme de beauté pour les femmes, il joue à plein sur l'objet a, tout le temps, et sur l'espoir de tout un chacun de venir le posséder enfin, se l'approprier, cesser de le contempler en pure perte, et ainsi le rendre éternellement présent. Ce sujet est en position de commandement, c'est le sujet qui commande, et sa vérité c'est le signifiant maître. C'est le signifiant maître en tant qu'il va finalement commander au savoir, mais autrement que dans le discours universitaire. Donc on retrouve un peu ce qu'il y avait là, mais écrit sous une autre forme. C'est toujours le signifiant maître qui commande au savoir. Mais la vérité du discours est toujours cachée, c'est-à-dire qu'elle ne se dit pas frontalement.

Dans le discours capitaliste, c'est le commandement pur et simple qui est la vérité de l'ensemble du processus. Qu'il s'agisse du discours capitaliste hybride ou du discours capitaliste nouvelle manière.

Lacan semble indiquer que le discours capitaliste emprunte à la fois au discours universitaire sa structure et au discours capitaliste nouvelle manière sa structure : il ne renie jamais son élaboration dans *L'Envers de la psychanalyse*, il la complète. Car les deux discours éclairent les pratiques contemporaines.

Il y a une citation que l'on trouve dans *Le Discours de Milan*, qui est un discours prononcé en 1972 face aux étudiants italiens. Lacan dit la chose suivante : « Ce n'est pas du tout que je vous dis que le discours capitaliste, ce soit moche, c'est au contraire quelque chose de follement astucieux, de follement astucieux mais voué à la crevaison. Enfin, c'est après tout ce que l'on a fait de plus astucieux comme discours ; ça n'en est pas moins voué à la crevaison. C'est que c'est intenable. C'est intenable dans un truc que je pourrais vous expliquer parce que le discours capitaliste est là, vous le savez, une toute petite inversion entre le S1 et le $ qui est le sujet, ça suffit à ce que ça marche comme sur des roulettes. Ça ne peut pas marcher mieux, mais justement ça marche trop vite, ça se consomme, ça se consume. Maintenant vous êtes embarqués, vous êtes embarqués. »

Il reprend donc la fameuse phrase prononcée par Pascal à propos du pari : vous êtes embarqués dans les enjeux de la jouissance aujourd'hui. On y est tous là-dedans. Le seul problème, c'est que ça risque – c'est ce que pressentait Lacan –, comme on dit, de mal finir. À un moment donné, ça risque de poser quelques problèmes. Pourquoi ? Parce que ça se consomme, ça se consume. Il y a en particulier ce phénomène intrinsèque au capitalisme et qui donne lieu à une abondante littérature économique depuis Marx, à savoir les crises cycliques, où les moments de dépression économique font toujours planer la menace d'une implosion générale du système de production, comme en 1929, ou plus récemment en 2008. Ce phénomène est loin d'être anecdotique dans l'évolution de nos sociétés et constitue en lui-même une menace récurrente, comme l'illustre la succession des crises économiques depuis le XIXe siècle. Il y a, plus récemment perçue, la crise environnementale et climatique, qui est la conséquence directe du rejet de nos déchets dans l'environnement et l'atmosphère, déchets issus de la surproduction capitaliste. Nous sommes plus que toute autre espèce littéralement noyés, submergés par les objets a, par les objets que nous produisons et que nous échangeons sur le marché et qui se transforment mécaniquement en déchets toxiques. Lacan le soulignait dès cette époque. Il n'y a qu'à regarder aujourd'hui l'état de nos océans. Nous risquons l'auto-intoxication par nos propres déchets.

Il y a peut-être aussi une autre idée qui est à l'horizon de cette perspective déflagrante. C'est l'idée classique que ça ne va pas marcher parce que les gens vont se révolter et qu'ils vont faire la révolution. C'était l'époque où, en 1968, ou même en 1972, ça explosait partout dans les campus. Les gens n'allaient pas supporter. Aujourd'hui il y a des gens qui prennent le flambeau de la révolution, ou en tout cas qui s'inspirent encore d'un discours pseudo-révolutionnaire et se disent insoumis. Ils sont insoumis, et de tels partis de gauche radicale fleurissent encore un peu partout dans l'Occident capitaliste. Ils vont lutter contre l'aliénation capitaliste, et la révolution pourrait selon eux être une réponse ; mais Lacan répond à cette hypothèse par la négative : « Tout ce qui se passe au niveau, comme ça, de ce qu'on appelle de la jeunesse est très sensible, parce que ce que je pense c'est que si le discours psychanalytique avait pris corps il saurait mieux ce qu'il y a à faire pour faire la révolution. Naturellement, il ne faut pas se tromper. Faire la révolution, je pense que quand même, enfin vous autres, vous qui êtes là et à qui je m'adresse le plus, vous devez quand même avoir compris que ça signifie revenir au point de départ. » Alors là, revenir au point de départ ça veut dire très simplement que l'on fait la révolution et que l'on retourne au discours du maître.

Qu'est-ce qui permet de dire cela, qu'on retourne au discours du maître quand on fait la révolution ? Il suffit de regarder ce qui s'est passé depuis la Révolution française. La Révolution française a été formidable dans le déchaînement de l'appel à la liberté, mais elle a abouti à la Terreur et à Napoléon, qui est un dictateur méritoire selon moult historiens admiratifs et passionnés, mais un dictateur quand même. Si l'on peut considérer que la démocratie contemporaine est issue de la Révolution, c'est bien plus un processus qui s'étend sur près d'un siècle qui a permis l'avènement du parlementarisme, d'une façon d'ailleurs plus ou moins subreptice, sans commune mesure avec le cataclysme et la violence de ladite Révolution.

Puis il y a eu, à l'époque moderne, une autre révolution : la révolution de 1917, la révolution russe.

On était parti pour renverser le vieux monde. Quel en a été le résultat ? Le résultat c'est d'abord Lénine et Trotski. Trotski avec des textes sur l'État, qui sont quand même sans ambiguïté dans le registre de la coercition institutionnalisée. Et puis ensuite cela s'aggrave d'une façon effroyable avec Staline, contre lequel Lénine, très lucide, mettra en garde les camarades du Parti : là ce sont des millions de vies brisées et de morts, et « l'archipel du goulag ». Il faut lire aussi *Récits de la Kolyma* de Chalamov, si magnifiquement écrits de cette écriture incisive et sans concession pour mesurer la violence de l'univers concentrationnaire soviétique depuis Lénine et Staline. La révolution, c'est le retour au point de départ, en pire.

Lacan dit au passage quelque chose de léger malgré la pesanteur historique des enjeux : « C'est même parce que vous vous apercevez que c'est démontré historiquement : à savoir qu'il n'y a pas de discours du maître plus vache qu'à l'endroit où l'on a fait la révolution. » C'est vrai, il n'y a pas de discours du maître plus vache. On coupe les têtes, on élimine les opposants, on noie hommes, femmes et enfants dans la Loire, on les brûle vivants dans les églises, on envoie les gens au goulag, ils y meurent par millions du fait des privations, des humiliations et des supplices infligés.

Est-ce une position antiprogressiste que de dire cela ? La logique du discours est antiprogressiste. Si l'on s'insurge contre la dimension du maître, on se prend ordinairement la dimension du maître en pleine figure, sauf à être soi-même un maître plus fort et plus légitime, comme l'ont abondamment montré la Seconde Guerre mondiale et la coalition militaire contre le nazisme. Dans une moindre mesure, les mêmes retours de bâton s'observent dans les institutions psychanalytiques : ceux qui se risquent à contester les systèmes en place sont en général exclus et marginalisés par leurs collègues sous les prétextes les plus vains et les plus sérieux, et il est rare qu'une insurrection ne se termine pas par une reprise en main dictatoriale par l'appareil de l'organisation. Il y aurait bien sûr ici une distinction à faire très stricte entre la résistance à la tyrannie et la révolution. Si l'une est le garant d'une certaine éthique du désir, l'autre est la porte ouverte à l'asservissement. Si Lacan s'est toujours méfié de la révolution, il a bien sûr fondé toute l'éthique de la psychanalyse sur la possibilité de cette résistance.

La Boétie dans *Discours de la servitude volontaire* faisait du consentement tacite du peuple la condition de toute tyrannie politique, et c'est dans cet esprit que *L'Envers de la psychanalyse* fait reposer l'ordre social : sur un discours du maître qui trouve dans les ressorts même du discours de l'hystérique des raisons d'asseoir un peu plus le commandement du maître. Mais La Boétie déplorait dans son discours cette servitude volontaire, invitant à une désobéissance civile qui fera dans l'histoire beaucoup d'émules de Martin Luther King à Gandhi, et qui annonce les accents de révolte assumée par Lacan lorsqu'il commente *Antigone* dans *L'Éthique de la psychanalyse*. La résistance à la tyrannie et au bien supposé dont elle se revendique toujours est donc bien au principe même de cette éthique qui énonce que le héros tragique, comme le psychanalyste et comme n'importe quel sujet, ne doit pas céder sur son désir – la seule faute morale qu'on puisse commettre – ni renoncer à son inscription dans la filiation de son Nom-du-Père, sous peine, s'il le fait, de perdre ses repères et d'être rejeté dans le service des biens. C'est tout le sens du choix d'Antigone contre Créon.

À ce titre, la résistance aux nazis n'était pas une révolution, mais une coalition militaire et civile contre la « Bête immonde ». Il en est de même de toutes les guerres de libération. La nuance est importante et parfois ténue, comme pour le printemps arabe. Lacan ne prône pas la lâcheté par choix de discours, mais le courage de l'engagement subjectif d'un désir.

Le printemps arabe a aussi bien illustré l'ambiguïté de ces enjeux, mais aussi l'impasse de la révolution, sauf peut-être en Tunisie. C'est un déluge d'oppression et de feu qui s'est abattu sur les populations dans tout le monde arabe, pour sa plus grande souffrance, sans parler d'Assad et de Daech, paroxysme de saloperie dans le registre du discours du maître.

J'ai écrit dès le début de ce printemps à un psychanalyste renommé que, compte tenu de la fragilité des structures politiques et sociales dans le monde arabe, essentiellement claniques et oligarchiques, et de l'influence grandissante de l'islamisme politique dans ces populations nous allions à la catastrophe. À l'époque, je n'ai pas du tout été entendu sur les risques que cette révolution faisait planer comme une épée de Damoclès sur des peuples légitimement en lutte contre leurs tyrans ; et on a même refusé que je publie un article dans ce sens sur un site psychanalytique bien connu et dans une association qui se pique d'être lucide sur les faits politiques. Il ne fallait pas désespérer Billancourt…

Il y a un penseur qui n'était pas loin de penser la même chose que Lacan, qui est un penseur libéral, un libéral en politique, comme l'était Lacan. Il s'agit de Raymond Aron. Il a écrit un livre fameux, *L'Opium des intellectuels*, en référence ironique à Marx et à la religion comme opium du peuple. C'est la révolution comme opium romantique inoxydable. Il y a dans *L'Opium des intellectuels* un chapitre qui s'appelle « Le mythe de la révolution ». Il dit : « Pas plus que le concept de gauche, le concept de révolution ne tombera en désuétude. » Tout le monde y croit, les Insoumis y croient.

« [Le concept de révolution] exprime lui aussi une nostalgie qui durera aussi longtemps que les sociétés seront imparfaites et les hommes avides de les réformer. Non que le désir d'amélioration sociale aboutisse toujours ou logiquement à la volonté de révolution. Il faut aussi une certaine mesure d'optimisme et d'impatience. On connaît des révolutionnaires par haine du monde par désir de la catastrophe ; plus souvent les révolutionnaires pèchent par optimisme. Tous les régimes connus sont condamnables si on les rapporte à un idéal abstrait d'égalité ou de liberté. Seule la révolution, parce qu'elle est une aventure, ou un régime révolutionnaire, parce qu'il consent à l'usage permanent de la violence, semblent capables de rejoindre le but sublime. Le mythe de la révolution sert de refuge à la pensée utopique. Il devient l'intercesseur mystérieux, imprévisible entre le réel et l'idéal. La violence elle-même attire, fascine plutôt qu'elle ne repousse. Le travaillisme et la société scandinave sans classes n'ont jamais joui auprès de la gauche européenne, surtout française, du prestige qu'a gardé la révolution russe en dépit de la guerre civile, des horreurs de la collectivisation et de la grande purge. Faut-il dire *en dépit* ou *à cause* ? Tout se passe parfois comme si le prix de la révolution était mis au crédit plutôt qu'au débit de l'entreprise[7]. »

On comprend la phrase : « Tout se passe comme si le prix de la révolution était mis au crédit », donc les morts, « plutôt qu'au débit de l'entreprise ». On considère que la révolution est d'autant plus justifiée qu'elle a fait plus de morts.

« Nul homme n'est assez dénué de raison pour préférer la guerre à la paix. Cette remarque d'Hérodote devrait s'appliquer aux guerres civiles. Le romantisme de la guerre est mort dans les boues des Flandres,

7 Raymond Aron, *L'Opium des intellectuels*, Paris, Calmann-Lévy, 2004, p. 76.

le romantisme de la guerre civile a survécu aux caves de la Loubianka. On se demande par instants si le mythe de la révolution ne rejoint pas finalement le culte fasciste de la violence. Aux derniers instants de la pièce, *Le Diable et le Bon Dieu,* Goetz s'écrie : "Voici le règne de l'homme qui commence. Beau début, allons, Nasty, je serai bourreau et boucher. Il y a cette guerre à faire et je la ferai[8]". »

D'une certaine manière, la pensée de Lacan est assez classique, je veux dire qu'il critique quelque chose qui est déjà dans l'air. *L'Opium des intellectuels,* c'est cette inhalation toxique que par bouffées notre pensée ingère quand elle se nourrit des grands récits révolutionnaires sans prendre garde aux hommes qui ont été tués et même en se gargarisant de la beauté funèbre des grands massacres de masse. Et c'est une critique liée au libéralisme politique, c'est-à-dire un libéralisme qui prend ses distances par rapport à l'idéal révolutionnaire. Non pas pour critiquer la démocratie, tout au contraire, mais pour montrer qu'il y a bien une antinomie entre la démocratie et la révolution. D'où une nouvelle question.

Néolibéralisme et morale sadienne

À ce stade de la réflexion, je voudrais faire un détour par ce qui constitue la pointe extrême du capitalisme, à savoir le discours néolibéral. J'appelle discours néolibéral un discours qui s'en remet intégralement aux lois du marché pour penser à la fois l'ordre économique, l'ordre social et l'ordre politique. La question est de savoir comment situer ce discours néolibéral. Ce discours néolibéral, c'est une façon de justifier l'organisation politique et sociale dans laquelle nous sommes.

À quel modèle discursif renvoie-t-il ? Si je dis que le modèle discursif du discours néolibéral, c'est le marquis de Sade, on peut être choqué. Dans le texte *Français, encore un effort si vous voulez être républicains,* Sade dit en substance que les égards pour la considération de la jouissance d'autrui détruiraient ou affaibliraient la jouissance de celui qui la désire. Il n'est question dans cet examen que de ce qui convient à celui qui désire. J'ai fait cette analyse du discours néolibéral il y a trente ans dans une revue de psychanalyse dont j'avais la responsabilité, peu diffusée à l'époque. D'autres ont lu mes articles et s'en sont emparés pour en faire la thèse princeps qui les a fait connaître au grand public.

8 *Ibid.*, p. 76-77.

Mais le plagiat est précisément une loi dans le discours néolibéral et il ne faut pas s'en offusquer. Le principe du néolibéralisme est le droit de jouir des autres sans autre limite que celle de ses propres pouvoirs ou forces réels.

Qu'est-ce que cela veut dire ?

C'est ma jouissance, et uniquement elle, qui entre en ligne de compte dans le discours néolibéral. Sade revendique une liberté totale pour l'individu désirant. Lacan va résumer cette liberté de la façon suivante dans son article « Kant avec Sade » tiré des *Écrits*. Sade a une formule absolument lapidaire, reprise par Lacan qui résume tout Sade : « J'ai le droit de jouir de ton corps, peut me dire quiconque, et ce droit, je l'exercerai sans qu'aucune limite ne m'arrête dans le caprice des exactions que j'ai le goût d'y assouvir. » Donc l'idée est très simple : Sade a un programme, il le dit lui-même, de dissolution morale. C'est un programme de perversion généralisée.

En trouve-t-on des traces dans la pensée néolibérale ?

David Friedman, un théoricien américain de l'anarcho-capitalisme, très en vogue dans les années 1970, dit que l'idée centrale du libertarianisme, c'est que les gens doivent pouvoir vivre selon leurs désirs. Nous rejetons, dit-il, totalement l'idée que les gens doivent être protégés de force contre eux-mêmes. Une société libertarienne n'aura pas, par exemple, de lois contre la drogue, contre les jeux de hasard, contre la pornographie.

On y est ! C'était en 1973, et il écrit cela dans *The Machinery of Freedom*, « la machinerie de la liberté », un texte qui a eu un grand succès aux États-Unis à l'époque. On pourrait dire qu'il ne s'agit que de l'anarcho-capitalisme, une version excessive du capitalisme. Ce n'est pas le libéralisme. Sauf qu'il écrit cela en 1973, et que depuis la libéralisation des mœurs est arrivée, la liberté de la pornographie, des jeux de hasard, toutes les libertés que l'on connaît aujourd'hui comme des droits inaliénables. Cette profusion des jouissances annoncée en 1973 s'est réellement produite.

Ce que je veux faire entendre ici, c'est que l'idéologie du néolibéralisme laisse vraiment aux individus le droit de poursuivre leur propre bonheur et de juger rationnellement de leurs intérêts, d'en être les instigateurs. Si on généralise cette perversion, cette façon de faire, que se passe-t-il entre les individus dans ce type de lien social ? Cela avait été parfaitement analysé par Marx : les individus sont dans ce type de lien social en compétition, en lutte les uns par rapport aux autres, puisque précisément il n'y a aucune raison de respecter les autres sujets si on est en compétition avec eux pour la jouissance, la jouissance d'un objet, d'une position de pouvoir, d'une reconnaissance, d'une masse de personnes à sa botte. On utilise les autres dans le cadre de ce discours comme moyen normal de se procurer cette jouissance. On observe cela dans la société, dans les entreprises, dans les associations, et surtout dans les associations de psychanalystes où c'est le savoir qui est mis en fonction d'objet et fait donc souvent l'objet d'une lutte à mort entre les protagonistes mus les uns par rapport aux autres par une foncière et féroce jalousie, toujours à l'œuvre, celle-là même dont parle Lacan en 1955 dans son séminaire *Les Structures freudiennes des psychoses*, et à propos sans doute de l'atmosphère délétère du milieu psychanalytique dans laquelle il évoluait déjà à l'époque, brutale et étouffante. Cela va bien au-delà de l'émulation naturelle entre collègues.

Ce néolibéralisme est un discours dont l'articulation fondamentale est une articulation perverse, et les associations de psychanalystes sont totalement prises dans ce discours. Qu'est-ce que je veux dire par perverse ? Qu'est-ce que je mets derrière la notion de perversion ? C'est très clair dans ce que Lacan dit à propos de Sade, c'est l'idée de la positivation de l'objet.

L'objet fait retour, on le positive. C'est l'objet de jouissance. Et cet objet positivé, ça peut tout à fait être une autre personne que je mets au service de ma jouissance, ou alors un savoir, ou encore un objet plus strictement lié aux orifices. Positiver l'objet, c'est une façon d'éluder la dimension de la loi, la loi de la castration, la loi de renonciation à la jouissance, l'interdit de la jouissance évoqué plus haut à propos de Pascal et du Nom-du-Père. Tout cela est dénié. On n'est plus dans le champ de l'interdit de la jouissance. La jouissance devient en quelque sorte le cœur du réacteur néolibéral.

Donc pour en arriver à ma conclusion, on peut dire que la morale sadienne est par excellence la morale du marché néolibéral... et des milieux psychanalytiques. Certes nous ne sommes pas dans le néolibéralisme intégral. On a préservé, il est vrai, un certain nombre de protections, notamment dans le rôle de l'État providence, qui vient maintenir un minimum de tempérance dans cette idéologie néolibérale. Mais on est sur la voie d'un accomplissement. Donc il y a une tempérance, mais une tempérance de plus en plus menacée. Et en tout cas là où il n'y a pas de tempérance dans ce registre de perversion c'est que l'ensemble des sujets du lien social sont impliqués dans ce processus. C'est-à-dire que ça fait discours.

Lacan dit dans *L'Envers de la psychanalyse* que nous sommes tous les fils du discours ; cela signifie que nous sommes pris dans les effets du discours, tous sans exception, pour le meilleur et pour le pire. Qui, aujourd'hui, oserait publiquement contredire l'idée que finalement le but de l'existence c'est le bonheur individuel, c'est la jouissance au maximum ? S'il le fait, il n'est pas entendu. Le rapport à la jouissance est quand même surdéterminé par ce rapport au discours. La morale du marché néolibéral est donc une morale sadienne. Et ce qui montre que nous sommes bien dans le registre d'une morale sadienne, c'est la dureté des relations dans le monde du travail, dans le monde familial, ou encore dans le monde associatif. La « dureté absolue », comme le dit si bien Hegel dans *Principes de la philosophie du droit* à propos de la société civile moderne qu'il voit naître en Europe.

Le grand réalisateur russe Andrey Zvyagintzev, dans *Faute d'amour*, raconte la dureté des relations familiales qui explosent aujourd'hui à cause de la perversion généralisée. Un couple se déchire sur le dos de leur enfant de dix ans, comme souvent dans la vie la plus ordinaire. Il y a une scène d'une violence insensée. Je n'en ai jamais vu d'aussi violente au cinéma. Ils se renvoient la balle à propos de la possibilité de s'occuper de leur enfant, avec des mots extrêmement durs à son endroit. L'enfant entend ce que disent ses parents de lui et éclate en sanglots. L'histoire du film évoque les conséquences de cette souffrance. L'enfant va quitter le domicile familial, ses parents vont le perdre et il ne sera jamais retrouvé. Il y a dans *Faute d'amour* une relation dans cette dimension sadienne des individus les uns avec les autres et en particulier à l'intérieur du couple, une dimension qu'on va dire de meurtre, qui est la dimension d'assassinat utilitariste de l'enfant. Les parents veulent tous les deux pouvoir jouir sans entraves de l'existence et n'hésitent pas à parler de cet enfant devant lui comme d'un déchet à éliminer, la mère surtout.

Cette violence se retrouve souvent à tous les niveaux du lien social où la question de la jouissance et de la concurrence entre les individus se pose, au-delà de la question de l'amour. On pourrait dire d'une façon parfaitement hypocrite que ce film illustre la violence de la société russe, puisque les Russes vivent dans une société qui a été brutalement libéralisée et connaissent ce type de conflits dans les familles et dans les rapports de travail. Mais ce type de situations se retrouve aussi en France, dans la clinique ordinaire. Cette violence n'est donc pas purement contingente, ce n'est pas un problème de culture locale, une question ethnique. Elle est liée à l'articulation d'un discours pervers mondialisé.

La haine du semblable, nouveau symptôme social

La haine est donc devenue consubstantielle de notre jouissance de l'objet. C'est aujourd'hui la forme privilégiée de notre jouissance, ce dont rend admirablement compte le livre d'Hélène L'Heuillet *Tu haïras ton prochain comme toi-même*. Si, dans le miroir, mon prochain est un déchet, un concurrent ou un étranger, comment ferais-je pour ne pas le haïr et le réifier dans ma haine, pour ne pas le haïr dans son être même ? Je ne citerais à ce propos qu'une anecdote éloquente sur ce que pensent quelques praticiens – ils sont encore une minorité – de leurs patients et de certains de leurs collègues. Il y a peu de temps, il m'a été donné d'entendre au cours d'un colloque un collègue psychiatre et psychanalyste dire d'un autre collègue orateur à la tribune : « Inutile de l'écouter celui-là, tout le monde sait qu'il est psychotique. » Où l'acuité de l'écoute clinique est parfois mise au service de la destruction d'autrui et d'une vraie surdité. Un observateur averti du milieu psychanalytique, auteur d'éditos souvent acérés sur un site bien connu, mettait donc récemment en garde ses collègues contre les effets de cette haine, qui nuit certainement à l'image des psychanalystes dans la société et à celle qu'ils se font d'eux-mêmes.

Ainsi, certains psychanalystes ne se contenteraient pas de pratiquer quelquefois entre eux l'attaque *ad hominem*, l'invective, la calomnie, la diffamation et l'exclusion réciproque, ils aimeraient aussi s'humilier et se disqualifier de temps en temps les uns les autres, en public ou en privé, en s'appuyant sur les ressources infinies du diagnostic clinique et de l'interprétation sauvage. Cette hypothèse d'une prégnance de la haine dans les milieux psychanalytiques est intéressante, car elle correspondrait peut-être à certaines manifestations récurrentes de la vie des institutions.

La haine dont a souvent fait l'objet Lacan dans les milieux universitaires lui avait fait dire que, si dans l'amour de transfert on supposait toujours que l'Autre en savait un bout, la haine à l'inverse tentait toujours de ramener le sujet à son statut de déchet dans la parole, en le « dé-supposant savoir », vidé qu'il serait de toute relation articulée à l'inconscient et au savoir, très souvent au nom de la symptomatologie qu'on lui suppose.

Mais la réalité de cette haine serait sans doute encore très marginale ; elle viendrait en tout cas masquer une autre dimension très humaine de la vie associative des psychanalystes, bien réelle et certainement plus importante : c'est aussi le lieu où l'on croise des personnes qui pourraient, si cette notion avait encore un sens dans notre vie ordinaire d'« athées pratiquants », avoir rang de saints ou de justes parmi les justes, comme sans doute rarement ailleurs. Certes ces saints ne font pas la charité, ils « dé-charitent », comme le dit Lacan, ne pratiquent pas de dons matériels ou spirituels en vue de satisfaire une demande immédiate. Mais la bienveillance de leur conduite à l'égard de leur prochain va bien au-delà du don secourable ; elle concerne la gratuité d'un don où il faut entendre comme dans la tradition juive à la fois une vraie bienveillance et aussi une grâce accordée à l'autre en raison même qu'il est autre, qu'il est parfois sans recours et qu'il appelle à l'aide, un don qui repose sur un vide, celui du manque.

L'idée qui en rend le mieux compte est peut-être l'amour au sens du don gratuit de la tradition chrétienne et sans contrepartie attendue que la reconnaissance de ce don même, ou bien dans la tradition de la Kabbale à l'intérieur du judaïsme ce que les maîtres appellent le *Hessed*, que l'on peut traduire approximativement par « grâce ». Cette disposition à la sainteté se traduit par une écoute qui entend celui qui parle au-delà de la demande d'aide qu'il formule, pour l'accueillir dans sa fragilité et dans son manque justement, mais aussi dans sa capacité à participer de cette grâce pour lui-même et pour les autres. Il s'agit de rendre possible pour un sujet qu'il accueille sa propre parole comme une invention créative et soit capable d'accueillir de la même façon la parole d'un autre rencontré avec cette grâce possible. Il y faut du manque et de la bienveillance. Le hassidisme, et en particulier le Rabbi Nahman de Bratslav, a beaucoup fait pour que cette dimension éthique du rapport à autrui devienne une forme de respiration morale dans le judaïsme. C'est l'exemple de ce psychanalyste qui accueille dans son cabinet une petite fille tourmentée par la mésentente de ses parents, qui la rassure et qui conjure ses cauchemars après plusieurs séances, tout en prenant soin dans une fraternité certaine d'orienter ses parents vers une conduite plus attentive à l'égard de leur petite fille. Simplicité de la démarche et vraie bonté au sens où Vassili Grossman la découvre chez l'enfant russe qui offre à boire au soldat allemand mourant au bord du chemin dans la neige, dans ce chef-d'œuvre de la littérature russe du XXe siècle qu'est *Vie et destin.*

Lacan disait que la seule fraternité vraie était en fait celle du psychanalyste avec son patient dans le don du manque et dans celui du désir. Il y a donc cette grâce parmi les psychanalystes, qui en élève certains au rang de saint par l'effet de ce détachement de toutes les jouissances objectales et perverses dans la seule perspective de rendre possible chez l'autre la dimension du manque, telle que nous la voyons apparaître dans le commentaire que Lacan fait du pari de Pascal. Les pépères dont parle Lacan dans ce commentaire, ce sont ceux qui sont capables de mettre en œuvre pour autrui et pour eux-mêmes le Nom-du-Père et dès lors de donner voix au désir d'un sujet au-delà de sa demande supposée avec une vraie bonté et dans la grâce du don.

Ce constat optimiste permet de penser que les associations de psychanalystes ont bien sûr les moyens théoriques et pratiques de surmonter l'impasse de la haine. Dans un premier temps, la haine peut apparaître comme une impasse de structure, une impasse de son discours où la prédominance de la jouissance de l'objet, peut-être pas toujours perdu pour certains praticiens, se traduirait parfois par la pure jouissance de la haine, comme pratique ordinaire du discours, et le traitement d'autrui comme un pur déchet. Dans un second temps, les outils mathématiques, logiques et topologiques que Lacan a mis à disposition des psychanalystes pour penser à nouveaux frais leur lien social semblent permettre de surmonter cette impasse de structure en neutralisant à l'aide d'ouvertures nouvelles des enjeux de pouvoir et de prestance, mortifères par définition, et qui n'ont sans doute pas lieu d'être dans les institutions de psychanalystes. C'est ce que nous verrons dans le dernier chapitre de ce livre. Et ce qui est valable pour une association de psychanalystes est sans doute aussi valable pour une société dans un lien politique plus ample.

Le milieu psychanalytique n'est donc qu'un exemple parmi d'autres de ce qui traverse le lien social. Il serait fastidieux et inutile de multiplier ici les exemples. Donnons-en encore quelques-uns, les plus significatifs, ailleurs que dans les associations de psychanalystes.

À titre de symptôme social généralisé, l'expression qui fleurit sur toutes les bouches et à toutes les occasions n'est-elle pas ce « il – ou elle – est nul(le) ! », qui est parfois la dernière marche avant la mise au rebut d'une personne dans une institution, un groupe ou une communauté sociale ou politique, la condamnation à mort symbolique avant l'éviction pure et simple ?

J'ai eu l'occasion de participer récemment à un atelier professionnel consacré à la prévention des risques psychosociaux dans un service public. Dans une sorte d'unanimité sacrificielle, les participants les plus actifs du groupe de travail s'étonnaient, sur la base d'un cas pratique proposé par l'un d'entre nous, qu'on ne puisse pas se débarrasser plus facilement des « bras cassés », attendant du législateur des méthodes plus expéditives comparables à celles utilisées dans le secteur privé. L'institution devait expressément prévoir, en lien avec la Sécurité sociale, des circuits réservés de mise au rancart pour ceux que bon nombre de participants estimaient irrémédiablement hors circuit et incapables de s'insérer dans leur travail. Au sein de ce groupe composé de cadres censés être formés à la prévention de ces risques que sont le harcèlement moral ou le *burn out*, il n'y avait aucune réflexion et aucune distance par rapport aux propos tenus par plusieurs des membres. Le plus curieux, c'est que l'expert chargé de faire réfléchir le groupe abondait dans le sens de cette économie du bouc émissaire, donnant raison à René Girard sur le fonctionnement ordinaire des sociétés et des institutions. Ceci se passait au sein d'une institution où cependant l'on avait pris conscience au plus haut niveau que l'expression de cette haine, officialisée et admise dans le discours courant, pouvait commencer à poser quelques problèmes pour ce qu'on appelle le « management » et entraîner des dégâts collatéraux gravissimes. Ces dégâts avaient été par ailleurs constatés par l'institution à l'occasion de certains événements dramatiques comme le suicide d'un membre du personnel, brutal et spectaculaire, sur les lieux mêmes de son travail, seule issue envisagée comme possible dans le cadre d'une relation conflictuelle avec la hiérarchie et le milieu professionnel.

Pour dire notre désaccord et nous inscrire dans ce que nous estimions être le véritable esprit de cette formation, à l'origine tournée vers l'apprentissage de la bienveillance au travail, nous n'étions que deux à nous opposer à cet unanimisme sacrificiel, mais sans grand succès auprès de certains cadres du groupe qui semblaient acquis à ce qu'on doit donc maintenant appeler *la théorie du bras cassé*, à éliminer comme un déchet dans les poubelles de la société.

Dans le même registre, c'est devenu un lieu commun que de souligner la violence des rapports professionnels et sociaux dans les hôpitaux, où voisineraient souvent à côté du dévouement le plus remarquable des soignants et des médecins à l'endroit des patients l'expression d'une haine d'autant plus désinhibée qu'elle serait considérée comme normale.

Je citerai à ce propos le cas de cette directrice d'hôpital, amie de longue date, exerçant dans un groupe hospitalier de territoire de première importance dans le sud de la France, qui avait dénoncé des cas de maltraitance sur les personnes âgées sur le site gériatrique qu'elle dirigeait. Elle avait demandé à la directrice du groupe hospitalier de territoire, qui était sa supérieure hiérarchique, d'intervenir et de sanctionner les soignants qui s'étaient rendus coupables d'insultes et de coups sur les patients hébergés – sur la foi de courriers nombreux et réitérés de familles et de soignants stagiaires depuis plusieurs mois. La réponse de la direction avait été immédiate : la directrice de ce groupe avait mandaté la directrice des ressources humaines auprès des syndicats très virulents sur ce site pour négocier avec eux le départ accéléré de cette directrice de site en échange de la paix sociale, et sous réserve qu'aucune sanction ne soit prise contre les soignants. Cette directrice de site avait finalement dû quitter son établissement, traitée « de nulle » et lâchée par sa direction, conspuée par des tracts vengeurs et quotidiens des organisations syndicales et attaquée par la presse populaire locale comme responsable, en tant que directrice, des faits de maltraitance qu'elle avait pourtant elle-même dénoncés et tentés de juguler.

Une enquête centrale avait été diligentée, concluant simplement à des cas individuels de maltraitance « sans véritable gravité ». Finalement rien n'avait été fait pour remédier au problème dénoncé, et c'est avec le cœur serré qu'en circulant dans les couloirs de son établissement cette directrice continuait encore un peu avant son départ d'entendre les hurlements vindicatifs et les menaces de coups de certains soignants – blanchis par la direction et l'enquête centrale – à l'encontre des patients qu'elle ne pouvait plus protéger. Il est vrai que la restructuration de l'hôpital opérée par la direction générale de cet établissement permit peu de temps après de remédier à cette situation.

La question est donc de savoir quel type de rapport social cela induit entre les sujets. Rien d'autre qu'une précarisation du lien social et de l'existence du sujet. Le lien à autrui devient précaire. Tout un chacun est potentiellement haïssable, donc jetable, comme le montre le film *Faute d'amour*. Tout un chacun peut être traité comme un objet, comme un pur déchet, aussi bien à l'intérieur de la cellule familiale que dans le champ des rapports sociaux, institutionnels, associatifs, politiques, dans la cure elle-même, c'est le registre de la violence maximale. La question qui aujourd'hui nous est accessoirement posée est par ailleurs avec la précarisation celle de la ségrégation. Personne n'y échappe. Lacan notait que la ségrégation depuis l'avènement du IIIe Reich n'était pas derrière nous, mais qu'elle était notre avenir à tous, les strates de la société. Nous y sommes... en plein.

Dernière remarque : ce qui est intéressant à noter dans ce discours capitaliste nouvelle manière écrit par Lacan, c'est que la circulation qu'il induit est une circulation infinie, le symbole de l'infini est inscrit dans son écriture. Ce n'est pas pour rien qu'il l'a écrit avec le symbole de l'infini dans le circuit des flèches dont il illustre le discours capitaliste, celui de Milan. Cette écriture contient en elle-même le symbole de l'infini pour marquer cette dimension de déni de l'impossible.

La vraie question pour laquelle nous esquisserons des réponses à la fin de ce livre, c'est de savoir ce qu'on peut attendre du discours psychanalytique par rapport à ce fait de la perversion généralisée que nous décrivons. Quel type d'ouverture est-il possible d'en attendre par rapport à ce ravage ? Car c'est un ravage, nous dit Lacan ; cette objectivation du sujet dans la haine et cette jouissance généralisée sont un ravage. Quelle est la traduction clinique de ce ravage dans le lien social ? C'est ce que nous allons voir.

III. JOUIR DE L'OBJET OU DE L'IDENTITÉ ?

Retour sur la jouissance

Je voudrais parler des jouissances actuelles au sens où Freud parle des névroses actuelles pour les situer dans une actualité clinique dont la description de la perversion sociale a permis de cerner l'enjeu politique et discursif. Il convient d'entrer dans le détail de la clinique de cette perversion. Le livre de Jean-Pierre Lebrun et de Charles Melman, *L'Homme sans gravité,* dit l'essentiel sur cette question. Mais cette jouissance sans limites de l'objet ne semble plus ni tolérable ni tolérée par le sujet et appelle à sa rescousse un autre type de jouissance articulée à ce qui fait aussi commandement dans la structure psychique que Freud appelle l'identification au père et que Lacan rattache au concept plus abstrait de l'Un. Dans tous les cas aujourd'hui, il est frappant de constater qu'à la jouissance de l'objet semble devoir succéder la jouissance de l'Un, qui est celle de l'identité dans un mouvement de bascule qui a sa logique propre. C'est ce que je veux ici démontrer.

Tout d'abord reprenons la question : qu'est-ce que la jouissance ? Il y a une définition simple de la jouissance, quasi physiologique : c'est une excitation sans apaisement. La jouissance s'oppose à un autre terme qui est utilisé chez Freud : le plaisir. Freud définit le *principe de plaisir* comme une aspiration du sujet à être au plus bas degré de son excitation. Chez Freud le plaisir succède à l'excitation, il vient après la jouissance, en particulier dans la jouissance sexuelle.

Qu'est-ce que Lacan ajoute à cette analyse ? Il y a deux types de jouissances : la jouissance phallique et la jouissance Autre. La jouissance phallique s'articule avec l'ordre symbolique et traditionnellement avec la question de la castration. Elle a une double face : une face active, en particulier dans l'acte sexuel, elle s'incarne dans l'érection du pénis ; mais aussi dans sa détumescence, c'est son autre face liée à la dimension de l'absence. La jouissance phallique n'a de sens que par rapport au champ de cette absence, marquée par un trou ; elle est limitée dans le temps, suppose un point d'arrêt dans la jouissance sexuelle et n'existe bien sûr que sur le fond de cette absence. Ainsi, elle est propre à résumer la dimension symbolique, en ceci qu'un symbole suppose que ce qui est symbolisé par lui est absent et vit de cette absence dans le langage. Il y a entre le phallus, comme symbole, et le trou une véritable homologie de structure, et la jouissance sexuelle qui s'y articule reflète cette alternance d'érection et de détumescence, de présence et d'absence.

La jouissance Autre, quant à elle, est introduite par Lacan par le terme qui la consacre, un adverbe qui donne son nom à son séminaire : *encore.* Cet adverbe est celui d'une demande, celle qu'une femme est supposée adresser à un homme lorsqu'il lui fait l'amour. Encore, toujours un peu plus, que la jouissance sexuelle n'ait pas de fin. Cette demande se heurte ordinairement à une fin de non-recevoir, involontaire pour un homme du fait de la limitation intrinsèque de la jouissance phallique, de sa détumescence comique après la copulation. Elle est donc par définition sans limites, contrairement à la jouissance phallique qui est physiologiquement limitée et symboliquement aussi. *Encore* signifie aussi qu'elle est inscrite dans le corps, en particulier dans le corps d'une femme, qui jouit certes de son organe génital, mais dont tout le corps est concerné par cette jouissance, comme le montre très bien la sculpture du Bernin représentant l'extase de sainte Thérèse et qu'évoque Lacan dans *Encore.* Dans l'idéal, pour une femme, il faudrait que ça continue sans s'arrêter. Il y a des hommes bien intentionnés qui s'efforcent tant bien que mal de satisfaire à cette demande décalée par rapport à ce que peut ordinairement offrir comme jouissance la jouissance phallique.

Est-ce de cette jouissance-là dont il s'agit lorsque l'on parle ici de jouissance ? L'usage du mot jouissance vise aussi un état du corps plus général que ces deux notions bien distinctes. Ici le mot jouissance désigne l'excitation maximale articulée à ce qui a été entrevu depuis le début de cet ouvrage à propos du pari de Pascal, à savoir l'objet a. Cet objet a est référé aux orifices corporels. Quels sont-ils ? Il y a la bouche qui correspond au sein et tous ces objets oraux qui peuvent être déclinés autour du sein, tout ce qui peut être avalé ou recraché par la bouche. Il y a aussi le regard, la voix, le souffle, les fèces, bref, toute une série d'objets qui s'articulent aux orifices corporels et aux pulsions, c'est-à-dire à cet élan de la libido vers la recherche d'une satisfaction qui passe par la mise en fonction de l'un ou l'autre de ces objets. Il y a par exemple une jouissance à regarder et à être regardé : c'est ce qu'on appelle la jouissance scopique.

Qu'est-ce qui caractérise cet objet ? Ce qui le caractérise, du fait de son articulation à la jouissance phallique, du fait qu'il en dépend, c'est-à-dire de cette logique qui le rend définitivement absent comme objet de jouissance, c'est un objet qui se caractérise d'être perdu. Bien sûr chacun va essayer de le retrouver : on va écouter de la musique – c'est la voix –, on va avoir divers fantasmes. Quelle que soit cette retrouvaille, elle est brève et vouée à l'absence et à la perte. L'objet est bel et bien perdu. De la jouissance, nous dit Lacan, nous n'aurons au final que des lichettes. Rien de plus.

C'est ce que laisse entendre Lacan dans *D'un Autre à l'autre* et qu'il redit dans *Encore.* Lacan a donné à cet objet a, comme son analyse de Marx le montre, le nom de plus-de-jouir. On peut dire à propos du plus-de-jouir, que c'est plus de jouir encore : j'en veux encore plus ; mais finalement cela veut dire aussi « plus de jouir du tout ». C'est ambigu comme terme : signifiant de l'abondance et du surplus comme de la perte radicale. C'est à la fois encore plus et plus du tout. Lacan utilisait cette expression à dessein, avec cette ambiguïté : entre plus de jouir et plus de jouir du tout. Le destin d'un sujet se joue entre cette aspiration à un peu plus de jouissance et l'expérience qu'il fait d'un ratage du côté de la jouissance : l'objet a, pour un sujet, c'est cela.

Dans la définition qu'il donne dans *D'un Autre à l'autre*, cette jouissance, en tant qu'elle est articulée au corps de la mère, est – c'est le problème – interdite, d'où le fait que ce soit toujours sur le fond d'une perte qu'elle vienne s'inscrire, Lacan y insiste. Le jouir de la mère est interdit, et par là même le jouir de l'objet, si l'objet cause du désir vient toujours pour un sujet se substituer à la mère. Mais il se produit quelque chose de stupéfiant (c'est le cas de le dire, quand on pense à ce qu'est un stupéfiant) : un certain discours, le discours capitaliste, nous propose de jouir de l'objet sans perte. La question de la perte s'y trouve largement mise en suspens.

Le séminaire *D'un Autre à l'autre* se situe juste avant le séminaire de *L'Envers de la psychanalyse.* Lacan réfléchit aux questions de son époque et il se pose des problèmes par rapport précisément au plus-de-jouir dans la logique capitaliste. Quatre ans plus tard, en 1972, il prononce une conférence à Milan où il réécrit le discours capitaliste. C'est ce dont j'ai parlé dans le chapitre précédent.

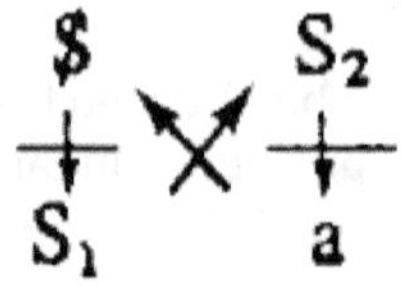

Qu'est-ce qui caractérise ce discours capitaliste ? Il y a une flèche qui part de $ vers S1, le signifiant maître, et de S1 la flèche remonte vers S2. De S2 elle va vers a et de a elle retourne à $. Formidable. C'est un discours fluide, il n'y a plus d'impossible, cela circule parfaitement entre les places. Dans les discours précédents, il y avait une barre en haut qui indiquait un impossible et cela ne revenait pas à son point de départ, or dans ce cas il y a des flèches qui font que cela revient au point de départ dans une sorte de circuit – je dirais une ronde – infernal. Il y a surtout quelque chose d'étonnant dans ce discours : c'est que l'objet fait retour vers le sujet. Le sujet devient le réceptacle de l'objet. Non seulement il n'y a pas perte, mais c'est comme si le sujet était revêtu des caractéristiques de l'objet, submergé par lui. C'est ce que montre cette flèche oblique qui va de l'objet a vers le sujet $. On peut dès lors se demander si ce sujet, qui se réapproprie sans reste un objet qui était perdu, est encore barré, surtout si la barre signifie précisément la perte impliquée par la jouissance phallique. Nous avons ici affaire à un discours sans perte.

Rappelons la différence entre le discours du maître et le discours capitaliste. Le maître est privé de son fantasme. Dans le discours du maître, il le délègue en quelque sorte à son esclave, l'esclave est donc délégué à la jouissance. Seul l'esclave jouit de l'objet sans grande perte dans le discours du maître. Le maître est en exil de sa jouissance et jamais il n'en voit la couleur.

Que se passe-t-il au contraire dans le discours capitaliste ? Tout circule parfaitement : les esclaves et les maîtres jouissent à tous les niveaux du discours, et l'objet fait retour pour le sujet, qui s'en trouve littéralement envahi. C'est formidable. C'est pour cela que Lacan dit que le discours capitaliste est un discours particulièrement astucieux. En effet, il supprime toute impossibilité dans la circulation de l'objet. Il réalise ce qu'aucun discours n'avait réalisé auparavant : le forçage de la jouissance. Il force pour le sujet son accès à la jouissance, car il supprime l'impossibilité liée à la jouissance dans le discours du maître. On jouit à pleins tuyaux dans toutes les places à cause de ce retour de l'objet vers le sujet.

Que fait le sujet ? Il commande à un savoir scientifique et technique qui va produire de plus en plus d'objets pour le sujet. C'est ce qu'on appelle la croissance. Le produit intérieur brut doit croître de façon continue, parce que rien n'est prévu pour inscrire de la perte, si ce n'est sous la forme des crises économiques cycliques qui contredisent dans leur fonctionnement le principe cumulatif de la croissance. Tout est en circuit fermé. En quelque sorte le commandement est mis au service de l'objet. Voilà pourquoi il est sous la barre du sujet et commande d'avoir à jouir toujours plus. Le commandement est là pour dire : faisons en sorte que le processus fabrique de la jouissance pour le sujet dans un circuit infini. Il faut remarquer que le tracé des flèches qui vont de place en place dans le discours écrit forme le signe mathématique de l'infini. Car ce processus ne connaît pas de limite, il se déploie théoriquement à l'infini.

À quelle économie cela correspond-il ? À l'économie de marché. En particulier telle qu'elle se reflète dans la publicité. La publicité, c'est cela : la fabrique des objets grâce à des études de marketing. On s'intéresse aux besoins du consommateur et on fabrique des objets qui correspondent à son besoin supposé toujours plus fin et plus exponentiel. On est tous à la fois maître et esclave. Le marketing, c'est cela : on va analyser le besoin du consommateur, ses attentes supposées, évaluées des sondages et des questionnaires ciblés, et on va fabriquer des objets *ad hoc* qui vont correspondre à ce qu'attendent pour jouir encore plus les orifices du corps. On va fabriquer au sujet par exemple des écouteurs. Maintenant il y a plein de gens dans le métro qui mettent leurs écouteurs. Ils se comportent comme des autistes, ils écoutent leur musique sans se soucier des autres. Ils ont une voix hallucinatoire dans la tête, ils ne voient ni n'entendent les autres, et ils ont leurs orifices auditifs bouchés par une musique sans interruption. Même chose pour les portables dont nous sommes tous *addict* : l'espace perceptif est réduit à l'écran du portable grâce auquel nous nous baladons n'importe où dans des mondes virtuels scopiques. Il faut voir les gens dans le métro occupés à pianoter compulsivement sur leur portable et totalement isolés dans cette perception par rapport à leur environnement. Ce sont des exemples ; il y en a de multiples.

Ce discours capitaliste se trouve particulièrement bien illustré par un livre qui, sur les fondements du *Discours de Milan* de Lacan, montre ses incidences cliniques, c'est *L'Homme sans gravité* de Jean-Pierre Lebrun et Charles Melman. Il illustre cliniquement les conséquences du discours capitaliste sur la jouissance, entendue au sens large comme jouissance pulsionnelle liée aux orifices du corps. À la fin de son ouvrage, Melman évoque ce sujet finalement identifié à l'objet et parle de la perversion généralisée dans cette course à la jouissance. Le terme de *course à la jouissance* est bien choisi : il est homologue à l'écriture du discours capitaliste en expansion infinie.

La positivation de l'objet

Pourquoi peut-on parler de perversion ? Qu'est-ce qui la caractérise ? Voyons ce qui caractérise déjà la névrose par rapport à l'objet. C'est *in fine* le refoulement et la perte. Le sujet est certes englué dans la jouissance, mais il aspire à se débarrasser de cet objet qui l'encombre plus qu'autre chose. C'est tout l'enjeu du pari de Pascal, expliqué par Lacan, c'est aussi l'enjeu de ceux que Lacan nomme les pépères, ceux qui, du fait de la castration, renoncent à toute possession de l'objet et finissent par s'en trouver bien, parce qu'ils savent que la jouissance est par définition interdite. C'est l'opération du Nom-du-Père qui permet au sujet d'accéder à cette dimension de la perte. À l'inverse, qu'est-ce qui va caractériser la perversion, le grand truc du pervers ? C'est le déni de la perte. Il y aurait bien une perte, mais elle ne serait pas valable pour lui. Le déni va porter sur la perte de l'objet, parce qu'il porte sur la loi qui ordonne cette perte. « Je sais bien qu'il y a de l'interdit, mais quand même. » Le fétichiste par exemple, celui qui aime les chaussures à talons aiguilles, qu'est-ce qu'il aime dans les chaussures ? Il aime l'objet, il le positive, toute sa vie va être suspendue à cette positivation de la chaussure comme représentant imaginaire du phallus dont il refuse la perte. Il positive l'objet. Le pervers, lui, aime l'objet pour ce qu'il représente d'un déni de toute perte, une positivation de la jouissance. C'est une définition que l'on trouve dans *L'Homme sans gravité*. Alors que le névrosé aime l'objet en tant qu'il représente cette absence commandée par la loi de l'interdit de l'inceste : ce n'est pas du tout pareil. Les sujets névrosés sont tous perversement orientés, mais sur un fond de perte ; certes ils ont besoin d'une positivation, mais sur ce fond de la perte. Ce qui n'est pas le cas dans la perversion.

La nouvelle économie psychique est donc une économie de la jouissance qui ne se trouve pas organisée par la perte de l'objet, mais par sa positivation permanente au nom d'une perte déniée. C'est positif, mais cette fois pour tout le monde, névrosés, psychotiques et pervers. À ce titre, nous sommes devenus une population de consommateurs : nous jouissons des objets qui nous sont proposés sur le marché et nous sommes capables de jouir de notre semblable, comme objet. Notre semblable est exploitable, et quand il n'est plus exploitable, comme les rasoirs Bic, il est jetable. Le marquis de Sade a très bien traduit dans son texte *Français, encore un effort si vous voulez être républicains* cette mutation de la subjectivité à l'avènement du capitaliste : il s'agit de jouir du corps d'autrui sans qu'autrui soit légitimé à opposer la moindre résistance à cet appel à la jouissance généralisée. Ce sont les mécanismes mêmes de l'exploitation d'ailleurs admis par tout le monde aujourd'hui comme une évidence.

« La grande philosophie morale, nous disent Jean-Pierre Lebrun et Charles Melman, [est que] chaque être humain devrait trouver dans son environnement de quoi le satisfaire pleinement. » Nous sommes dans une société où la fabrication d'objets est apte à satisfaire les orifices corporels et où chacun a le droit de poursuivre sa jouissance, au pire en détruisant autrui, au mieux en l'utilisant aux fins de cette jouissance. Tout le monde est d'accord sur ce point, qui fait l'unanimité. Qui n'est pas d'accord avec ce principe ? Avec une société où la fabrication d'objets est apte à satisfaire les orifices corporels, et où cette fabrication est devenue une sorte d'exigence collective, qui rencontre la faveur collective. Une société sans perte, organisée par l'idéal d'un bonheur collectif où chacun se fait l'objet de tous les autres pour le meilleur et pour le pire.

Voici quelques questions cliniques désormais obsolètes. Pourquoi les couples homosexuels ne pourraient-ils pas se marier, comme les couples hétérosexuels ? Au nom de quoi ? Au nom de quelle inégalité ? Il y a dix ans, la question était déjà posée dans *L'Homme sans gravité*. C'était très prophétique. Pourquoi les femmes célibataires ne pourraient-elles pas être fécondées grâce aux moyens artificiels comme la PMA ? Au nom de quel interdit ? Pourquoi les sexagénaires, voire les septuagénaires n'auraient-elles pas d'enfants ? Au nom de quoi, puisque la science le permet ? Pourquoi ne serait-il pas possible de changer de sexe ? Le sexe est complètement déterminé par la culture, tentent de démontrer les *gender studies* ! *Basta* ! Marions-nous entre personnes du même sexe. Changeons de sexe si c'est possible. Pourquoi n'y aurait-il pas de gestation pour autrui ? Après tout, tout le monde a le droit d'avoir des enfants, l'enfant est un droit pour tous, car l'enfant est un objet auquel tout le monde a droit. Donc la gestation pour autrui, la marchandisation du corps, cela doit répondre à un besoin qui est naturel chez les femmes, qui est celui d'avoir des enfants.

Si je pose ces questions faussement naïves, c'est que le corps social a massivement répondu à ces questions ou s'apprête à y répondre, en accordant des droits d'accès à de nouvelles jouissances. Il est devenu intolérable dans le discours social de remettre en cause ne serait-ce qu'un aspect de ces aspirations à de nouvelles jouissances. Celui qui s'y hasarde est désigné comme réactionnaire, hostile à la marche du progrès moral et scientifique. Car cette ambiance sociale se trouve légitimée par quelque chose d'encore plus imparable et qui s'appelle le droit. Le corps social va faire en sorte que tous ces droits nouveaux à des jouissances nouvelles soient inscrits dans la loi. La loi, au sens de la loi positive, celle du Parlement et des juristes, au lieu de servir – comme elle l'a fait péniblement au XIXe siècle et dans des phases antérieures – à asseoir la dimension du symbolique, c'est-à-dire la dimension de la perte symbolique de l'objet et de l'interdit, sert aujourd'hui au contraire à accéder à la jouissance. Il est vrai que dans le Code civil il est déjà explicitement question de jouissance, à propos de la jouissance des biens, mais ce terme d'un usage juridique banal rejoint désormais l'usage sans limites des jouissances, en tant que le droit viendrait toutes les autoriser, sans restriction et au nom du progrès social.

Dans un souci parfaitement légitime et parfaitement compréhensible, il y a aussi cette idée que les jouissances doivent être égales pour tous. Chacun doit être égal à chacun dans sa jouissance. Au nom de quoi ne serions-nous pas égaux ? Au nom de quoi les femmes ne seraient-elles pas égales entre elles ? Au nom de quoi les femmes ne seraient pas les égales des hommes ? Tout le monde est égal face à la jouissance. Donc égalité. Revendication d'égalité. Parité ! Parité dans les rapports. Le féminin doit être identique dans ses droits et dans ses devoirs au masculin !

Jean-Pierre Lebrun et Charles Melman évoquent un couple dans leur livre – qui est assez amusant et qui nous rappellera à chacun de bons souvenirs –, un couple qui se dispute pour savoir qui doit faire quoi à la maison. Le premier dit : « Tu dois te soucier un peu plus de mes intérêts », et l'autre reprend : « Toi aussi, tu dois te soucier de mes intérêts. » Et chacun de débattre sur l'intérêt de l'autre et de trouver une voie contractuelle pour équilibrer les intérêts. Ce n'est rien de fantasmagorique, c'est le quotidien des couples aujourd'hui. Mais c'est un quotidien qui est marqué par la question de savoir si la part de jouissance en quelque sorte sera égale ; égale sur tout ! Parce que, s'il y a la moindre disproportion, c'est le conflit. C'est un cas clinique absolument emblématique de notre époque et d'une banalité affligeante. Est-ce ainsi que les hommes vivent ? dirait le poète.

Melman cite une version moins amusante, moins comique ; le cas de ce couple, c'est le comique ordinaire, notre comique à tous. Mais il y a un certain nombre de jeunes qui se trouvent pris dans cette économie de la jouissance et qui ne s'y retrouvent pas. Le psychanalyste reçoit des jeunes qui ne font rien et qui sont engagés dans des « teufs », des fêtes, utilisent leur portable à tout va, n'ont aucun rapport avec la dimension de la dette, n'ont pas de centre d'intérêt en dehors de leurs jouissances immédiates. Ils sont entièrement happés par cette économie de la jouissance. Il y a des quartiers dédiés dans les villes étudiantes où des jeunes boivent jusqu'à très tard. L'alcoolisme de masse a l'air d'y être devenu une norme ordinaire. On boit jusqu'à plus soif. On se pique de flirter avec le coma éthylique, drôle de flirt. On y arrive parfois et on en meurt. C'est la mode. Donc cette jouissance se voit dans les rues animées de nos grandes villes, elle est visible, palpable. L'oralité de l'objet jusqu'à la mort.

La question du Nom-du-Père

Qu'est-ce qui caractérise ce rapport à la jouissance ? Renvoyons à ce qui a été le point de départ de cet ouvrage, à savoir qu'évidemment ce rapport à la jouissance questionne de façon radicale le Nom-du-Père. Pour le dire de façon extrêmement basique, le Nom-du-Père est l'interdiction de la jouissance de la mère et la mise en place de l'objet en tant que perdu. Le corps de la mère est perdu comme objet. Ce sur quoi insistent les auteurs de *L'Homme sans gravité* n'est pas seulement l'interdiction du corps de la mère, mais aussi l'introduction du Nom-du-Père. Le Nom-du-Père vient faire découvrir la dimension du sexe, comme le dit Lacan dans *Les Complexes familiaux*. C'est parce qu'il y a de la loi qu'il y a du sexe. Le père, Lacan l'associe à l'interdit, mais essentiellement il fait découvrir la dimension du sexe et du désir. C'est la thèse principale de Lacan dès le début de son exercice, et c'est ce qu'il reprend à Freud. On pourrait dire que toute atteinte au Nom-du-Père est une atteinte à la dimension du désir sexuel.

Regardons le discours social sur le harcèlement : il serait plutôt comique s'il n'aboutissait à l'inhibition du désir sexuel entre les sexes. Nous serions dans une société harcelante, nous vivrions dans le harcèlement sexuel permanent. C'est la médiatisation du harcèlement et c'est là que la dimension du Nom-du-Père est alors largement articulée à la mise en cause du sexe comme traumatique. Le sexe, c'est le trauma, c'est la violence, à l'heure où les figures de l'autorité masculine sont largement battues en brèche, conspuées et tournées en dérision.

À quoi a-t-on affaire du côté du Nom-du-Père ? À une dimension qui était déjà relevée dans le théâtre français au siècle dernier, celui de Claudel avec *Le Père humilié,* qui est comme le clown, enfin le pauvre type, celui dont on attendait beaucoup mais qui n'a pas su faire ceci ou cela et qu'on méprise pour les meilleures raisons du monde...

Il y a eu sans doute un tournant, à peine évoqué par Lacan dans un texte de 1936, *Les Complexes familiaux*, dont il parle à propos du déclin du Nom-du-Père et des « catastrophes politiques » qui l'accompagnent, ou encore de l'imago paternelle, insistant sur la dimension de l'image, dans le sillage des freudiens orthodoxes. Ce tournant historique est la Première Guerre mondiale. Dans toute l'Europe, les pères vont aller tuer et se faire tuer au front, dans une sauvagerie à nulle autre pareille – dont on est en train de célébrer le centenaire –, et ce qui sera en cause, dans cette sauvagerie, ce sont les figures idéales du père.

Après 1914-1918, ce sont les Années folles. C'est-à-dire le triomphe de la jouissance après le massacre des pères. Dans ma maison familiale, il y avait le portrait classique des jeunes filles de l'époque faisant la fête. Ma grand-mère portait des coiffures au carré et des bandeaux multicolores ; c'était le début des jupes courtes, près du corps, dans des tissus flottants. À la même époque, quelqu'un se préoccupe de cette question de la jouissance, Sigmund Freud. Il écrit *Le Malaise dans la civilisation*, un texte dans lequel il affirme que ce qui fonde la civilisation c'est le refoulement et le surmoi, et que le prix à payer pour la civilisation est la renonciation à la jouissance. Au même moment, cette nécessité structurale qu'il énonce est en train d'exploser sous ses yeux. D'où aussi l'un des premiers textes de Lacan, un texte magnifique, dont le constat se vérifie aujourd'hui : *Les Complexes familiaux*. Lacan dit tout cela en 1936. Il parle des sinistres marraines des temps à venir. Le père est un clown, humilié. Plus d'autorité du maître. Il y a cette mise en cause absolument violente des figures de l'autorité du maître, de l'enseignant, par les insultes, par le défi…

Fin de l'autorité des représentants politiques. Je ne vais pas faire la saga des dernières présidentielles, celles de 2017… C'est de la clinique. Ce qui s'est passé est sidérant sur le plan symbolique. La télévision, BFM surtout, en rajoutait tous les soirs : « Vous avez vu ce politicien corrompu… » C'est incroyable ! Il y a un monde journalistique qui entretient et qui assume sans rougir la déchéance de la figure symbolique de l'autorité politique. Cela avait commencé avec Strauss-Kahn, et le scandale supposé sexuel s'est logiquement accompagné du déclin de l'autorité symbolique du politique, surpris dans certaines positions avant de continuer sur d'autres modes jusqu'à l'effondrement de la figure verticale de l'autorité.

Il y a cependant quelque chose de nouveau, qui va avec le déclin de l'imago paternelle et qui est un progrès, c'est que l'Autre est vide : A est barré. Lacan l'écrit ainsi dans le tableau qu'il élabore à propos du pari de Pascal, il est barré, il n'y a plus personne dans l'Autre, aucune figure tutélaire, ni Dieu ni maître, l'Autre est vide. Charles Melman le rappelle aussi dans son ouvrage. Sauf que la grande erreur, c'est qu'on passe très rapidement de l'idée que l'Autre est vide à l'idée qu'il n'y a pas d'Autre, ce qui pose un vrai problème.

On n'est pas obligé de sauter ce pas. A barré (Ⱥ) ne veut pas dire qu'il n'y a pas d'Autre, ça veut seulement dire qu'il est barré, qu'il n'y a pas de réponse à en attendre. Ce qui signifie bien Autre Chose.

Dans ces conditions, il y a des formes nouvelles de vie collective. Est-ce que le collectif est ordonné autour de leaders ? C'est en train de revenir dans la nostalgie d'un Autre habité par un leader qui s'exprimerait au nom du peuple. Cela s'appelle le populisme. Il suffit de regarder l'Autriche, la Hongrie, la Pologne, la Slovaquie ou l'Italie. Parallèlement tout un mouvement de dislocation s'articule et fait que les foules, les groupes, s'organisent autour, non pas de la figure d'un leader, mais de jouissances : ceux qui déboulent sur les avenues en rollers, les surfeurs, les supporters des équipes de football (quelle effervescence pour le Mondial !), les cyclistes, ceux qui pratiquent les jeux vidéo ou qui surfent sur Internet... Les jeux vidéo forment un univers virtuel en soi où vivent des millions de sujets. Cette année, ils ont dépassé en chiffre d'affaires le cinéma au niveau mondial. Les jeux vidéo sont une forme de jouissance scopique particulièrement prisée, qui entraîne de nouvelles psychopathologies addictives.

Il est bien évident que, face à cette jouissance exponentielle, à ces communautés de jouissances et à la levée du refoulement qui va avec, il y a la réponse des nostalgiques, ceux qui aspirent à plus d'autorité, à plus d'identité, à plus de communauté traditionnelle fondée sur le Nom-du-Père.

Notre modèle social n'est plus articulé à la dimension du Nom-du-Père. Ce qui se met en place comme une réponse à ce trop-plein de jouissance, c'est le matriarcat ; Jean-Pierre Lebrun et Charles Melman le disent, et l'actualité vient corroborer cette hypothèse.

Petit aparté : qu'est-ce qui distingue le patriarcat du matriarcat ? Qu'est-ce qui caractérise le matriarcat ? Il y a eu des sociétés matriarcales autrefois. Le matriarcat, par rapport à la génération, est une relation de causalité réelle. On sait clairement qui est la mère de l'enfant : causalité réelle. C'est une relation qui fait que la causalité est comprise par rapport à son antécédent biologique. La mère antécède biologiquement et réellement l'enfant : elle fait naître l'enfant. C'est le côté « bio » du matriarcat. Il s'agit d'une relation de contiguïté : une partie est en rapport avec le tout, ou le tout est en rapport avec sa partie. C'est ce qu'on appelle, du point de vue de la linguistique, une relation métonymique. Dans le matriarcat on est dans un monde de métonymie, de contiguïté.

Qu'est-ce qui distingue le patriarcat ? Il y a eu deux temps pour le patriarcat en Europe : le patriarcat romain où le pouvoir du père, de l'homme sur la famille, était absolu et où le père a remplacé la mère. Mais ça n'est pas exactement dans cette lignée-là que notre patriarcat se situe. Notre patriarcat traditionnel est issu de la lignée judéo-chrétienne, où le père, c'est le cocu de l'histoire, Joseph. Mais il a un rôle dans cette tradition, un rôle mystérieux et métaphorique. Et cela dans les trois monothéismes, juif, chrétien et musulman. Son autorité représente la perte d'un objet de jouissance, qui va trouver sa symbolisation dans le phallus. Il n'est plus dans le champ de ce qu'on pourrait appeler la métonymie.

Deuxième idée : la dimension d'introduction à la sexualité par le père, que l'on retrouve dans les trois monothéismes. Dans les épisodes bibliques, le père est souvent représenté comme le jouisseur suprême, comme un personnage extrêmement vivace dans le champ du désir sexuel. C'est le cas par exemple dans « Booz endormi[9] » et avec les histoires de tromperie, de jalousie.

Qu'est-ce qui va faire la différence, du point de vue linguistique et du point de vue du signifiant, entre ce qui relève du matriarcat et ce qui relève du patriarcat ? La relation de contiguïté qui se fait de proche en proche a ceci de particulier : elle immerge le sujet dans un monde de signes. Le matriarcat, c'est un monde de signes biologiques. Au fond c'est facile de dire : c'est la mère de tel enfant. Alors que la relation métaphorique, qui passe d'un signifiant à un autre signifiant, suppose la dimension de l'absence, du mystère. On se pose toujours la question : qui est le père ? C'est le mystère. On voit bien qu'on est dans le champ de la métaphore.

Vers un matriarcat désexualisé

Pourquoi entrons-nous aujourd'hui dans le monde enchanté du matriarcat ? À quoi le voit-on ? Nous y entrons avec le renforcement insidieux d'une répression de plus en plus rigoureuse de la vie sexuelle. Alain Badiou, dans *La Vraie Vie*, dont il emprunte le titre à un poème de Rimbaud, dit grosso modo que les jeunes d'aujourd'hui ont une chance formidable, car ils sont à un moment de table rase de tout ce qui a existé auparavant – tous les idéaux, les figures de l'autorité sont à plat, le monde vertical qu'on a connu est à plat –, et que donc ils ont tout à faire. C'est le côté gauchiste de l'auteur. Pour lui, tout est à reconstruire, la jeunesse a cette chance de n'avoir plus à subir les effets de la névrose et du refoulement. Je réserve mon avis sur cette thèse. En revanche, il ajoute quelque chose de très intéressant à la fin de son livre. Cette table rase du côté des figures tutélaires va certes réinventer, reconstruire le lien social, mais quelque chose se profile à l'horizon dans le champ social : des « vraies femmes » surgissent. Ces vraies

9 « Booz endormi », dans *Le livre de Ruth* (Bible), mais également un poème de Victor Hugo (dans *La Légende des siècles*).

femmes sont ces femmes cadres dans les entreprises et dans les administrations publiques, qui se retrouvent dans une situation sociale dominante, peuvent pour la première fois commander et disposer de leur corps sans problème. Elles maîtrisent la fécondation avec tous les moyens scientifiques que l'on connaît et peuvent même se passer du sexe et des hommes dans leur lit par la même occasion.

Qu'est-ce que cette fantasmagorie ? Grâce aux lois qui vont être votées bientôt, on va pouvoir se passer des hommes. Les hommes peuvent être réduits au rang modeste, mais encore utile, de donneurs gratuits de sperme, de producteurs de paillettes surgelées. Notre monde sexuel laisse place aux paillettes. Pour le reste, les femmes se débrouillent avec le concours des médecins et de la science. J'aime bien l'hypothèse selon laquelle cela peut constituer un risque social, surtout si ces femmes ont à la fois la maîtrise de la fécondation et le pouvoir de décision. Pour fréquenter certaines institutions, je peux dire que les femmes au pouvoir sont souvent plus directes que les hommes, plus sauvages et radicales dans l'exercice de ce pouvoir, c'est-à-dire sans retenue ni concession aux bonnes manières, avec des effets collatéraux très sensibles. Elles ont cette sauvagerie et cette liberté dont parle Lacan dans *RSI*, qui en font des leaders à la fois remarquables et redoutés. On est très loin du cliché dix-neuviémiste de la femme douce, tendre et indulgente. Mais cette absence de refoulement dans l'exercice du pouvoir ne les rend pas plus accessibles à la logique de l'inconscient, qui nécessiterait peut-être que référence soit faite au Nom-du-Père. C'est aussi un paradoxe que rappelle Lacan dans *RSI* à propos de la reine Victoria : beaucoup de sens pratique dans le savoir, mais une absolue fermeture à l'inconscient, en particulier à sa dimension symbolique.

Il y a donc un type de transformation sociale très intéressant, dont Badiou dit que nous avons quand même des soucis à nous faire. Il pense que tout cela pourrait déboucher sur une forme de matriarcat totalitaire dans les institutions publiques et les entreprises, ce qui pourrait vite devenir dangereux pour la vie publique. Je ne sais pas si ces hypothèses sont parfaitement légitimes mais l'hypothèse d'un matriarcat désexualisé et brutal dans l'exercice du pouvoir me semble plausible. On le vérifie déjà partout dans les entreprises et les administrations publiques au grand dam des hommes et des femmes à la botte de ces nouvelles « maîtresses ». Pour l'instant on le tait, parce qu'il n'est pas politiquement correct de dénoncer ce nouveau pouvoir absolu des femmes dans les institutions. C'est sans doute une alternative harmonieuse au règne considéré comme obsolète du Nom-du-Père. Nous verrons plus loin que l'hypothèse d'un matriarcat totalitaire n'est pas contradictoire avec le retour de la passion identitaire, et c'est sans doute cette combinaison étrange qui va constituer le tissu du lien politique contemporain.

Ce monde matriarcal est articulé au signe. Voyons les textos. Tout y est un langage signe : « ou t ? », ou encore les émoticons. On a donc une simplification du rapport au signifiant qui va avec un privilège donné au langage technique. Dans le champ du savoir, un privilège accordé de tous les parents, pour leurs chères têtes blondes, aux savoirs techniques. Il faut qu'ils aient un métier, il faut qu'ils aient un savoir-faire technique, qu'ils soient vendables, qu'ils soient commercialisables, qu'ils soient utiles. Nous observons l'émergence d'une sorte de langage signe, de langage technique ou bien un langage cru et direct qui supplante son usage métaphorique. Dans les rapports sociaux c'est visible.

Ce déclin de la métaphore paternelle engendre des conséquences sur l'usage du signifiant dans les échanges. Il y a comme l'irruption du vocabulaire technique dans le champ de la parole et du savoir. C'est le cas dans le discours universitaire : « Continue de toujours plus savoir. » Il est évident que, dans ce mouvement, la science joue un rôle considérable avec évidemment le privilège accordé au nombre, au chiffre. Donc le déclin de l'imago paternelle a des conséquences dans le champ du signifiant. Nous en sommes tous directement les acteurs.

Parmi les perspectives peu encourageantes, on peut se poser la question de savoir si l'économie de la jouissance perverse qui repose désormais sur le matriarcat est tenable ? Osons la question simplement, il n'y a pas besoin de grandes envolées rhétoriques : est-ce vivable ? Non, ce n'est pas vivable. Quelle va être la réponse dans le champ politique ? Le retour du bâton. Le retour de bâton, c'est quoi ? C'est le discours du maître, la mise en place d'un rapport vertical au pouvoir qui réordonne les places. On peut se demander ceci dit si on ne voit pas apparaître ces soubresauts un peu partout.

Il est évident que le retour de ce qu'on pourrait appeler des versions autoritaires du pouvoir montre que les peuples n'aspirent pas à une jouissance sans refoulement – et je dis cela sans me réjouir – mais aspirent plutôt à un ordre qui les soulage de cette absence de refoulement.

L'économie de la jouissance est celle de l'objet, et les débordements de la morale sadienne se trouvent largement illustrés par les actes les plus infimes de notre vie quotidienne. Plus rien n'échappe à la jouissance et à la prescription de son impératif pour tous les orifices pulsionnels qui s'offrent à nous. Ce débordement de jouissance posait problème dès 1968 à Lacan. Dans les entretiens qu'il a eus avec les étudiants en grève à Vincennes, il s'exclame, non sans une pointe d'humour : « Vous cherchez un maître, vous l'aurez ! » L'histoire ne lui a pas vraiment donné raison. L'ère pompidolienne qui succéda à Mai 68 fut plutôt une ère libérale qui se prolongea sur plusieurs décennies par une permissivité dans les mœurs jamais expérimentée auparavant. Il faut juger de cet avertissement à l'aune de la durée et en tirer un enseignement de long terme sur le discours capitaliste. N'est-il pas pertinent de considérer que la course à l'objet sans limites, ni impossibilité, et décrétée par un Sujet omnipotent ne rencontre pas, à un moment donné, une limite qui est précisément celle que prescrit la structure ?

Lacan, en 1972, dans son *Discours de Milan*, soit quatre ans plus tard, prédit la crevaison du discours capitaliste, sans dire comment il va crever. À la faveur d'une révolution, d'une crise supposée cyclique, d'une dévastation environnementale, de toute autre cause non identifiée ? Jusqu'à présent la prophétie ne s'est pas réalisée, mais un certain nombre de signes avant-coureurs laissent penser que cette instabilité chronique de l'économie de la jouissance peut être à l'origine de transformations violentes qui devraient intervenir dans les décennies à venir. Quelle hypothèse Lacan faisait-il sur ces transformations, quand il parlait aux étudiants de Vincennes ? Une hypothèse très simple, qui est celle de parier sur le retour du discours du maître dont nous avons vu la structure dans les chapitres précédents, d'autant plus « vache », selon Lacan, qu'il reviendrait à la faveur d'une révolution. Nous passerions donc d'un Sujet en position d'agent à un signifiant maître susceptible d'incarner ce signifiant Un que toute notre économie vise à refouler au profit du seul impératif d'avoir à jouir.

L'identité comme recours et la radicalité

Notre modernité a une étrange propension à considérer la question de l'identité comme un recours au malaise de la jouissance, comme si le débordement des jouissances exigeait leur clôture par une frontière délimitant un intérieur et un extérieur, qu'il s'agisse de l'identité nationale, ethnique, religieuse, ou simplement culturelle, sexuelle ou associative. Les temps sont aux tracés des frontières identitaires entre nous et eux, entre un nous qui représente ce qui est bon et eux qui représentent ce qu'il ne faut pas faire, ou qu'il faut exclure, parce que fondamentalement nous ne partageons pas les mêmes valeurs. Le débordement appelle la clôture, et la clôture exige un maître suffisamment fort pour l'imposer à tous par la violence ou la coercition. À l'ère de la mondialisation nous entrons de plain-pied dans celle de la ségrégation et de la clôture, étrange paradoxe qui veut que l'ouverture maximale provoque un effet de fermeture non moins maximal.

À les énoncer ainsi on pourrait croire qu'il ne s'agit que de généralités. Maintenant si nous voulons bien examiner ce qui aujourd'hui meut ensemble le populisme et le djihadisme, force est de constater que l'un et l'autre procèdent d'une aspiration identitaire et que l'aspiration identitaire de l'un entretient celle de l'autre. Cette aspiration surgit au moment où le crédit de la parole politique se trouve au plus bas.

Le crédit de la parole politique est mesuré à l'aune des sondages : il est aussi éphémère que fragile, et la petite phrase qui fait mouche dans les tweets, aussi vite entrevue qu'immédiatement digérée, tient simplement lieu d'argument, le temps d'un flash, d'un flash d'informations. Il en pleut autant qu'il en disparaît, avalées par l'image dans un flux incessant et seulement ponctuées par l'annonce spectaculaire de la catastrophe ou de son imminence.

Quelle est cette économie du langage sans autre ponctuation que des flashs ou des traumatismes ? Sans doute celle qui, assujettie, en particulier sur Internet, au caractère effusif d'un objet d'échange sans destinataire véritable, obéit à ses seules pulsations et se repaît du plus futile au plus immonde sans autre but que la sidération en continu qui l'accompagne. À l'image du clignotement et de la transformation des nombres et des courbes censés représenter l'évolution des flux financiers sur les tableaux d'affichage des bourses mondiales. À cette jouissance de l'infini ponctuée de bulles éclatantes sont soumis les politiques. Leur parole ne vaut-elle qu'à tenter d'influer sur les cours ? En tout cas, s'ils ne le font pas cela leur est reproché ; et s'ils le font bien, maladroitement, mal, cela aussi leur est aussi reproché.

La mondialisation est là qui les prive d'un pouvoir décisif sur le cours des événements et conditionne la réussite de leurs actions à celle de politiques publiques qui dépendent de facteurs sur lesquels ils donnent l'impression de ne pouvoir influer. Ainsi, dans un premier temps, la mise en place d'une politique budgétaire restrictive dans toute la zone euro, sous le haut commandement de l'Allemagne, a engendré en France et dans tous les pays du Sud une contraction drastique de la demande interne, une baisse draconienne des investissements et finalement un taux de chômage record, pendant qu'aux États-Unis une politique monétaire anticyclique, c'est-à-dire d'injection dynamique par la Banque centrale de liquidités dans l'économie, susceptible de s'opposer à un cycle de dépression et de faible croissance, a accompagné la reprise et est à l'origine de son rebond spectaculaire. Mais en Europe cette décision a échappé au politique, et en particulier en France et dans les pays du Sud. L'échec des politiques publiques, celles de la gauche en particulier, lui est directement imputé par ceux qui subissent dans leur vie quotidienne le choc brutal de la mondialisation, non sans raison, car une autre politique économique était sans doute possible, qui n'aurait pas conduit à l'épreuve de l'impuissance.

Quoi qu'il en soit, le discrédit du politique en France et en Europe se nourrit de l'impuissance du pouvoir à surmonter la crise et du sentiment diffus que le pays est livré aux soubresauts des flux des capitaux internationaux, autant dire d'un objet aléatoire et imprévisible qui détermine dans la réalité le destin de chaque citoyen dans son existence singulière. Ceux qui sont exclus de la révolution électronique d'Internet perçoivent d'autant plus cette évolution comme une dépossession du signifiant maître dont ils revêtaient l'État protecteur. Ils voient bien qu'ils sont les laissés-pour-compte de l'internationalisation des échanges et qu'ils ne peuvent plus attendre de protection de l'État. Ceux-là aspirent à plus d'autorité, à plus d'État et croient d'ores et déjà avoir trouvé des solutions à leur désarroi en votant pour le Front national, puis le Rassemblement national.

C'est le cas des campagnes, des petites villes, des jeunes peu qualifiés promis au chômage, d'une grande partie de la classe ouvrière que la crise laisse sur le carreau et d'une partie grandissante de la classe moyenne exposée au chômage de masse. La mondialisation s'accélère, et son cours déchaîné échappe à la maîtrise du pouvoir. Cette impuissance du pouvoir nourrit la crise de l'autorité.

Comment dans ce contexte a résonné le coup de tonnerre des attentats du 7 janvier et du 13 novembre 2015 en France ? Comme une tragédie atroce et un avertissement sans frais adressé aux démocraties occidentales de la part d'idéologues religieux prêts au terrorisme le plus sanguinaire pour faire triompher ce qu'ils estiment être un islam purifié des scories de la civilisation capitaliste, qui passe pour corrompue, défendue par des mécréants qu'emporte une aspiration vers une jouissance sans limites et athée.

L'islamisme radical des jeunes issus de l'immigration dans nos banlieues est-il le symptôme d'un amour fanatique du père qui conduit au sacrifice de leur vie et au terrorisme de masse ? Il est intéressant de noter que Fethi Benslama dans son ouvrage *La Psychanalyse à l'épreuve de l'islam* indiquait que la question du père n'était en tout cas pas centrale dans le Coran, comme elle l'est par exemple dans le christianisme, et que l'islam est plutôt une religion où à cette dimension se substitue une relation directe à Dieu.

Sauf à considérer que Dieu joue néanmoins le rôle d'une entité réelle dans la transmission, c'est plutôt à un commandement impératif sans la tempérance traditionnellement associée à la figure du père auquel a affaire le croyant radicalisé. La façon dont Dounia Bouzar décrit dans ses ouvrages la dérive sectaire de ces jeunes donne toute la mesure de cet impératif qui conduit à la rupture avec la famille d'origine, musulmane ou non. Les études qu'elle a menées montrent d'ailleurs que cette rupture est autant celle de jeunes musulmans radicalisés que de jeunes radicalisés issus de milieu catholique, laïc ou athée. Elle décrit une soumission totale à des interdits vestimentaires, alimentaires et comportementaux et le choix de considérer tous ceux qui ne relèvent pas de cette nouvelle communauté des croyants comme n'appartenant pas à la communauté humaine, comme de purs et simples déchets. La propagande de Daech sur Internet passait en boucle les égorgements et les décapitations de même que les exécutions de masse, et des vidéos qui glorifiaient l'assassinat des mécréants et livraient ces jeunes à des pratiques d'hyper-violence. Il est inutile de gloser sur le lien entre ces pratiques d'hyper-violence captées par les vidéos de propagande et la tuerie du 13 novembre 2015.

Dounia Bouzar n'hésite pas dans ses interviews à rapprocher l'indifférence à la souffrance de l'autre, ce trouble dans l'imaginaire où l'autre n'est plus un semblable et qu'elle qualifie de conduite qui rappelle le nazisme. Est-ce à dire que cet islam radicalisé ressemble à s'y méprendre à cette foule enthousiaste décrite en 1921 par Freud dans

Psychologie des masses et analyse du Moi à l'occasion de l'avènement du fascisme en Italie ? Il y a peut-être identification de cette foule à l'idéal incarné par le chef, levée du refoulement et autorisation à meurtres et à exactions contre tous ceux qui n'appartiennent pas à la foule des croyants. Mais il y a aussi peut-être d'autres éléments d'explication qui s'ajoutent.

À première vue, la thèse d'une spécificité de la radicalisation pour le djihadisme contemporain est avérée. Mais c'est précisément ce qui mérite un examen plus approfondi à la lumière de l'évolution politique actuelle dans le monde occidental et des textes de Freud. Cette spécificité trouve-t-elle un sens nouveau si elle est resituée par rapport à la structure psychique qui serait le terreau de cette radicalité, au-delà de ses manifestations singulières, comme le montre du reste Fethi Benslama, et par rapport à une radicalisation du discours en Occident, qui partage étrangement et de façon totalement inattendue certains traits avec l'aspiration djihadiste ? Ceci n'invaliderait pas la thèse de la spécificité, mais a le mérite de la situer dans un contexte plus large.

Où trouve-t-on chez Freud des pages décisives susceptibles d'expliquer simplement les phénomènes que nous observons avec l'émergence du djihadisme ? Pourquoi ces pages permettent-elles de conclure à l'existence d'une structure profonde favorisant la radicalisation des sujets dans les sociétés humaines ? Dans *Psychologie des masses et analyse du Moi,* il suffit de se pencher pour ramasser sans effort particulier des éléments d'analyse psychique d'une rare pertinence pour la compréhension actuelle du terrorisme djihadiste.

« Nous sommes partis de la donnée fondamentale que l'individu au sein d'une masse connaît une profonde transformation de son activité psychique en raison de l'influence que cette masse exerce sur lui. Son affectivité s'intensifie dans des proportions extraordinaires, ses prestations intellectuelles sont nettement amoindries, ces processus allant visiblement dans le sens d'un alignement sur les autres individus de la masse », écrit Freud au début du chapitre IV intitulé « Suggestion et libido ». Partons de l'hypothèse que la mouvance djihadiste obéit au mécanisme de constitution d'une masse, certes antisociale, mais obéissant aux règles de fonctionnement décrites par Freud pour penser la logique de cette masse. L'affectivité, c'est-à-dire l'enthousiasme, l'emporte chez le sujet participant à la masse, et la réflexion y est réduite à sa plus simple expression.

Qu'est-ce qui permet de dire que la mouvance djihadiste est une masse ? C'est la comparaison qu'il est possible de faire avec deux exemples de masses décrites comme artificielles données par Freud dans le chapitre V de son ouvrage, « L'Église et l'Armée ». L'intérêt de ce chapitre est de nous suggérer que la mouvance djihadiste se constitue à la fois comme une Église et comme une Armée. Elle partage avec ces deux organisations artificielles les mêmes caractéristiques. Elles sont des masses artificielles : on utilise une certaine dose de contrainte extérieure pour éviter leur dissolution et empêcher toute modification de leur structure. Alors que pour l'Église et l'Armée la contrainte extérieure provient du fait qu'on ne laisse pas le loisir de choisir si on veut entrer dans ce genre de masse, il s'agit pour la mouvance djihadiste de proposer un engagement dans le cadre d'une organisation contrainte par un corpus de croyances auquel le sujet adhère volontairement sans restriction. C'est un choix libre qui est à l'origine de la contrainte – c'est ce que Fethi Benslama caractérise par le terme de réidéalisation – et qui s'avère, une fois ce choix fait, aussi contraignant que l'appartenance non spontanée à la masse artificielle.

Pour l'Église comme pour l'Armée, quel que soit par ailleurs ce qui les différencie, pour Freud, c'est le même mirage qui prévaut : il existe un chef suprême – le Christ dans l'Église catholique, le commandant en chef dans l'Armée – qui aime du même amour les individus composant la masse. Il est facile de transposer ce schéma d'organisation à la mouvance djihadiste, en disant que, comme pour l'Église catholique, le chef n'est autre que l'interprétation salafiste de la figure du Prophète, transmetteur en droite ligne de la parole de Dieu, et que ce chef est aussi, toujours dans l'interprétation salafiste, un chef de guerre prompt à organiser cette masse de combattants volontaires comme une armée. Dans la réalité des faits, cette organisation incombe à celui qui représente l'autorité du Prophète : on pense à celui qui, dans l'État islamique, s'est autoproclamé détenteur à la fois de l'autorité religieuse et politique, le cheikh al-Baghdadi.

Ce chef, à savoir le Prophète ou son représentant, aime du même amour tous les individus composant la masse, nous dit Freud : « Le Christ formule expressément cette égalité d'amour : ce que vous avez fait à l'un des plus petits de nos frères, c'est à moi que vous l'avez fait. » Il y a dans la déclaration des djihadistes le sentiment d'être l'aile marchante de l'*oummat*, la communauté mère des croyants, et d'agir au nom de chacun des siens dans l'idée qu'une atteinte à l'un de ses membres est une atteinte à la parole révélée du Prophète. Au Bataclan, tandis qu'ils exécutaient méthodiquement les spectateurs, les terroristes invoquaient les atteintes portées à l'État islamique et aux musulmans par l'aviation française.

« Ce n'est pas sans raison profonde que l'on rapproche la communauté chrétienne et la famille et que les croyants s'appellent frères dans le Christ, c'est-à-dire frères par l'amour que le Christ a pour eux. Il en va de même pour l'Armée », dit Freud. La mouvance djihadiste cumule l'allégeance à un chef charismatique avec une organisation militaire qui suppose un étagement hiérarchique où chaque capitaine est en quelque sorte le commandant en chef. Toujours dans ce chapitre, Freud ajoute : « Se trouvent hors de cet attachement, même pendant le règne du Christ, les individus qui ne font pas partie de la communauté de foi, qui ne l'aiment pas et qu'ils n'aiment pas ; c'est la raison pour laquelle une religion, même quand elle se qualifie elle-même de "religion d'amour", est obligée de se montrer dure et sans amour envers ceux qui n'en font pas partie. » Il est facile à nouveau de transposer à l'interprétation djihadiste de la révélation du Prophète cette remarque de Freud qui aboutit à l'égard des ennemis du Prophète, c'est-à-dire des mécréants, à une levée du refoulement, c'est-à-dire à l'expression d'une violence sans limites, et à la désignation indistincte de boucs émissaires au sein de ceux qui représentent cette mécréance.

Nous avons admis à ce stade qu'il existait des mécanismes structuraux plus larges, propres à expliquer la constitution de foules intolérantes et violentes. Si le terme de radicalisation n'est évidemment pas un terme freudien, il est facile de comprendre que la forme de radicalité religieuse ou militaire décrite par Freud est un modèle applicable à n'importe quelle foule constituée sur ces principes.

Posons-nous donc alors la seule question qui compte vraiment aujourd'hui, à savoir si la constitution d'une foule fanatique est le propre de la mouvance djihadiste, ou si cette menace est endémique, en d'autres termes si la radicalisation n'est pas un danger qui va bien au-delà du seul terrorisme djihadiste.

À cette question, je répondrai sans détour : l'émergence des populismes nationalistes en Europe fait courir un danger de radicalisation politique, moins spectaculaire, mais plus profond à notre lien social. Je ne vais pas entrer dans l'exposé factuel de la composition de ces mouvements et de leur entrée en scène sur le théâtre politique européen. Les faits sont connus, la presse permet de les suivre. Ce qui fait leur point commun, c'est qu'ils participent à la faveur du processus démocratique lui-même de la constitution de foules d'un nouveau genre, les foules populistes. Ces foules remettent en cause les élites politiques de leur pays, accusées d'imposture, de corruption et de trahison, qui sont de fait discréditées à la faveur de scandales orchestrés par la presse. Elles se choisissent un leader charismatique censé les représenter, qui reprend mot pour mot les attaques du peuple contre l'*establishment*. Elles adhèrent à un idéal nationaliste et hostile à la mondialisation. Elles désignent ces boucs émissaires que sont au-delà des frontières les étrangers et à l'intérieur ceux dont une immigration récente ou la différence religieuse font douter de la loyauté et de l'intégration dans le pays d'accueil.

Pourquoi dire que ces foules partagent la même radicalité avec la mouvance djihadiste, même si cette radicalité est pour l'instant moins spectaculaire ? Parce qu'il est facile de transposer le modèle des foules intolérantes décrit par Freud dans *Psychologie des masses* et qu'il suffit d'un attentat local pour que la situation s'embrase dans le sens d'une violence incontrôlée. On a pu craindre à juste titre qu'au sortir des attentats dramatiques qu'a connus la France en 2015 et en 2016 le calcul de Daech d'une radicalisation des clivages identitaires en France n'entraîne une guerre civile larvée sur notre territoire ; on a pu craindre la formation de foules fanatisées de part et d'autre des lignes imaginaires de l'appartenance religieuse ou culturelle. Par bonheur, nous y avons pour l'instant échappé, mais ces clivages traversent l'Europe et sont en train de polariser profondément son discours politique.

Que faudrait-il ajouter à Freud pour parachever cette description structurale de la radicalité ? Quelque chose que l'on trouve aussi chez Freud dans *Psychologie des masses*, mais dont nous pouvons tirer un parti novateur. Il y a cette insistance freudienne visionnaire sur l'identification au père pris comme modèle : « L'identification est bien connue de la psychanalyse, dit-il, comme la plus précoce du lien affectif avec une autre personne. Elle joue un rôle dans la préhistoire du complexe d'Œdipe. Le petit garçon manifeste un intérêt pour son père, il voudrait et devenir et être comme lui, prendre sa place sur tous les plans. Disons-le tranquillement, il fait du père son idéal. » Freud ajoute plus loin qu'il peut s'identifier à un seul trait, que Lacan appelle le trait unaire et qu'il désigne du terme d'identification symbolique pour donner un contenu concret à cet idéal : le rire, la gourmandise, le sérieux, par exemple.

Cela ne préjuge en rien d'une autre identification au père, plus archaïque, celle qui est nommée par Freud comme la première identification, qui procède par incorporation, et en particulier de la voix. C'est l'identification réelle, c'est-à-dire une incorporation réelle de la figure de l'Autre dans l'intégralité de ses prescriptions et caractéristiques. Elle est plus radicale que l'identification aux traits et plus originaire.

Où se situe le problème pour les jeunes qui se sont radicalisés, qu'ils soient djihadistes ou attirés par le populisme des mouvements nationalistes en Europe ? C'est que, du fait du choc de la mondialisation, le ravalement d'un certain nombre de jeunes déclassés par la crise au statut d'objets déchus sans travail, en dessous du seuil de pauvreté, ou bien, comme pour les jeunes de banlieue, sans accès à leur culture d'origine et sans reconnaissance symbolique de la validité de l'idéal que pourrait constituer un trait de leur père, ne leur donne plus accès à une identification soutenable au père.

Quelle en est la conséquence ? Freud dans *Psychologie des masses* établit un lien très fort entre l'identification au père et l'identification à ceux qui sont censés diriger la foule. Disons donc que par voie de conséquence aujourd'hui un certain nombre de jeunes ne peuvent plus s'identifier aux élites dirigeantes : aucun trait de ce qu'ils disent ne structure leur identité. Car ils les considèrent comme des imposteurs et des traîtres. Cette imposture, semble-t-il unanimement perçue par le corps social à l'occasion de scandales montés en épingle par les médias, met à mal l'identification de ces jeunes à un discours politique et social, ce qui redouble le sentiment d'imposture éprouvé par rapport à leur propre père et à la filiation.

Ils vont donc dans un premier temps renoncer à toute identification à la norme sociale et la défier. On ne compte plus parmi les candidats au djihad les jeunes qui, avant de basculer dans cet engagement, sont tentés par la délinquance et la drogue, s'engagent dans la jouissance sans limites imposée par le lien social néolibéral pour défier la norme paternelle.

Que font-ils finalement ? Ils vont retrouver une paix intérieure auprès d'un père charismatique bien réel, qu'ils incorporent littéralement et qui impose, à travers une idéologie nationaliste ou religieuse radicale, un système de contraintes strictes jamais expérimentées dans le lien familial, l'abandon de leurs revendications individuelles au profit d'un idéal de sacrifice qui magnifie le martyr et la constitution d'une communauté de croyants qui repousse à sa frontière des ennemis à détruire, les mécréants ou les étrangers. Incorporation réelle du père.

Pourquoi pouvons-nous dire que nous trouvons bien une aspiration comparable dans les mouvements populistes de droite ou d'extrême droite, et en particulier au sein de la jeunesse désormais très présente dans ces mouvements ? Il n'échappe à personne que 35 % des jeunes de 18 à 25 ans votent Front national, et maintenant Rassemblement national. Tous les sondages d'opinion confirment cette tendance. Il n'est pas absurde de considérer que le basculement dans le discours nationaliste, antieuropéen et xénophobe chez ces jeunes provient de la même causalité de structure : une défaillance violemment ressentie des repères symboliques paternels dans la famille et dans la société, et l'adhésion à un père dans le réel politique, et dans le cas français à une mère, digne héritière de son père, voire une petite-fille au nom prédestiné, Marion Maréchal Le Pen, malgré les apparences et les démentis, supposés rétablir l'ordre, la fraternité entre les citoyens égaux devant leur amour et leur vigoureuse défense contre l'étranger, le migrant ressenti comme ennemi. C'est le ressort du populisme nationaliste. En France, on assiste à la synthèse du matriarcat totalitaire et du retour de l'identité. Les Français sont des précurseurs.

La fermeture identitaire, dans le cas des mouvements djihadistes, est strictement comparable à celle qui accompagne les mouvements nationalistes et populistes en Europe, et la haine de l'autre, du mécréant ou de l'étranger, qui procède de cette fermeture n'est pas moins violente dans le second cas que dans le premier. Il faut aller sur les sites internet de l'AfD en Allemagne ou du Bloc identitaire, groupuscule satellite du Front national, en France, pour le vérifier *in vivo*. L'exaltation du lien communautaire est partout, et l'appel au meurtre implicite.

Nous frôlons donc sans cesse dans l'actualité française le moment d'un passage à l'acte collectif où ces nouvelles communautés de croyants, nationalistes ou religieuses, c'est ainsi qu'il faut les nommer, vont se cristalliser autour d'un idéal politique et s'affronter. Pour réaliser cet idéal, la pulsion de mort qui est dirigée contre ceux qui sont extérieurs à ladite communauté autorisera l'assassinat – des étrangers ou des mécréants. Ce mécanisme porte un nom. Cela s'appelle la guerre civile. Il y a de très belles pages de Montaigne dans les *Essais* sur les guerres de Religion en France entre protestants et catholiques, et sur la distance qu'il est nécessaire de prendre par rapport à l'émergence des nouvelles intolérances. Ces guerres laissent une trace indélébile dans la conscience française dont le beau texte de Montaigne porte témoignage. C'est aussi bien que *Psychologie des masses.* Nous voyons avec une évidence criante combien les mécanismes d'identification structurent la subjectivité et le lien social, et combien leur dégradation dans la famille et dans la société entraîne de dégâts.

La radicalisation n'est donc pas le problème des seuls jeunes de banlieue, c'est un fait social total au sens de Durkheim et qui engage l'avenir politique de nos sociétés. Nous savons que l'arrivée au pouvoir d'un chef qui incarne le père réel et sévère est la porte ouverte à ce qui s'appelle la dictature, et que la démocratie se trouve détruite par la radicalisation et les radicalités. Au-delà de la menace sur la vie humaine que génèrent les risques d'attentats, la radicalisation fait surtout peser une menace sur la démocratie. On le voit avec tous les populismes nationalistes. C'est aussi le pari de Daech, qui manifestement en France a soutenu le Front national par son action. Ce n'est pas un hasard si, en France, en même temps que l'appareil coercitif de l'État se trouve renforcé à travers l'état d'urgence, une partie importante de la police aujourd'hui est attirée par l'extrême droite et aspire à exercer un pouvoir sans limites qui peut par exemple commencer par le viol des citoyens et pourra se terminer par la torture, comme en témoignent des faits divers récents.

Il y a donc bien une spécificité de la radicalisation djihadiste au sens de Gilles Kepel, mais il faut l'inscrire dans le contexte plus large d'une radicalisation du lien social et politique qui légitime l'usage de l'expression « islamisation de la radicalité ». On pourrait aussi bien parler d'un investissement populiste et nationaliste de la radicalité.

C'est pourquoi la définition que donne Farhad Khosrokhavar dans son ouvrage *Radicalisation* de 2014 s'impose finalement comme une conclusion temporaire à notre démonstration : « Par radicalisation, on désigne le processus par lequel un individu ou un groupe adopte une forme violente d'action, directement liée à une idéologie extrémiste à contenu politique, social ou religieux qui conteste l'ordre établi sur le plan politique, social ou culturel. » Cette contestation de l'ordre établi aboutit logiquement à l'instauration d'un ordre de fer que l'on peut qualifier sans exagération de fasciste. C'est l'essence même des populismes et c'est ce qui nous attend en France et en Europe. Dans deux mois ou dans cinq ans.

Que cette radicalisation vienne de la même racine latine – c'est le cas de le dire – que radis et racine laisse également fortement entendre à quelles racines de l'identification fait à chaque fois référence cette radicalité. Le substantif *radix* qui signifie « racine » donne l'adjectif *radicalis*. Tout ça ne vaut pas un radis d'un point de vue éthique !

Je voudrais évoquer ici, pour finir, ce qui constitue le sens interne des phénomènes de radicalisation, d'où qu'elle vienne et quel que soit son contenu, nationaliste ou religieux. Pour cela, je vais autant que faire se peut vulgariser la théorie lacanienne de la nomination.

Disons que la nomination symbolique est l'équivalent chez Jacques Lacan de l'idéal chez Freud : le ou les traits que le sujet choisit chez son père pour l'idéaliser se traduisent par la nomination de signifiants auxquels le sujet se rapporte pour se construire. Cette opération est appelée nomination, parce qu'il s'agit selon Lacan pour le sujet de donner des noms à des traits significatifs. Je l'ai évoqué avec Freud et *La Psychologie des masses*. Cette nomination symbolique, qui vient pacifier la relation du sujet avec le réel et rendre possible sa socialisation, Lacan l'appelle aussi Nom-du-Père, elle est cet ensemble de traits d'exception que se fabrique le sujet grâce à la filiation et sur lequel il règle sa conduite en s'y identifiant.

Mais en théorie lacanienne, comme en théorie freudienne, la nomination symbolique n'est pas toujours donnée. En l'occurrence, elle ne l'est pas avec les jeunes qui se radicalisent, la figure idéale du père s'est effondrée depuis plusieurs décennies. Pour les jeunes issus de l'immigration, je l'ai dit, l'oubli des origines doublé de l'humiliation économique et sociale de leur père dans la société d'accueil explique ce phénomène. Pour les convertis, la filiation et la transmission de l'idéal familial n'a pas fonctionné. Pour les jeunes attirés par l'extrême droite, la société de la marchandisation est comme dissolvante par rapport à la nomination symbolique que les adultes essaient tant bien que mal de leur transmettre et ils ne savent plus à quoi s'accrocher, sinon à l'idéal de la nation. Et il n'y a d'ailleurs pas que les jeunes qui dans la société se sentent privés d'idéal, de nomination symbolique :

les classes populaires, une partie des classes moyennes aussi, comme en témoigne l'analyse en France du vote Front national depuis 2012. C'est tout le drame de la France dite de la périphérie paupérisée par la mondialisation et marginalisée par rapport à la production et aux échanges économiques.

Qu'en résulte-t-il ? Les uns et les autres connaissent à un moment donné de leur parcours un temps de suspens où nulle nomination symbolique ne vient s'inscrire : c'est le choix de délinquance ou des jouissances consuméristes qui sont des palliatifs fragiles à cette désidéalisation du lien familial et social. Puis surgit la réponse que la structure vient offrir. Après avoir flotté dans ce temps de désidéalisation, ils reviennent à une forme d'idéal, en se radicalisant. S'agit-il à nouveau d'une nomination symbolique ? C'est là qu'il faut être très précis avec la nature du nouvel idéal en jeu, en s'appuyant sur Lacan. À ce temps de suspens de l'idéal succède un temps de reconstitution de l'idéal. L'originalité de l'analyse de Lacan, c'est d'établir soigneusement une ligne de partage entre la nomination symbolique et la nomination réelle.

La thèse originale de cet ouvrage est donc de dire que le djihadisme ou le militantisme d'extrême droite relèvent d'une nomination réelle. Il est remarquable que Dieu ou l'idéal nationaliste y jouent un rôle conséquent, et ce n'est pas un hasard si l'on reprend l'hypothèse freudienne de la première identification de l'enfant, non pas comme extraction et nomination de traits, mais comme incorporation du père.

On n'a pas suffisamment noté comme un fait symptomatique intéressant que le polémiste et essayiste d'extrême droite Éric Zemmour a dit plusieurs fois dans les médias son admiration pour les jeunes engagés auprès de Daech, qu'il appelait par ailleurs à combattre.

La nomination réelle fait plus qu'isoler un trait, elle est un mouvement d'incorporation du discours de l'Autre, djihadiste ou extrémiste de droite. Cette incorporation fonctionne comme un Nom-du-Père, mais s'enracine au plus profond de la structure du sujet, comme voix, et se présente comme un impératif, auquel le sujet doit répondre, dans le registre d'une certaine angoisse. Ce n'est pas un hasard si Lacan associe dans son séminaire *RSI* la nomination réelle avec Dieu et l'angoisse. Il y a dans la radicalisation un enracinement de l'identification du sujet dans le réel, et cet enracinement relève moins de l'extraction de traits d'identification que l'incorporation d'une voix prescriptive. D'où sans doute une difficulté accrue, lorsqu'il va s'agir pour déradicaliser de faire échec à cet impératif réel dans le sujet pour revenir par exemple à la nomination symbolique. C'est ce que tente Dounia Bouzar en incitant les jeunes revenus de Syrie à parler à nouveau de leurs souvenirs et leurs liens familiaux.

Que Freud ait choisi comme exemple de ce type de foules à la fois l'Église et l'Armée est plutôt un argument pour dire que, si le radicalisme meurtrier est une pathologie ordinaire de toutes les religions armées, comme le suggère le pape François, il en faut peu aux religions et aux groupes pour se muer très rapidement en projet totalitaire et destructeur au nom du chef ou de quelque calife autoproclamé. En tout cas il est assez facile de saisir avec *Encore* et la logique des mathèmes de la sexuation qu'une référence à un au-moins-un d'exception dans l'Autre suffit à fonder une totalité close sur elle-même organisée par des interdits et un vœu de mort adressé à tous ceux qui en sont exclus du fait qu'ils n'adhèrent pas à cet au-moins-un, en mettant de côté la place de l'altérité incarnée par une femme et l'espace ouvert qui est censé compléter cet espace fermé. C'est la clôture de l'identité, sa fermeture expresse dans la folie d'un impératif meurtrier. Notons que cet au-moins-un non castré par définition ne se revendique qu'accessoirement du Nom-du-Père, si ce n'est pour en utiliser le semblant (sans aucune considération pour les effets de pacification liés à son usage raisonné), mais bien d'un Dieu au pouvoir sans limites qu'il faudrait peut-être là encore situer du côté d'une jouissance infinie. S'agirait-il du côté droit des mathèmes de la sexuation dans *Encore* ?

Ajoutons quand même que cette aspiration pour la mort élève en un nihilisme déjà inscrit dans la culture européenne depuis *Les Possédés* de Dostoïevski la jouissance du rien élevée au rang de jouissance suprême, alors qu'elle est aussi offerte sur le marché des toxicomanies ordinaires, mais en moins excitant, puisque si le but est bien de rejoindre le paradis dans l'au-delà, il importe surtout de se faire sauter ou tuer pour y parvenir. « *Viva la muerte !* », disaient déjà les franquistes en 1936. Hypothèque nihiliste donc dans laquelle nous plonge de fait l'islam radical, si l'on considère que l'activisme de l'islam radical hypothèque l'avenir de la démocratie en l'engageant dans une impasse.

Sommes-nous en effet capables d'y répondre autrement que par une autre hypothèque totalitaire ? Rien n'est moins sûr. Le caractère erratique de l'objet dans la mondialisation provoque des séismes du côté d'une identité totale, d'une aspiration à un au-moins-un qui viendrait asseoir le règne du Moi dans un espace enfin clos. C'est le titre de Freud : *Psychologie des masses et analyse du Moi.* C'est vrai de l'islam radical, c'est aussi vrai des populismes nationalistes qui prolifèrent en Europe au nom de l'enracinement de l'identité nationale, en Pologne, en Hongrie, sans parler du populisme de Trump qui se nourrit d'un retour à une identité américaine mythique faite de blancheur et de racisme… Le vote massif d'une partie des Français en faveur du Front national aux dernières élections régionales et aux présidentielles n'est pas seulement une réaction au désarroi lié à la mondialisation et une réponse au discrédit des politiques et des partis de gouvernement.

Il y avait dans le numéro de *Charlie Hebdo* du 9 décembre 2015 une couverture à laquelle nous avions échappé, où l'on voyait sous le titre « Victoire des antisystèmes » un terroriste masqué et armé dire en ricanant : « On a commencé le boulot. » Et Marine Le Pen d'enchaîner : « À nous de le finir. » Illustration saisissante que l'antipathie des discours de Daech et du Front national n'est effectivement qu'apparente. Fulgurance des petits dessins.

Le Front national affirme le retour de cette autorité régalienne perdue avec l'Union européenne et supposée retrouvée dans l'enracinement nationaliste et la référence à un chef. Le fait que ce chef soit une femme est particulièrement indicatif de la nature de ce nouveau pouvoir : aumoins-une du côté maternel et figure d'un maître réel qui conjoint l'exception à l'idée de l'exercice d'un pouvoir aux limites indécises et à l'identification sexuée ambiguë.

Le Rassemblement national se présente en tout cas comme le seul parti national à l'exclusion de tous les autres, et en particulier de la gauche et de la droite dénoncées pour leur collusion affairiste et leur corruption, sous le vocable un temps proclamé UMPS, laissant sérieusement planer le doute sur leur maintien dans l'espace public, si d'aventure ce parti parvenait au pouvoir.

Si le but de Daech avec les attentats est de cliver la population française pour jeter les Français les uns contre les autres en provoquant la stigmatisation des musulmans, leur persécution, puis leur exclusion progressive de la communauté nationale, c'est sans doute que le fascisme se nourrit du fascisme et de la guerre, en l'occurrence ici des prémices de la guerre civile, qui n'a de fait pas encore eu lieu, mais qui est une menace réelle, si les attaques terroristes se poursuivent. Le durcissement des mesures répressives et de l'emprise de l'appareil d'État sur la société civile peut être une conséquence directe du terrorisme.

La querelle des identités articulées au culte du chef et d'identités closes sur elles-mêmes ne peut que déboucher sur des politiques de ségrégation et d'exactions de masses, comme l'a montré abondamment le XXe siècle ; et ce n'est pas insulter l'avenir que de prévoir, si rien n'est fait par les politiques pour endiguer cet enchaînement fatal, que le radicalisme islamiste soit l'ingrédient et le catalyseur nécessaires du radicalisme nationaliste, comme seules réponses disponibles dans le champ politique à une jouissance qui semble déborder de toutes parts en France, en Europe et ailleurs, du fait de la mondialisation.

Ainsi, le lien dialectique du signifiant maître, du signifiant Un et de l'objet a se trouve éclairer par la clinique politique et permet de comprendre de façon beaucoup plus explicite ce que Lacan pouvait bien entendre par le retour du maître du fait d'un débordement des jouissances. Il y a une articulation de la question de l'Un avec celle de l'objet pour penser la jouissance.

Effectuons à ce point de la démonstration un retour à Freud pour voir ce qu'il en dit. C'est d'abord au texte sur l'identification dans *Psychologie des masses et analyse du Moi* cité plus haut qu'il faudra faire référence, et à la lecture qu'en fait Lacan dans le séminaire *L'Identification.* Qu'est-ce que Lacan en dégage ? L'existence de trois types d'identification, qui ne sont pas si évidentes que cela dans le texte de Freud et qu'il faut presque lire entre les lignes : une identification au trait – au fameux « *einziger Zug* » que Lacan traduit par « trait unaire » et qui dans les traductions les plus banales passe inaperçu sous la formule « trait unique » –, une identification primitive au père par incorporation et une identification hystérique.

À ce stade de la réflexion et avec le recul du séminaire de Lacan, disons que l'identification au trait est symbolique, l'identification au père est réelle et l'identification hystérique est imaginaire. Lacan parle peu de l'identification primitive au père par incorporation dans ce séminaire, bien qu'il lui accorde toute son importance plus tard dans les premières leçons du séminaire *L'Insu* et qu'elle ait une réelle importance théorique. Il évoque rapidement l'identification hystérique à partir de l'exemple de Freud : c'est le chagrin ressenti par tout un groupe de jeunes filles dans un pensionnat à l'occasion d'un conflit amoureux qui traverse seulement l'une d'entre elles. Elle fait aussi l'objet d'un développement dans *L'Insu*.

Ce qui importe surtout pour Lacan, c'est que l'identification du sujet repose bel et bien sur le trait unaire. Insistons sur le fait qu'il s'agit d'un trait ou de plusieurs traits, car il n'est pas toujours unique, tout en étant unaire. Ce trait permet l'identification à quelqu'Un, ici à entendre comme le signifiant de l'Un comptable, qui permet au sujet de se compter comme Un. Lacan évoque la trace sur l'os d'un animal de l'époque néolithique de ces traits qui permettent le décompte des animaux tués et constituent les prolégomènes de la naissance de l'écriture, abstraction symbolique s'il en est.

Est-ce à dire qu'il y aurait dans le séminaire *L'Identification* l'esquisse d'une théorie psychanalytique de l'identité ? Il est possible de répondre à cette question en disant que l'identité du sujet repose pour lui sur son identification à des traits Uns.

Il faut attendre le séminaire *Ou pire* pour que cet Un prenne chez Lacan le statut de signifiant fondateur et irréductible dans la structure. « Y'a d'l'Un » est la formule clé d'*Ou pire* et elle ne cesse de résonner comme en écho du trait unaire pour venir rappeler qu'il n'est pas de sujet qui ne se constitue de l'Un comptable, sans nul doute à partir de traits d'identification.

L'identité entendue au sens lacanien reposerait sur la fixation de traits Uns que le sujet aurait extraits de ceux qui à l'origine auraient eu la charge de l'élever.

Quel rapport l'Un entretient-il avec la jouissance ?

C'est que la jouissance du sujet trouve bien un terme et un appui dans l'identification, donc dans l'identité, qui en fait un sujet parmi d'autres et comptable de cette identité.

Dans le séminaire *La Logique du fantasme*, Lacan montre que cette jouissance de l'Un est corrélée avec celle liée à l'objet a. Nous ne ferons pas ici l'exégèse de ce passage. Nous rappellerons simplement qu'en donnant à l'objet a la valeur numérique d'un nombre dit irrationnel, le nombre d'or, et comme il est naturel à un entier, la valeur de 1 au Un, Lacan établit qu'il existe entre cet objet a et cet 1 inscrits côte à côte sur la même ligne un rapport incommensurable.

« Deux valeurs commensurables finiront toujours à un certain multiple, différent pour l'une et pour l'autre, à constituer la même grandeur. Deux valeurs incommensurables, jamais. Mais comment interfèrent-elles ? C'est dans la ligne de cette recherche qu'a été défini le procédé qui consiste à rabattre la plus petite dans le champ de la plus grande et à se demander ce qui advient, du point de vue de la mesure, du reste.

Pour le reste, qui est là, qui est manifestement *1-a*, nous procéderons de la même façon : nous la rabattons à l'intérieur de la plus grande. Et ainsi de suite à l'infini, je veux dire : sans qu'on puisse arriver jamais à ce qui termine ce processus. C'est en ceci que consiste précisément l'incommensurable d'une relation pourtant simple[10]. »

Ce qui est essentiel ici, c'est que Lacan parle de cette relation à propos d'un supposé acte sexuel qui vient conjoindre cet Un du phallus avec l'objet du fantasme, l'objet a ; conjoindre est un mot inadéquat, puisqu'il n'y a dans ce calcul aucune conjonction, mais bien disjonction de ce qui n'est pas commensurable. Retenir que ce sont les deux versants dialectiques de la jouissance pour un sujet est le seul enseignement important ici.

Pourquoi est-ce important ?

Parce que Lacan a identifié dans ce calcul ce qui constitue ces deux versants de la jouissance et le caractère incommensurable de leur relation.

La clinique contemporaine oblige à considérer que deux dimensions de la jouissance sans relation commensurable entre elles retentissent néanmoins l'une sur l'autre : le déchaînement de la jouissance liée à l'objet a a pour effet dans la structure de provoquer le retour de l'Un, c'est-à-dire le retour automatique du bâton. La passion identitaire est la réponse symptomatique de la structure aux désordres de la jouissance liée à l'objet a.

10 Jacques Lacan, « Leçon du 1er mars 1967 », *La Logique du fantasme*, Paris, Édition de l'Association lacanienne internationale, 2004, p. 239.

C'est dans les mathèmes de la sexuation que cette logique de l'Un et de l'objet prend tout son sens.

Résumons-la.

Pour un sujet, il y en a toujours au-moins-un, au moins un père parfois, au moins un chef, qui nie le fait d'être limité, d'être arrêté par une limite, limite que Lacan appelle la castration et qu'il note Phi de x (Φ(x)). On le voit dans tous les partis politiques, dans les associations, dans les groupes de psychanalystes, il y en a toujours un qui tire son épingle du jeu du fait de ses relations, de sa puissance, de son supposé droit de succession, de son influence, du transfert sauvage que les uns et les autres ont sur lui. Les meilleurs politiques savent jouer de cette exception et venir l'incarner. C'est ce qu'a admirablement su comprendre et faire Macron par exemple. Il a compris, dans la déshérence des figures d'exception, la déshérence de l'homme normal selon Hollande, le petit homme au scooter et au casque sur la tête des petits matins blêmes, qu'il fallait rétablir la figure de l'exception. Il s'est autoproclamé Jupiter avec jubilation, faisant jouir tout un peuple de cette proclamation renouvelée de l'Un. Le peuple est un groupe, c'est un ensemble.

On démontre en théorie des ensembles qu'un ensemble fermé d'éléments repose sur cette exception qui confirme la règle, la règle de la limite pour cet ensemble, de la castration, des interdits pour tous les sujets de cette nation, de ce parti, de ce groupe : ce que Lacan note Pour tout x Phi de x (∀x Φ(x)). En bref devant cette exception qui confirme cet Un sur lequel repose l'ensemble du système, cet homme providentiel, nous sommes de bons petits soldats soumis aux interdits, de pauvres types attachés au piquet de la jouissance phallique qui n'a de sens que d'être limitée et détumescente. Il est facile de déduire de cette écriture une logique politique à l'œuvre dans tous les ensembles humains, quels qu'ils soient.

La question qui se pose est de savoir si ce jeu de balancier entre la jouissance de l'objet a et celle de l'Un qu'on observe partout, et notamment avec le réveil des nationalismes et avec le djihadisme, ce jeu de balancier où parfois le déchaînement de ces deux jouissances se combine, est évitable ou nécessaire. Sommes-nous condamnés à jouir de l'exception pour répondre à la jouissance envahissante et débordante de l'objet ? C'est la question que notre modernité pose, et très récemment la Catalogne. À ce propos Lacan notait déjà que le

Marché commun engendrerait des processus de ségrégation et de séparation en son sein. Car l'Union européenne, qui promeut l'échange sans limites des marchandises, c'est-à-dire de l'objet a, dans le sillage de la mondialisation, sécrète en son sein des réactions – c'est le cas de le dire – identitaires, qui insistent sur l'Un au moment où l'objet déferle sur le lien social : la Catalogne, l'Écosse, l'Autriche, la Pologne, la Hongrie, la Slovaquie, la France avec le FN, l'Allemagne avec l'AFD. Partout et sous des formes certes différentes, c'est l'Un qui fait retour pour permettre au sujet de s'identifier à un trait qui le soutienne. Mais la question se pose également dans les associations de psychanalystes qui pour certaines ont récemment connu des crises internes très graves qui mettaient au premier plan le retour du maître et de l'au-moins-un contre ce qui était perçu comme un abus de jouissance dans la gestion de leurs institutions.

À ce stade de la discussion, il y a sans doute un paradoxe à penser que l'époque contemporaine fait émerger une forme inédite de matriarcat désexualisé et autoritaire, en investissant de ses impératifs vie privée et vie publique, et en même temps une aspiration profonde à la célébration d'une identité apparemment ancrée dans des traditions nationales ou religieuses qui empruntent leur trait au patriarcat et au monothéisme patriarcal. Dans le chapitre final nous essaierons de résoudre cet apparent paradoxe auquel nous conduit pourtant logiquement la clinique contemporaine. Est-ce le retour de maman ou de papa ?

IV. LA TRANSMISSION DU NOM-DU-PÈRE DANS LA FAMILLE ET DANS LA SOCIÉTÉ AUJOURD'HUI, CLINIQUE DU NŒUD BORROMÉEN GÉNÉRALISÉ

Le matriarcat derrière nous et devant nous

Je voudrais en quelques pages souligner ce qui se dégage de décisif pour la psychanalyse aujourd'hui de la lecture de la partie consacrée au complexe d'Œdipe dans *Les Complexes familiaux.* Ce texte date de 1936 ; il faisait partie d'un article destiné à une encyclopédie et n'a, sur bien des points, pas pris une ride, comme on dit. Certes un détour par les derniers séminaires de Lacan permet de mettre en évidence une évolution certaine sur la fonction paternelle, mais cette évolution s'appuie sur un socle qui, depuis 1936, n'a en fait jamais varié et se retrouve inchangé à la fin. Nous verrons quel est ce socle.

Lacan commence cet article par l'intention déterminée de « situer dans l'histoire la famille paternaliste et d'éclairer plus avant la névrose contemporaine ». Que dit-il de la famille paternaliste ?

Elle repose sur le complexe d'Œdipe : l'enfant fixe son désir sexuel sur l'objet qui lui est le plus proche, à savoir le parent du sexe dit opposé, le parent du même sexe représentant un obstacle à la satisfaction de ses pulsions. La frustration qu'il éprouve est rapportée à ce tiers objet dans la relation triangulaire qu'il entretient avec ses parents. La thèse est freudienne.

Cette frustration s'accompagne de la répression éducative « qui a pour but d'empêcher tout aboutissement de ces pulsions », en particulier masturbatoires.

Mais la tension qui en résulte se résout pendant la phase de latence liée au refoulement de la tendance sexuelle jusqu'à la puberté, rendant possibles des intérêts neutres favorables aux acquisitions éducatives et surtout la sublimation de l'image parentale qui perpétue l'idéal. L'instance qui refoule est le Surmoi, celle qui sublime est l'idéal du Moi. La thèse est encore freudienne.

En bref, les développements de la répression sexuelle et du sexe psychique sont soumis pour Lacan à la régulation et aux accidents du drame psychique de la famille. Force est de constater pour Lacan à la suite de Freud que, pour le garçon, le complexe de castration s'exerce du père au fils et qu'il est fondé de ce côté par le caractère universel de l'interdiction de l'inceste.

L'itinéraire de la petite fille, quant à lui, n'offre pas la même simplicité, même s'il crédite les femmes du détachement plus net de la tendance génitale par rapport aux tendances primitives, c'est-à-dire d'un destin moins chaotique sur ce plan que celui du garçon. Il ne variera pas jusqu'à la fin sur ce point précis, comme sur la description du fantasme de castration.

« Le fantasme de castration se rapporte à ce même objet : sa forme, née avant tout repérage du corps propre, avant toute distinction d'une menace de l'adulte, ne dépend pas du sexe du sujet et détermine plutôt qu'elle ne subit les formules de la tradition éducative. Il représente la défense que le Moi narcissique, identifié à son double spéculaire, oppose au renouveau d'angoisse qui, au premier moment de l'Œdipe, tend à l'ébranler : crise que ne cause pas tant l'irruption du désir génital dans le sujet que l'objet qu'il réactualise, à savoir la mère. » Fille et garçon partagent pour Lacan sur ce point au début le même destin.

Il est vrai qu'avec les séminaires qui vont suivre, ce n'est plus ni à un complexe, ni à un fantasme que le sujet va avoir affaire, mais à la castration exprimée ainsi simplement, pour désigner une expérience symbolique fondamentale. Elle trouve écho dès *Les Complexes familiaux* dans les rites traditionnels qui manifestent que cette répression tient aux racines du lien social : rites de fête orgiaque qui un temps libèrent la sexualité ; ou à l'inverse circoncision qui, « pour sanctionner la maturité sexuelle, manifeste que la personne n'y accède qu'au prix d'une mutilation corporelle ».

Si cette explication se dérobe à la psychogenèse intellectualiste, ce complexe dit psychologique par Lacan contribue à la constitution de la réalité, et le vacillement de ladite réalité dans la maladie mentale suffit à démontrer l'importance de cette dimension quand elle doit être, dit Lacan, « reconstruite » : nous avons là les prémices de ce qu'il va avancer vingt ans plus tard dans *Les Structures freudiennes des psychoses* autour de la forclusion du Nom-du-Père et de la fonction du délire.

Quoi qu'il en soit, s'il rappelle le lien établi par Freud entre le totem et les tabous qui en résultent pour penser l'origine de l'ordre patriarcal, il prend toutefois ses distances avec Freud et ses mythes fondateurs. Il estime en effet, comme le montre dès cette époque l'anthropologie naissante, que le mythe de la tyrannie exercée par le chef de la horde se réduit « à un fantôme de plus en plus incertain à mesure qu'avance notre connaissance des anthropoïdes » et que, bien au contraire, ce sont « les traces et la survivance étendue d'une structure matriarcale de la famille » qui sont les plus frappantes. Celles-ci se traduisent spécialement « par une répression souvent très rigoureuse de la sexualité », en manifestant qu'ordinairement « l'ordre de la famille humaine a des fondements soustraits à la force du mâle ».

Constatons à ce stade que l'anthropologie désigne, à l'époque de Lacan, les mères pour être les chefs de famille et que les sociétés qu'elles dirigent répriment très rigoureusement le sexe. La comparaison avec notre époque est intéressante, qui voit renaître sous nos yeux la régie d'un ordre matriarcal entièrement façonné par les femmes, où la sexualité masculine fait l'objet d'une interdiction levée dans des conditions extrêmement restrictives et où la loi des pères a cessé de prévaloir dans les liens familiaux. Nous sommes en train de revenir à un stade antérieur à celui de la famille patriarcale, parfaitement repéré par les anthropologues dont Lacan connaissait bien les travaux. Le site « Balance ton porc » est un symptôme social éloquent. Une morale « néovictorienne », quasi identique à celle qui a sévi en Angleterre sous le règne de la reine Victoria, et bien après d'ailleurs, s'installe donc pour longtemps dans les sociétés occidentales pour donner une armature « éthique » à la haine du sexe, incarné, comme il se doit, par le désir masculin nécessairement bestial et féroce, ou en tout cas à son strict contingentement au seul bénéfice de la reproduction.

Notons que la reproduction elle-même pourra bientôt se passer de tout acte sexuel, à condition que des donneurs de sperme anonymes consentent, sans doute au nom d'arguments philanthropiques, à répandre leurs bienfaits (sous forme de paillettes) sur cet ordre matriarcal renaissant, qui s'annonce d'ores et déjà implacable pour les hommes avec la judiciarisation et la pénalisation croissantes de leurs relations avec les femmes. Si le féminisme contemporain a été pour l'essentiel le vecteur de ce sursaut « moral », ses fondatrices doivent désormais se retourner dans leurs tombes, tant les principes initiaux de la liberté sexuelle qui les avaient initialement inspirées semblent aujourd'hui voués aux oubliettes et aux gémonies. Comme Lacan le dit dans *RSI*, avec la reine Victoria, nous sommes entrés dans l'ère du « vagin denté », vieux mythe des sociétés antiques. Il a désormais ses nouveaux admirateurs et admiratrices, mais, attention aux phallophores, ils risquent d'y laisser leur membre… Les gueules ouvertes des bêtes féroces sur les affiches, à défaut de parler du harcèlement sexuel, disent clairement à quoi les hommes sont maintenant exposés s'ils se hasardent à faire la cour aux femmes.

C'est sur cette comparaison avec le matriarcat des sociétés dites primitives que le texte de Lacan s'avère essentiel, puisqu'il nous donne des clés pour comprendre notre présent.

Le patriarcat, invention bénéfique

Qu'est-ce qui a caractérisé, depuis son émergence affirmée avec Rome, la famille paternaliste ?

« L'imago du père concentre en elle la fonction de répression avec celle de la sublimation ; mais c'est là le fait d'une détermination sociale, celle de la famille paternaliste. »

Le père qui désigne la mère comme objet de désir à ses enfants les contraint à réprimer leur désir, parce qu'elle est interdite, et à choisir de sublimer dans l'identification à l'idéal qu'il représente, à travers le développement de talents centrés sur des objets sociaux ou culturels, auxquels l'éducation donne accès.

À l'inverse, que se passe-t-il dans les cultures matriarcales ?

L'autorité familiale n'est pas représentée par le père. C'est le système de l'avunculat, étudié par Malinowski, qui dicte les conduites. L'oncle maternel est en charge de la fonction répressive à travers les tabous dont il a la garde, tandis que le père en est déchargé, ne jouant, dit Lacan, qu'« un rôle de patronage plus familier, de maître en techniques et de tuteur de l'audace aux entreprises ».

Quelle conséquence a ce dédoublement ?

Une heureuse conséquence : l'anthropologue ne note aucune névrose dans les groupes qu'il a observés aux îles du nord-ouest de la Mélanésie. Lacan cependant nous met en garde contre le mirage d'une société apparemment paradisiaque, en soulignant que le dédoublement de ces fonctions a un revers très significatif : l'élan de la sublimation est dominé par la répression sociale, quand ces deux fonctions sont séparées. Le résultat, c'est, nous dit-il, « la stéréotypie qui marque les créations de la personnalité, de l'art à la morale ». Donc le temps est plus immobile que celui de la famille paternaliste, car les progrès dans les pratiques et les techniques ne s'y trouvent pas valorisés, comme dans cette forme de civilisation. Comment ne pas voir dès aujourd'hui l'apparition de cette stéréotypie dans le discours courant ? L'ère du politiquement correct impose à l'ensemble des acteurs politiques et sociaux un discours où se mêle la glorification du modèle néolibéral, des conquêtes de l'égalité et du progrès scientifique et de la libération des mœurs. Gare à celui qui émet la moindre objection à ce modèle dominant : une censure implacable et violente venue des élites, des foules, des lobbies et des médias ligués entre eux s'abat sur lui, et il est immédiatement taxé avec rage de réactionnaire et d'antiprogressiste, avant même d'avoir pu prononcer un mot. Ainsi, comme à son corps défendant, ce brillant intellectuel qu'est Alain Finkielkraut dans son combat désespéré pour faire entendre cette parole Autre, issue de la tradition patriarcale qui refuserait la stéréotypie du nouveau modèle matriarcal dominant.

Lacan a donc l'audace dans ce texte de désigner comme un progrès dans la civilisation la famille paternaliste : « C'est au contraire parce qu'elle est investie de la répression que l'imago paternelle en projette la force originelle dans les sublimations mêmes qui doivent la surmonter ; c'est de nouer en une telle antinomie le progrès de ces fonctions que le complexe d'Œdipe tient sa fécondité. » Ses effets de progrès dépassent de beaucoup, dit Lacan, ce qu'occasionne le supposé drame familial, « intégrés qu'ils sont dans un immense patrimoine culturel : idéaux normaux, statuts juridiques, inspirations créatrices ». Et d'ajouter, s'il y avait le moindre doute sur la question, que « le psychanalyste comme le sociologue peuvent reconnaître dans l'interdiction de la mère la forme concrète de l'obligation primordiale, de même peuvent-ils démontrer un procès réel de "l'ouverture" du lien social dans l'autorité paternaliste et dire que, par le conflit fonctionnel de l'Œdipe, elle introduit dans la répression un idéal de promesse ». Nous avons là la thèse principale des *Complexes familiaux* ; ce progrès va de pair pour Lacan avec « l'exaltation apothéotique que le christianisme apporte aux exigences de la personne », puisque « l'Église a intégré cette tradition dans la morale du christianisme, en mettant au premier plan dans le lien du mariage le libre choix de la personne, faisant ainsi franchir à l'institution familiale le pas décisif vers sa structure moderne, à savoir le secret renversement de sa prépondérance sociale au profit du mariage ». L'institution du mariage, hétérosexuel il va sans dire, tel que l'Église le consacre, est une étape essentielle de ce progrès dans la civilisation.

« Un mouvement subversif et critique trouve son germe dans trois conditions de la famille conjugale », nous dit Lacan.

Premièrement, la famille conjugale met cette autorité à la portée immédiate de la subversion créatrice, quand l'enfant s'autorise par exemple à se substituer au parent ou au grand-parent pour prolonger l'héritage d'une lignée.

Deuxièmement, elle permet en elle que le psychisme soit autant formé par l'image de l'adulte que par sa contrainte : « Cet effet s'opère par la transmission de l'idéal du Moi, et le plus purement, nous l'avons dit, du père au fils ; il comporte une sélection positive des tendances et des dons, la progressive réalisation de l'idéal dans le caractère. » En témoignent les lignées d'hommes éminents dans une même famille.

Enfin troisièmement et surtout, il y a un paradoxe dont se nourrit littéralement la vie psychique de chacun : « L'évidence de la vie sexuelle chez les représentants des contraintes morales, l'exemple singulièrement transgressif de l'imago du père quant à l'interdiction primordiale exaltent au plus haut degré la tension de la libido et la portée de la sublimation. » C'est parce qu'il y a eu du désir, du désir sexuel refoulé, qu'il y a de la sublimation et du désir.

Or que constate-t-on ?

Que le progrès de cette subversion rendue possible par la famille patriarcale risque de s'interrompre du fait du *déclin de l'imago paternelle*. Les causes de ce déclin sont multiples. Elles prennent leur source dans le lien social : c'est le retour sur l'individu d'effets extrêmes du progrès social liés à la concentration économique et aux catastrophes politiques. Lacan a explicitement en vue dans son texte le développement fulgurant du capitalisme depuis un siècle, l'avènement des totalitarismes et implicitement la Première Guerre mondiale, qui a détruit l'Europe et ses pères de famille, mais aussi la montée aux États-Unis au sein de la famille conjugale des exigences matrimoniales d'une *American way of life* devenue dès cette époque un modèle mondialisé où les femmes dictent leurs lois aux couples, en particulier à travers les procédures de divorce dont l'esprit s'est généralisé au monde occidental depuis lors.

Destin des Noms-du-Père aujourd'hui

Il est vrai que Lacan accompagne ces remarques d'un propos ironique : « Nous ne sommes pas de ceux qui s'affligent d'un prétendu relâchement du lien familial », comme si déjà il se disait prêt à envisager l'évolution des mœurs avec une certaine sérénité. Mais il note que ce déclin constitue une crise psychologique et que l'on peut y rapporter comme sa conséquence l'apparition de la psychanalyse qui s'est développée grâce à un fils du patriarcat juif imaginant le complexe d'Œdipe. En tout cas, c'est dans ce complexe caractériel que l'on peut reconnaître « la grande névrose contemporaine ».

Lacan en reste-t-il là ?

Il ne redonnera plus ultérieurement son avis sur la famille patriarcale, mais déplacera son regard vers le « signifiant primordial » qui la fonde, selon ses propres termes quelque vingt ans plus tard, dans *Les Structures freudiennes des psychoses* : le Nom-du-Père. C'est autour de ce signifiant primordial que s'articule avec lui la distinction des névroses et des psychoses. Son inscription pour un sujet le situe dans le champ possible des névroses, sa forclusion dans celui des psychoses. Lacan sur ce point ne changera pas et apportera même avec la métaphore paternelle dans *Écrits* un approfondissement de la perspective linguistique et structurale de ce qui n'était dans *Les Complexes familiaux* qu'une approche conforme à la psychanalyse de son époque par l'imago. En ancrant le Nom-du-Père dans sa théorie du langage, il confère à la famille patriarcale et à ce qui pouvait n'apparaître au départ qu'historiquement contingent et imaginaire une dimension symbolique, comme en témoigne le terme récurrent d'imago paternelle.

La pensée de Lacan a-t-elle tiré des enseignements du déclin du Nom-du-Père ? Lacan s'est toujours refusé à entonner un chant de déploration sur les évolutions en cours, mais il y a vu certainement les prémices d'un lien social en crise permanente. Il a surtout continué à affirmer en doctrine jusque dans ses derniers séminaires la prépondérance du père dans la constitution du désir pour ses enfants, comme lorsqu'il dit dans *RSI* qu'un père n'est digne d'être aimé par ses enfants que pour autant qu'à leurs yeux il désire comme objet celle qu'il a choisie pour femme. Remarque simple au détour d'une démonstration sur le nœud borroméen, qui indique que Lacan ne renonce pas au modèle de la famille patriarcale tel qu'il l'avait défendue dans *Les Complexes familiaux*, c'est-à-dire au modèle du couple hétérosexuel porté par une référence commune au Nom-du-Père et lié par le désir sexuel. C'est une évidence qui mérite d'être soulignée à l'heure où, renonçant aux références freudiennes et lacaniennes, certains psychanalystes particulièrement influencés par les *gender studies* s'en prennent souvent violemment dans la presse et ailleurs aux tenants d'un ordre supposé obsolète, parce que patriarcal.

Mais il est vrai que Lacan a accompagné la crise psychologique qu'il entrevoit dès 1936 d'une réflexion nouvelle sur le Nom-du-Père, où son inscription comme signifiant primordial dont il faudrait absolument tenir compte se trouve tempérée par d'autres considérations cliniques et structurales, qui indiquent chez Lacan au moins deux évolutions majeures.

C'est tout d'abord la constitution du nœud borroméen par le réel, le symbolique et l'imaginaire qui l'amène à parler non plus du Nom-du-Père au singulier, mais des Noms-du-Père au pluriel, ouvrant pour la famille patriarcale d'autres perspectives que celle d'un Un d'exception qu'il conviendrait de révérer au sein de la famille et de la société. Le déplacement est dans le pluriel, qui ne signifie pas approfondissement du déclin, mais possibilité de déplacement pour un sujet : il ne se réfère plus à cet Un d'exception, mais est capable de changer de perspective, selon qu'il se situe pour aimer et désirer par rapport au réel, au symbolique ou à l'imaginaire. C'est cette plasticité du désir dans la nouvelle famille patriarcale que vise Lacan avec les Noms-du-Père, et c'est sans doute l'expérience qu'en fait sans le savoir une partie de la jeunesse aujourd'hui.

C'est ensuite la formule parfois galvaudée : « Se passer du Nom-du-Père, à condition de s'en servir. » Signifie-t-elle que c'est seulement en se servant de la référence au Un d'exception ou encore au signifiant primordial que le sujet peut entendre son désir au point de pouvoir s'en passer ? Nous restons là dans le cadre de ce que l'on appelle le nœud à quatre, structuré autour d'un symptôme qui est le Nom-du-Père au singulier, et non au pluriel. Le désir d'un sujet ne peut s'émanciper de la contrainte que constitue le Nom-du-Père qu'à condition d'en faire l'épreuve. Mais, à bien y regarder, on n'est vraiment pas très loin ici des formulations des *Complexes familiaux.*

Plus radicale serait sans doute l'idée que la pluralité des Noms-du-Père permet un déplacement dans la structure du désir, tel que le réel, le symbolique ou l'imaginaire puissent alternativement servir de point de référence pour le sujet désirant, comme Nom-du-Père parmi les Noms-du-Père disponibles pour le sujet, par suite de la disparition du Nom-du-Père d'exception.

Je laisse aux lecteurs le soin de conclure sur ce qui leur paraît aujourd'hui refléter dans la théorie psychanalytique l'évolution des structures familiales, en notant toutefois que Lacan n'a jamais accompagné de ses vœux la disparition pure et simple comme norme sociale de la famille fondée sur le lien de désir sexuel unissant un homme et une femme, et que ce fait mérite à lui seul d'être souligné, même si son approche du Nom-du-Père a changé au cours du temps.

Émergence ou disparition complète des Noms-du-Père

Je voudrais montrer maintenant la fécondité clinique du nœud borroméen, et particulièrement du nœud borroméen généralisé, et rendre sur ce point précis un hommage appuyé à son inventeur, Jean-Michel Vappereau, même s'il feint encore d'ignorer que sa découverte concerne en fait notre modernité, celle de la jeunesse en général et en particulier celle des transformations du Nom-du-Père au sein d'une famille patriarcale à bout de souffle. Ces transformations peuvent mener à l'engagement nationaliste ou djihadiste, mais elles ne se soutiennent finalement que d'un pur effet d'écriture qui dans la structure subjective de ces jeunes les amène à des choix suicidaires. Fait rarement souligné à propos du djihadisme. Cette étude de topologie clinique sur la transmission du Nom-du-Père dans la famille aujourd'hui s'inscrit bien sûr dans le prolongement de mon commentaire sur le complexe d'Œdipe dans *Les Complexes familiaux* publiés par Lacan en 1936. Ainsi, ce que Lacan caractérise dans ce texte comme le déclin de l'imago paternelle trouve ici des issues inattendues, mais aussi des réponses inquiétantes, qui rappellent du Nom-du-Père pour le sujet sa portée de signifiant primordial, sans cesse menacé et investi par la récurrence insistante aujourd'hui de la pulsion de mort. Je vais le démontrer par la topologie des nœuds.

Venons-en aux faits cliniques, justement.

Le nœud borroméen généralisé permet de rendre compte de la labilité symbolique dans laquelle se trouvent aujourd'hui les familles contemporaines, eu égard à la transmission du Nom-du-Père. Je reprendrai rapidement ici l'explication que j'ai déjà donnée dans un numéro de *La Revue lacanienne*.

J'ai commis une erreur dans cet article et dans la présentation de 2011 que je voudrais rectifier.

Le nœud borroméen qui est appelé généralisé est un nouage à trois composantes, dont la composante centrale entre deux cordes situées en bas du dessin proposé plus bas forme une espèce de sablier dont les entrelacs sont tels, que, lorsque l'une des cordes est coupée, les autres sont aussi dénouées. Le nœud borroméen généralisé mérite donc bien son nom de borroméen.

Il a cependant la particularité de se dédoubler en son centre, puisque cette consistance, dissymétrique quant à sa forme, en son centre se dédouble pour donner naissance, non plus à un nœud à trois composantes, mais à un nœud à quatre composantes.

J'ai longtemps cru, et à tort, jusque dans ce dernier article, que la transformation dont il s'agissait était une transformation homotopique, en me fiant aux explications extrêmement lapidaires de Lacan. Mais cette « transgression de la figure », comme le dit Lacan, n'a rien à voir avec l'homotopie d'entrelacs, au sens où l'utilise Milnor. Elle s'en inspire peut-être, mais n'a rien à voir avec elle.

Qu'est-ce qu'une homotopie d'entrelacs au sens de Milnor ? Qu'en est-il du jeu inventé par Milnor en 1954 et qu'il a baptisé « homotopie d'entrelacs » ?

Milnor autorise chaque composante d'un nœud, ce que Lacan a appelé par la suite rond de ficelle, à s'autotraverser. Ce jeu rend tout nœud trivial (un seul rond de ficelle). Certains nœuds seront trivialisés, donc défaits. D'autres non. L'opération de Milnor a des vertus classifiantes.

Or, s'il s'agit bien d'une transformation continue chez Milnor, la transgression de la figure que propose Lacan et qui fait naître d'une consistance deux consistances n'a rien à voir avec l'homotopie d'entrelacs de Milnor : c'est une transformation continue, telle qu'un point hypothétique de la structure puisse par coupure se diviser pour former deux points et à leur suite former deux composantes distinctes. J'acquiesce ici à la proposition que m'ont faite certains collègues de considérer cette transition du un au deux comme le nécessaire passage par une coupure dans la transformation continue.

Ici la coupure est patente, mais elle est issue de la continuité : ce qui rend évidemment la chose difficile à entendre, car parler d'une transformation continue, c'est ce qu'on appelle un oxymore : comment du discontinu issu d'une transformation pourrait-il surgir du continu, deux points d'un seul point ? C'est en tout cas ce en quoi consiste très précisément la transgression de la figure, qui est une invention de Lacan avec la complicité de Vappereau.

Il s'agirait de transformer une structure à trois dimensions en structures à quatre dimensions par défusion d'une consistance en deux consistances. Sur la figure que nous présentons, il est visible que le rond de ficelle qui se trouve au niveau intermédiaire, entre celui qui se trouve en haut sur la figure et celui qui se trouve en bas, va subir une transformation telle qu'il va progressivement se dédoubler en deux oreilles nouées entre elles.

D'unique, ce rond de ficelle va donc se dédoubler en deux ronds de ficelle distincts d'une façon strictement continue jusqu'à la brutale émergence du deux à partir du un, discontinuité émergeant de la continuité. On passe ainsi d'un nœud borroméen à trois à un nœud borroméen à quatre.

Je reprendrai *in extenso* ici l'interprétation clinique que j'en donnais déjà dans le précédent article, et qui n'a pas changé.

Pourquoi est-ce si instructif pour notre propos ? Parce que c'est exactement ce qui est en train de se passer avec la jeunesse. On peut considérer que la structure dominante pour les sujets a été jusqu'à il y a peu un nœud borroméen qui noue entre eux quatre ronds de ficelle. Au sein de ce nouage, il faut distinguer le rond du réel, celui de l'imaginaire, celui du symbolique et celui du symptôme Un qui représente ce que Lacan appelle dans *RSI* la nomination symbolique et parfois le Nom-du-Père. Jusqu'à une époque récente, la névrose ordinaire était nouée à quatre avec le Nom-du-Père, comme symptôme Un, pour la faire tenir. C'est vrai de l'hystérie selon Freud, c'est aussi vrai de la névrose obsessionnelle.

Qu'est-il en train de se passer ?

Deux ronds de ficelle noués entre eux au niveau central du nœud à quatre, le Nom-du-Père et le symbolique, sont en train de se transformer en un seul et même rond de ficelle, conformément à la transformation continue décrite par Lacan dans *La Topologie et le temps*, et ce, parce que les sujets les plus jeunes opèrent pour eux-mêmes cette transformation avec la mutation des structures familiales et de leur position en leur sein.

Passage d'une génération à l'autre
de la nomination symbolique au nœud à trois :
une nomination symbolique prise dans l'imaginaire

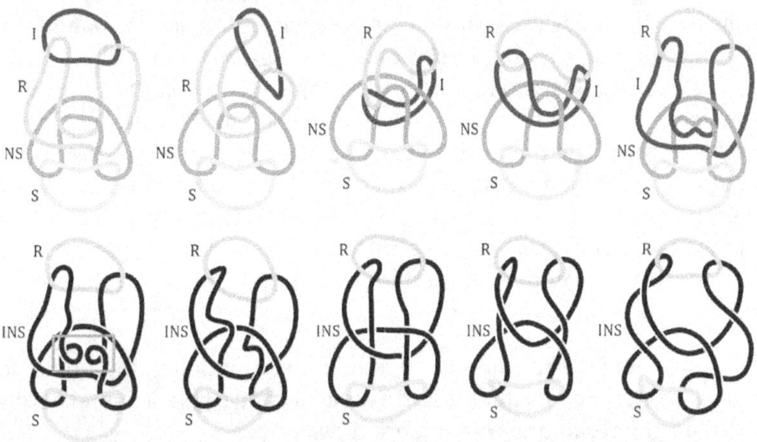

I : Imaginaire
R : Réel
S : Symbolique
NS : Nomination symbolique
INS : Fusion de l'imaginaire et de la nomination symbolique

Le symptôme Un est en effet en train de se résorber de façon continue dans le symbolique et nous avons désormais affaire, avec nos patients, à des sujets qui se passent du symptôme, c'est-à-dire du Nom-du-Père. Cette résorption du symptôme Un dans le symbolique est une façon de faire aussi entendre la dépendance du Nom-du-Père à l'endroit du langage et de sa contingence. Ce dont la précarité des structures familiales et des liens de filiation et de transmission vient parfaitement rendre compte aujourd'hui. C'est cette transformation topologique de la structure qu'expérimentent les jeunes, et s'ils se passent du Nom-du-Père, c'est que l'Un a disparu pour laisser place à la pluralité des Noms-du-Père que représentent en eux-mêmes le réel, le symbolique et l'imaginaire dans le nœud borroméen à trois. Les jeunes ont souvent, pour l'illustrer, cette attitude narquoise par rapport aux figures de l'autorité qui les conduit à relativiser celui qui, comme adulte, vient incarner cette autorité. Ne suis-je pas votre égal ? viennent-ils lui dire.

C'est moins de l'insolence qu'il faut y voir que la mise en œuvre de la structure du nœud à trois. L'au-moins-un ne fait plus autorité.

On peut aussi considérer qu'avec certains jeunes ont disparu les Noms-du-Père. S'il est vrai qu'ils pouvaient utilement se manifester dans la pluralité du nœud borroméen à trois, il n'est pas absurde de considérer que c'est à la forclusion des Noms-du-Père sur le nœud borroméen à trois que nous assistons, comme si tout simplement il avait cessé de revêtir la dimension métaphorique des Noms-du-Père dont était à l'origine porteur pour Lacan ce nœud borroméen. Il s'agit alors d'un nouage entre des dimensions qui ne seraient ni nommables, ni discernables, rétives à la métaphore, véritable paranoïa expérimentale qui au bout du compte aboutirait à un nœud de trèfle. C'est aussi un des aspects de la clinique contemporaine, chez les jeunes notamment.

Mais pourquoi la réversibilité de cette transformation qui va du nœud à trois vers le nœud à quatre ou du nœud à quatre vers le nœud à trois est-il un enjeu clinique contemporain essentiel ?

Parce que l'énonciation de cette transformation réversible dans les deux sens rend caduque l'idée de l'exclusivité d'une structure par rapport à une autre. Il est désormais absurde de penser la structure borroméenne du réel en terme exclusif : c'est soit le nœud à trois, soit le nœud à quatre ; ou encore le nœud à trois issu de la transformation met définitivement un terme au nœud à quatre ; ou encore il vaudrait mieux que le nœud à quatre reste ce qu'il est et ne se transforme pas en nœud à trois. Tous ces jugements ne voient pas que la transformation continue du nœud dans un sens ou dans un autre – de quatre à trois et de trois à quatre – est une donnée réelle sur laquelle la clinique doit désormais compter.

Si l'on passe du nœud à quatre au nœud à trois et qu'une grande partie de la clinique contemporaine en rend compte, cela ne signifie pas qu'on ne puisse repasser par une autre transformation du nœud à trois au nœud à quatre. La structure est réversible.

C'est le premier point. Le second fait clinique expliqué par le nœud borroméen généralisé est plus surprenant encore.

Les figures grimaçantes du Nom-du-Père : l'exemple du djihadisme

Le fait clinique le plus important dont rend compte le nœud borroméen généralisé est ce qu'on appelle ordinairement la radicalisation ou l'engagement djihadiste. L'analyse qui suit vaut aussi pour l'engagement nationaliste.

Voici le cas d'un jeune homme dont s'est occupée Dounia Bouzar dans le centre qu'elle a dirigé et qu'elle a bien voulu que je traite avec les outils de la psychanalyse lacanienne. Qu'elle en soit vivement remerciée ici. Elle le relate dans le livre blanc qu'elle a publié sur Internet. Je vais en retracer quelques traits sans beaucoup modifier son texte initial, dont elle est l'auteur principal et que je vais citer *in extenso* sans mettre de guillemets, mais en m'éloignant de l'analyse qu'elle en fait pour ne retenir que les points saillants qui montreraient une transformation en acte d'un nœud borroméen généralisé. Le travail que je propose ici n'a aucune prétention explicative. Il montre seulement comment j'ai pu moi-même m'orienter avec les cas cliniques proposés par Dounia Bouzar, et comment la topologie des nœuds fournit un éclairage heuristique à ce qui pourrait paraître chaotique au premier abord. Il s'agit juste d'une approche qui peut aider le psychanalyste à être plus précis dans sa clinique et moins englué dans le discours psychologisant et intuitionniste qui prolifère dans la psychanalyse depuis ses débuts, dont Lacan n'a eu de cesse de se départir et qui s'attribue de façon souvent illégitime le nom pourtant précieux de clinique. Certains psychanalystes n'ont parfois pour se défendre de la découverte extraordinaire du nœud borroméen que ce nom, certainement usurpé, de clinique à la bouche – il n'y avait pour Lacan aucune contradiction entre logique et clinique, clinique et topologie. Mais quelques psychanalystes lacaniens proclament et brandissent parfois ce qu'ils appellent la clinique, en l'opposant à ce qu'ils considèrent comme le mauvais sort jeté sur la psychanalyse par l'usage du nœud borroméen, comme si, avec le temps, la clinique était devenue cet « asile de l'ignorance » (comme Dieu pour Spinoza) et les autorisait à pratiquer des interprétations avec le moins d'appuis structuraux possibles et en faisant abstraction de la topologie des nœuds. Ce qui est légitime pour des « freudiens orthodoxes », mais qui ne l'est pas pour des lacaniens.

Venons-en à notre cas clinique que nous allons essayer d'éclairer avec le nœud borroméen généralisé.

Hamza est un jeune homme avec de hautes capacités intellectuelles qui cherche sa place dans le monde. Très vite, il s'ennuie à l'école car ses facultés d'apprentissage sont supérieures à ce qui lui est proposé dans sa classe. Il trouve beaucoup de réconfort dans sa famille, notamment auprès de son grand-père paternel dont il est très proche : « J'étais le premier petit-fils de mon grand-père. Il me chouchoutait. Souvent, j'allais chez lui pour passer mon ennui. Il s'est énormément occupé de moi pendant toute mon enfance. J'y étais très attaché. On pouvait parler de tous les sujets pendant des heures, j'adorais ça... » Ce grand-père est un arrimage symbolique fondamental dans la vie d'Hamza, c'est lui qui lui transmet dans l'imaginaire le sentiment d'appartenir à une filiation et l'idée qu'il a de sa langue, de sa culture et de ses ancêtres. Il est une médiation indispensable qui lui fait entendre le Nom-du-Père. Subitement, lorsque Hamza est âgé de douze ans, il apprend que son grand-père est hospitalisé et qu'il ne lui reste que quelques jours à vivre. Le désir de ce jeune est alors de pouvoir lui faire ses adieux. Toutefois, les parents de Hamza prennent la décision de lui épargner la vue de son grand-père dans un état critique « pour le protéger du choc que cela pourrait engendrer ». Hamza explique avoir vécu cette décision comme une profonde injustice : « Je n'ai pas pu lui dire au revoir car, selon mes parents, j'étais trop jeune pour accéder aux soins intensifs. Je leur en ai beaucoup voulu car mes cousins et cousines y entraient. Cela m'a doublement mis en colère. Premièrement, je n'avais pas pu le voir à l'hôpital, mais en plus de ça, je ne pouvais pas l'accompagner dans son dernier chemin en Algérie car je n'avais pas mes papiers. J'en ai beaucoup voulu à mes parents de ne pas avoir fait le nécessaire pour me permettre de dire au revoir à mon grand-père. Encore aujourd'hui, nous ne parlons jamais de cette période qui m'a plongé dans une grande dépression. »

La mort du grand-père a donc pour effet de fragiliser la relation de Hamza à un Nom-du-Père qui ne trouve à s'incarner que dans l'imaginaire d'une parole transmise par son grand-père.

Hamza s'est donc trouvé confronté à une double problématique de deuil : le deuil réel de son grand-père décédé et le deuil symbolique de la figure du père auquel il attribue un défaut de transmission familiale et culturelle. En effet, Hamza reproche à son père de ne pas lui avoir transmis sa religion : « Mon père ne m'a jamais parlé de l'islam. Pourtant j'aurais voulu apprendre la religion mais je n'ai jamais vraiment osé lui demander. J'aurais préféré que ça vienne de lui... » Hamza cherche sa place dans la généalogie et questionne le mythe familial. L'absence de transmission religieuse est perçue par ce jeune comme une négation de ses origines et une absence de connaissance dont il éprouve honte et culpabilité : « Je ne sais pas pourquoi mais ils ne m'ont jamais éduqué à l'islam alors qu'ils ont des parents musulmans pratiquants. Je n'ai jamais été à l'école coranique. Je ne sais pas parler arabe. C'est comme s'ils m'avaient fait renier mes origines et ma religion. »

Confronté au décès de son grand-père, c'est donc toute une remise en question de sa filiation qui s'opère. En quête de ses origines, Hamza interroge sa place symbolique dans le système familial. Interroger ses fondements généalogiques et culturels signifie également pour Hamza de trouver sa place à l'intersection de deux systèmes culturels différents : « Heureusement, à partir de mes treize ans, ils m'ont emmené quelques fois au bled où je pouvais voir des membres de ma famille éloignée. C'est bizarre car je me sens comme un étranger au bled. On me parle toujours comme si j'étais le petit touriste, le petit Français. C'est assez perturbant, car en France, on me voit aussi comme l'étranger. On me demande toujours de quelle origine je suis. Il y a beaucoup de nationalisme en France. Même entre Maghrébins, il n'y a aucune solidarité. On se critique les uns les autres, entre Algériens, Marocains ou Tunisiens... J'avais l'impression d'être incapable de trouver ma place. Où que je sois, on me renvoie que ce n'est pas chez moi. » Ni d'ici, ni d'ailleurs, Hamza a le sentiment d'être systématiquement renvoyé à une forme de vide, puisque ni les uns ni les autres ne semblent s'accorder à lui octroyer une place. Tous le confinent à un statut d'étranger. Cette circonstance induit évidemment une fragilité pour la filiation symbolique portée par les parents.

Ses parents ne lui avaient rien transmis de l'islam et de sa culture d'origine, et le seul qui en portait témoignage dans la famille est mort, brutalement pour Hamza, sans qu'il ait pu lui dire adieu.

On notera que la propagande djihadiste profite de la fragilité de l'arrimage symbolique de l'adolescent, qui tient au fait que le lien de filiation est fragile parce qu'il n'est pas transmis. S'il est transmis, c'est le lien à une figure réelle dans la famille qui le maintient vivant pour le sujet. La disparition du grand-père ouvre la voie à une transformation structurale qui substitue à une appréhension fragile et imaginaire du Nom-du-Père une autre appréhension bien réelle de ce Nom-du-Père.

Quelle est-elle ?

L'impossibilité pour Hamza de voir une dernière fois son grand-père et le décès brutal de ce dernier marquent une rupture dans son existence. Hamza cherche des réponses à ses questions, en particulier sur la vie après la mort. L'absence du rite de passage vers l'au-delà s'est cristallisée en un questionnement profond et incessant sur la vie après la mort : « Après le décès soudain de mon grand-père, avant ma rencontre avec la Dawla[11], je réfléchissais tout le temps à ce qu'il y avait après la mort. Y a-t-il une vie après la mort ? Pourquoi Dieu nous a créés, si on doit délaisser toutes les personnes qu'on aime ? J'en suis arrivé à la conclusion qu'il y avait forcément quelque chose après la mort, c'était sûr. C'est à partir de ce moment-là que je me suis intéressé à l'islam, au paradis et à l'enfer. »

C'est en recherchant, sur Internet, des réponses à ces questions que Hamza est entré en contact avec le discours djihadiste. Sans connaître les particularités des différents groupes, Hamza a immédiatement été séduit par le discours et les vidéos des recruteurs de Daech : « Mes frères de la Dawla ont été les seuls à me donner des réponses à toutes mes questions sur la mort. En plus, ils me fascinaient car je voyais bien qu'ils ne craignaient rien quand ils partaient au combat. C'est vraiment ça qui m'a fasciné... Je me demandais : "Où est-ce qu'ils puisent leur courage ?" S'ils n'avaient pas peur, c'était la preuve qu'ils avaient vraiment la foi. Ils sont devenus des modèles, des exemples à suivre. »

Une première transformation de l'état psychique de Hamza s'opère ici au travers de la relation à la mort. Ce jeune passe d'une peur massive de la mort à un désir de mort : « Avec les vidéos et les *hadiths* sur la notion du martyr, je ne voyais plus la mort de la même façon qu'avant... J'en avais une tout autre vision. Je n'avais plus peur. » Hamza a visionné de nombreuses vidéos de martyrs en s'identifiant aux membres du groupe djihadiste pour tenter de rationaliser son angoisse. Pour Benslama, « lorsqu'ils sont enrôlés dans un groupe, le piège de l'emprise se ferme sur eux, ce n'est pas seulement un processus de soumission, mais de dilatation des limites de l'individu. Il se crée un corps

11 Les jeunes prodjihadistes appellent l'État islamique la Dawla, c'est-à-dire l'État.

collectif qui favorise la mégalomanie de chacun, les suicidaires peuvent alors s'autosacrifier[12] ». Au fond, Hamza trouve un nouveau moyen de se réaliser au travers de la mort, qui lui offre une forme de continuité éternelle, puisque se sacrifier pour l'éternité revient à ne plus jamais subir l'épreuve de la perte. Cela revient également à être immortel en laissant sur Terre une trace de son passage et en se représentant la mort comme unique moyen de vivre éternellement. Selon Fethi Benslama, le discours des prédicateurs pénètre les fantasmes inconscients des adolescents au moment où ils vivent un remaniement des théories infantiles sur les limites de la vie et de la mort. La mort imaginaire est si envahissante que la mort réelle devient insignifiante, ce qui explique que certains jeunes enrôlés déclarent : « La mort, ce n'est rien, c'est comme un pincement. »

Hamza exprime avoir été convaincu par la légitimité de Daech au travers d'un projet politique concret avec l'existence d'une « vraie » terre musulmane où pourrait être appliquée la loi divine : « Ce qui m'a convaincu, c'est une vidéo où Daech a élu son calife. Ça m'a prouvé que c'était un projet concret avec des fondations solides. Je me disais que c'était la direction vers laquelle je devais aller. » Pour ce jeune, le leader de Daech a représenté une réelle légitimité : « Ce qui m'avait fasciné, personnellement, c'était l'éloquence et le charisme d'Abou Bakr al-Baghdadi. La vidéo durait une heure, mais quand il était venu et qu'il avait parlé, j'étais absorbé par ses paroles. Il apparaissait comme quelqu'un qui avait la connaissance de la religion. J'étais ignorant, je ne savais rien sur l'islam mais j'étais en extase devant lui. » La figure charismatique d'Abou Bakr al-Baghdadi a permis à Hamza une nouvelle identification. On le voit, la filiation paternelle est remplacée ici par une filiation élective, qui vient d'un réel habité par le leader d'une part et au-delà par Dieu.

L'adolescent a trouvé en ce personnage une figure charismatique idéale pouvant se substituer au Nom-du-Père familial. Il y projette ses fantasmes, ses idéaux et ses besoins, et il s'assure ainsi d'une place et d'un rôle au sein d'une véritable communauté perçue comme égale, solidaire et fraternelle. Mais c'est aussi avec la promesse de l'apprentissage du « vrai » islam en lien avec la création d'une « vraie » terre sainte

12 Interview de Fethi Benslama réalisée le 15 mai 2016 dans *Les Inrocks* à l'occasion de son ouvrage *Un furieux désir de sacrifice*. Voir http://www.lesinrocks.com/2016/05/15/actualite/fethi-benslama-11827292/.

que Hamza a été conforté dans sa recherche de « vérité » : « Quand je cherchais la définition du califat, j'étais émerveillé. Je voyais les gens qui avaient rejoint la Syrie heureux, et j'avais envie d'être comme eux. J'étais dans une période où je n'étais pas très bien, je me suis dit que peut-être, là-bas, je trouverais le bonheur. » Il explique par ailleurs avoir parlé avec des membres du groupe Al-Nosra, mais ne jamais avoir eu « la petite étincelle » : « Ils sont dans la vérité ! »

La régénération de Hamza passe aussi par le choix d'une *kounya*, forme de rite de passage imposé par le groupe djihadiste lorsqu'un nouveau membre s'engage. Cette *kounya* prend normalement l'allure d'un pseudonyme mais est rattachée à l'imaginaire de l'histoire musulmane. Comme si la personne entrait dans une espèce de filiation sacrée[13]. Filiation sacrée qui enracine la subjectivité dans cet impératif venu du réel de la Prophétie. « Je ne savais pas ce que voulait dire "Abou" et comme mon prénom était Hamza, j'ai mis "Abou Hamza". Lorsque j'ai demandé ce que voulait dire "Abou" et qu'on m'a expliqué que ça voulait dire "le père de", j'ai changé de nom. En effet, je ne pouvais pas être le père de moi-même. Comme je ne savais pas comment je voulais appeler mon enfant plus tard, j'ai cherché sur Internet des noms de bébés musulmans. » Le récit qu'en fait Hamza en dit long sur sa recherche identitaire. En effet, le jeune ne connaît pas la signification du terme *Abou* qui signifie « le père de ». Cela explique pourquoi Hamza choisit au départ de se nommer « Abou Hamza », soit « père de lui-même ». Ce n'est qu'une fois que les djihadistes lui expliquent la signification de sa *kounya* que Hamza décide de se nommer différemment.

Au travers de sa *kounya*, Hamza trouve donc un moyen de se « défilier » de son système familial au profit d'une nouvelle affiliation pour le groupe djihadiste. Se « défilier » reviendrait pour Hamza à prendre ses distances par rapport au Nom-du-Père pour se forger sa nouvelle identité au profit d'un nouveau groupe d'appartenance : le groupe djihadiste. En ce sens, « la filiation cherche à être suspendue au profit de l'affiliation[14] ».

Cette évolution de l'état psychique de Hamza participe et renforce son sentiment d'appartenance au groupe radical violent. Il se distancie de son système de parenté pour se régénérer au travers d'une nouvelle filiation réelle cette fois. Hamza répond à ses questionnements identitaires, filiatifs et rejoue ses origines en adhérant à la construction nar-

13 Dounia Bouzar, *Désamorcer l'islam radical : ces dérives sectaires qui défigurent l'islam*, Ivry-sur-Seine, Éditions de l'Atelier, 2014.

14 René Kaës, *L'Appareil psychique groupal* [1976], Paris, Dunod, 2000.

rative du groupe djihadiste. En partageant le même mode de pensée, les mêmes émotions et les mêmes comportements que les membres de son groupe, nous pouvons faire l'hypothèse que le processus de subjectivation de ce jeune homme est entravé. Il perd progressivement ses anciens repères familiaux, affectifs et mémoriels.

Pourquoi le nœud borroméen généralisé permet-il de formaliser un tel processus de transformation ?

Le nœud borroméen à quatre, issu du nœud borroméen généralisé, est composé de deux faux trous enchaînés l'un à l'autre, et chaque faux trou est lui-même composé de deux consistances enchaînées l'une à l'autre sous la forme imagée de bananes nouées entre elles.

J'ai identifié à partir de là dans les transformations continues du nœud borroméen généralisé deux règles de transformation :

– on passe d'une seule consistance fusionnée vers une défusion formant deux consistances et inversement : c'est le geste de Lacan !

– la défusion ne se fait pas n'importe comment : la consistance défusionnée va intégrer la caractéristique de la consistance avec laquelle elle compose le faux trou. Pour le dire plus clairement, si par exemple une unique consistance est issue de la fusion de l'imaginaire et de la nomination symbolique, comme c'est le cas chez Hamza, alors il en résultera que la consistance quatrième sera la nomination réelle parce qu'elle compose un faux trou avec le réel. C'est le passage de la figure 3 à la figure 4 dans le schéma ci-dessous.

	1)	2)	3)	4)
	I	R	R	R
Faux trou	----------	----------	----------	----------
	R	I		Nr
Fusions	...	...	I Ns	...
	Ns	Ns		I
Faux trou	----------	----------	----------	----------
	S	S	S	S

Comment l'expliquer cliniquement ?

Il ne semble pas que pour Hamza le Nom-du-Père auquel Lacan donne le nom de nomination symbolique dans *RSI* ne soit autrement appréhendé que par l'imaginaire, et c'est cet imaginaire dont est porteur le grand-père, puisque du côté du père réel de Hamza l'inscription symbolique n'a pas opéré, comme il s'en plaint amèrement et comme en témoigne son désarroi par rapport à son identité d'appartenance. Il y a continuité au niveau de cette unique consistance entre l'imaginaire et la nomination symbolique comme Nom-du-Père.

Cette labilité de l'imaginaire a pour conséquence une transformation « radicale » du nœud à trois en nœud à quatre, mais cette fois sous la prévalence de la nomination réelle, qui a partie liée selon Lacan dans *RSI* avec l'angoisse et que nous rattachons ici à la figure d'un Autre tutélaire hors castration, figure idéale de l'exception d'où émanent des impératifs religieux de sacrifice jusqu'à l'exigence de mourir et de faire mourir pour cet idéal. C'est le triomphe de la pulsion de mort. La racine du terrorisme djihadiste est dans ce Nom-du-Père reconquis, mais tuant.

C'est une nomination réelle qui surgit ici, car seule dans les mécanismes de transformation elle fait faux trou avec le réel : une nomination réelle a toujours partie liée avec le symbolique, mais elle est appelée réelle, parce qu'elle nomme le réel et que le réel est son point d'ancrage : rien de plus réel que le Dieu Un monothéiste et la parole de son représentant supposé sur Terre. En cela consiste la défiliation.

Mais alors, que dire du point de départ de la transformation qui serait le nœud à quatre articulée à une nomination symbolique, l'étape 1 et 2 dans le schéma ci-dessus ? Il est clair que c'est précisément ce qui ne s'est pas transmis de son père à Hamza, ou du moins ce qui a fait l'objet d'une fusion de l'imaginaire et de la nomination symbolique au départ distincts dans le nœud à quatre. C'est l'hypothèse que je propose, dans la continuité de ce que j'ai dit par ailleurs du nœud borroméen généralisé à propos de la jeunesse.

Nous avons dans cette présentation clinique l'illustration de ce que permet de penser le nœud borroméen généralisé : la transformation structurale du Nom-du-Père qui d'une nomination symbolique devient une nomination réelle. C'est l'explication de l'engagement djihadiste et elle a le mérite de ne pas être purement factuelle mais de se lire comme un destin singulier inscrit dans une structure.

Car dans l'analyse factuelle de ceux qui se présentent comme les spécialistes du djihad manque la causalité structurale dont il me semble que le nœud borroméen généralisé rend compte avec précision et sans pathos. Remercions Lacan, Vappereau et Dounia Bouzar de permettre cet abord.

Le nœud borroméen généralisé indique la labilité structurale dans laquelle est désormais plongé le sujet contemporain au sein des structures familiales. Le Nom-du-Père dans sa forme traditionnelle, c'est-à-dire comme nomination symbolique en place de quatrième rond, n'est plus transmis. D'autres formes de transmission apparaissent, qui vont vers sa suppression pure et simple ou vers la substitution à cette inscription symbolique d'une inscription réelle d'une tout autre nature, parce qu'elle met en jeu la pulsion de mort d'une façon directe et sans refoulement, un Nom-du-Père tuant. C'est sans doute l'aspect le plus inquiétant de cette transformation de la structure dans nos familles contemporaines.

De la nomination symbolique à la nomination réelle :
le nœud du djihadisme

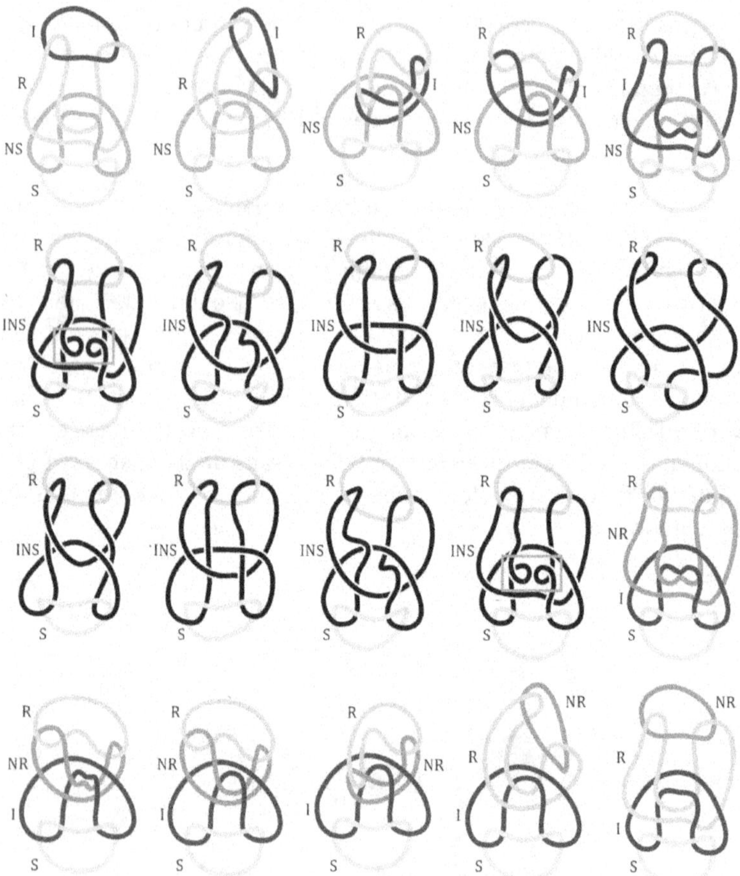

I : Imaginaire — NS : Nomination symbolique
R : Réel — NR : Nomination réelle
S : Symbolique — INS : Fusion de l'imaginaire et de la nomination symbolique

Récemment, Dounia Bouzar a été, avec le professeur David Cohen, responsable du département de psychiatrie de l'enfant et de l'adolescent à la Pitié-Salpétrière au sein de l'Assistance publique-Hôpitaux de Paris et à la demande expresse de la Commission européenne, à l'origine d'un rapport très remarquable sur « Les étapes du processus de radicalisation et de déradicalisation : les mécanismes de risques et les facteurs de désistance face à la radicalisation ».

Il est particulièrement remarquable par l'ampleur inégalée en Europe du périmètre scientifique de l'étude, qui s'appuie sur plus de quatre cent cinquante entretiens recueillis en continu lors du suivi des jeunes pris en charge par le Centre de prévention contre les dérives sectaires liées à l'islam d'avril 2014 à août 2016 ; du fait que les initiateurs de cette étude ont eu accès à leurs caractéristiques personnelles avant leur engagement radical, par l'intermédiaire de leurs proches, qui ont collaboré ; qu'il fait état du suivi et de la mesure de l'évolution de leurs définitions d'eux-mêmes et de la société avec l'étude de leurs conversations avec leurs recruteurs de Daech ; et enfin qu'il met en évidence les arguments qui ont le plus touché ces jeunes pour sortir de la radicalisation. Il l'est surtout parce qu'il propose à la fois une analyse quantitative et qualitative de ces phénomènes – ce qui à ce jour n'avait jamais été fait, les auteurs se contentant le plus souvent de citer leurs cas cliniques sans jamais en avoir une vue d'ensemble suffisamment significative, et que certains spécialistes supposés reconnus en restent à des généralités vagues sans aucune base empirique, en général pour susciter l'effroi plutôt que d'en avoir une approche rationnelle.

Ce que montre cette étude, c'est que le processus de radicalisation commence toujours par un sentiment de peur et une angoisse anxiogène grandissante tournant autour de théories du complot et de versets coraniques décontextualisés, qu'il prospère sur la rupture avec l'univers familial, comme dans le cas d'Hamza avec la tentative de réaménager l'univers mental et social en fournissant une nouvelle interprétation des événements et en proposant des solutions compensatoires dysfonctionnelles. Il est étonnant que le nœud borroméen généralisé se prête aussi bien à la formalisation de cette approche qualitative en mettant en lumière la rupture avec la nomination symbolique propre au contexte familial ordinaire ou traditionnel, et l'émergence d'une nomination réelle qui réaménage l'univers mental et social sous l'égide d'impératifs supposés venir directement d'un Autre divin et féroce.

Ce processus s'enracine dans l'absorption de l'individu par le groupe, le remplacement de la raison par la répétition, le rejet des repères mémoriels de la famille et de fait la rupture avec les anciens interlocuteurs dont les proches font souvent partie. Il s'accompagne de l'appropriation d'une pensée uniforme, du refus de la nuance, du sentiment d'être élu par Dieu, de la certitude que seule la loi divine peut combattre la corruption du monde, et surtout de la légitimation absolue de la violence : ce qui est parfaitement résumé par ce que j'ai appelé la nomination réelle dans le nœud borroméen généralisé.

Mais l'étude ne se contente pas de décrire ces faits dans le détail, elle propose de vraies solutions pour la déradicalisation (terme il est vrai si médiatique qu'il en devient trompeur). Elles ont été d'ailleurs mises en œuvre avec succès dans le service du professeur David Cohen. Il faut contrer auprès des jeunes l'approche émotionnelle anxiogène des discours djihadistes par une approche rassurante, souligner le décalage entre l'interprétation djihadiste des événements, nécessairement délirante, et la réalité. À ce propos, les acteurs de cette étude font état des huit promesses contenues dans ce discours, qui permettent d'individualiser pour Daech l'adresse des recruteurs à l'endroit des jeunes : promesse de toute puissance, de salut contre l'enfer, de faire de l'aide humanitaire, d'être pur moralement et sexuellement, de se sublimer dans la mort, de vivre dans un monde égal et fraternel, de protéger les plus faibles contre les plus forts, et d'être protégé, s'il s'agit d'une femme en quête d'un homme protecteur et idéal. Chaque jeune répond plus ou moins à un ou deux de ces critères. C'est le mérite de cette étude que de l'attester. Or la déradicalisation consiste à délégitimer ces promesses dans leurs mécanismes discursifs, en mettant tout en œuvre pour couper le radicalisé de son groupe radical et de sa tribu numérique, en l'entourant et en lui proposant un nouveau groupe.

Ce travail doit s'accompagner d'incitations critiques à l'endroit du jeune radicalisé pour qu'il s'aperçoive de façon à nouveau distanciée que le discours djihadiste a effacé l'aspect épistémologique, anthropologique et historique de l'islam, en le décontextualisant. Cette démarche thérapeutique vise selon nous à restituer au sujet l'inscription de la nomination symbolique, en lui permettant de prendre appui sur la mémoire familiale et les repères symboliques du lien social où il évoluait au départ. Il s'agit de revenir de la domination structurale de la nomination réelle vers la nomination symbolique, et le rappel au sujet de son inscription mémorielle familiale et religieuse dans ce qui constitue pour lui un idéal symbolique compatible avec son inscription dans notre vie sociale et politique est essentiel.

Là encore, cet acte thérapeutique montre clairement qu'il y a une réversibilité des phénomènes psychiques et que la société peut parier, sans se tromper, sur l'hypothèse de cette réversibilité en écartant l'option purement répressive qui considère le processus de radicalisation comme irrémédiable et définitif. Cette réversibilité est structuralement attestée par la topologie des nœuds telle que Lacan la propose avec le nœud borroméen généralisé. Les jeunes radicalisés ne sont pas voués *ad vitam aeternam* à ressasser des convictions fanatiques et meurtrières, et ils peuvent en revenir. Encore faut-il leur offrir l'opportunité de faire le travail critique nécessaire à ce retour vers un idéal symbolique socialisé.

L'originalité de ce travail tient sans doute surtout à sa conclusion qui parie, plutôt que sur une approche répressive, sur un processus de resocialisation des jeunes déradicalisés au sein de ce tissu associatif contemporain qui offre une alternative symbolique à la vision djihadiste et propose un idéal de participation sociale et d'engagement laïcisé, propre à satisfaire cette carence dans l'idéal symbolique qui avait été à l'origine de cet engagement.

Cette solution est tout à fait cohérente avec les transformations du nœud borroméen généralisé : comme nous l'avons vu, il s'agit avec la déradicalisation de profiter de réversibilité de la structure qui permet de passer de la nomination réelle pour revenir à une nouvelle forme de nomination symbolique et reconstruire une adhésion à un idéal qui permette au jeune de s'orienter dans sa famille et dans la société.

De la nomination réelle à la nomination symbolique :
l'acte thérapeutique

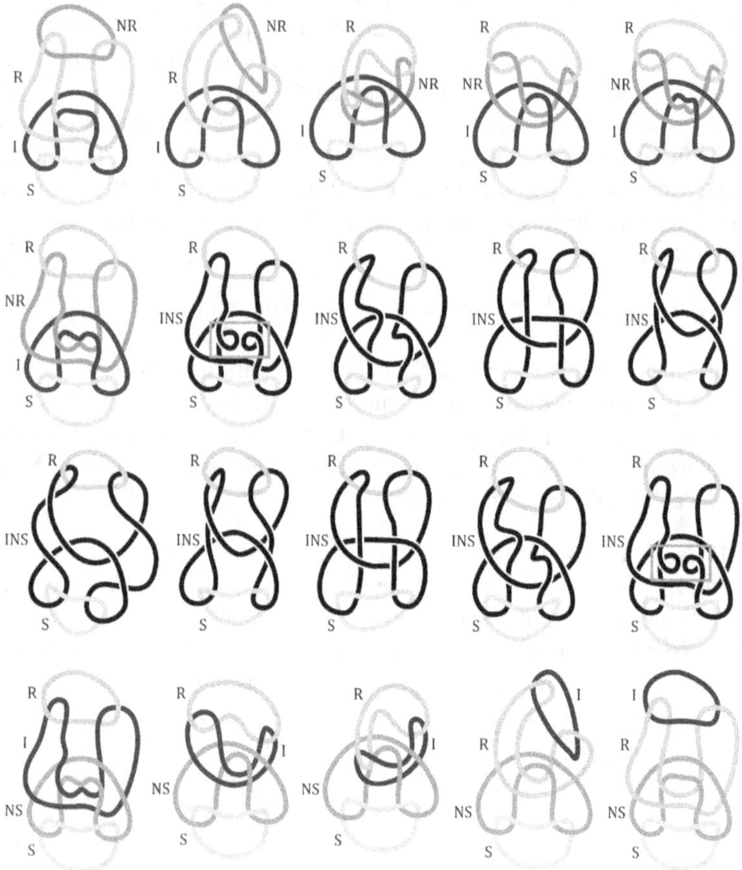

I : Imaginaire — NS : Nomination symbolique
R : Réel — NR : Nomination réelle
S : Symbolique — INS : Fusion de l'imaginaire et de la nomination symbolique

Il est curieux de constater aujourd'hui qu'une partie de l'université et des groupes de psychanalystes qui se sont arrogé le droit exclusif de parler de ce sujet pratiquent à l'endroit de cette approche une ostracisation qui serait ridicule si elle n'était inspirée par un ressentiment certes « justifié » par une forme de lutte à mort contre des théories perçues comme pionnières dans ce domaine et qui aboutissent, au grand dam de ces rivaux imaginaires, à des préconisations pertinentes et mises en pratique. J'ai déjà dit plus haut combien la haine venait aujourd'hui polluer le débat scientifique à l'université et parmi les psychanalystes ; je n'y reviendrai pas. C'est notre symptôme collectif. Mais certains milieux à la croisée de l'université et de la psychanalyse, jaloux de territoires intellectuels dont ils se tiennent pour les propriétaires absolument exclusifs, continuent malheureusement de considérer des praticiens, sans doute parmi les mieux informés des phénomènes de radicalisation et de déradicalisation – avec la base clinique et empirique la plus solide et la plus étendue actuellement en Europe –, comme *persona non grata* dans les colloques spécialisés sur la déradicalisation, quand ils invitent à ces mêmes colloques une majorité de participants, spécialistes supposés de la radicalisation, qui ont pour la plupart rarement entendu un jeune radicalisé, et qui préfèrent naviguer sur la vague des généralités les plus creuses, plutôt que de débattre de façon scientifique. Comme souvent dans les associations de psychanalystes et à l'université, mieux vaut exclure d'emblée un interlocuteur sérieux qui fait de l'ombre plutôt que de se risquer à entrer dans le débat avec lui. L'ostracisation est une pratique banale de nos jours.

Pour revenir à l'essentiel de cette question, que constatons-nous ?

Certes la nomination symbolique n'est plus transmise au sein de la famille, qui a cessé d'être patriarcale, mais l'aspiration au patriarcat reste entière dans le corps social, où jamais la figure de l'homme providentiel n'avait été autant plébiscitée que ces dernières années. Nous postulons ici que la figure de l'homme d'exception correspond à ce que, dans le précédent chapitre nous avons appelé l'au-moins-un, soit quelque personnage qui se pose par définition au-dessus du corps social et prétend le représenter et le défendre face aux vicissitudes de l'adversité économique ou politique.

Faut-il citer des exemples de cette aspiration populaire ? Cet homme d'exception peut prendre appui sur la nomination réelle ou la nomination symbolique. Et il est certain que, s'il prend appui sur la nomination réelle, c'est à un pouvoir tyrannique et brutal que l'on aura affaire, où l'arbitraire va commander la décision et qui lui donnera son caractère erratique et imprévisible. L'arrivée au pouvoir de Donald Trump en est l'illustration la plus patente. Si les slogans de ce candidat hors norme prétendaient défendre l'Amérique contre un ennemi venu du dehors, l'immigré et la concurrence internationale, c'est justement et surtout la brutalité et le schématisme des affirmations contradictoires du candidat qui ont séduit une opinion publique inaccessible à la rationalité d'arguments économiques rapportés à l'intérêt de l'*establishment*. On n'a pas assez relevé que dans cette campagne c'est justement cette brutalité et ce schématisme qui ont emporté l'adhésion des électeurs moyens : le racisme, le sexisme et le retour au protectionnisme ont précisément donné une véritable légitimité politique à Donald Trump aux yeux de ceux qui, dans leur majorité, avaient fait les frais de la crise de 2008. La brutalité schématique emporte l'adhésion. Ce que les médias occidentaux stigmatisaient à longueur d'émissions télévisées en Trump comme l'indice de la veulerie et de la connerie était précisément ce qui rendait Donald Trump crédible aux yeux de ses électeurs. Ainsi, les médias comme les intellectuels, irrités par l'irrationalité et la violence de ses discours, n'ont pas compris que la xénophobie et la volonté de repli identitaire face à un monde jugé menaçant pour l'Amérique étaient précisément ce qu'attendait une majorité relative d'électeurs aux États-Unis, considérant qu'ils avaient été les dupes de la mondialisation à outrance mise en place par l'élite politique au pouvoir depuis vingt ans, et que le retour aux supposées valeurs traditionnelles de l'Amérique profonde (racisme, sexisme, protectionnisme) serait le garant d'un sursaut viril et courageux. Même constat pour une grande partie des électeurs européens tentés par le populisme.

La haine fait vendre, surtout si elle peut être incarnée par un leader charismatique qui ne s'embarrasse pas des circonvolutions habituelles de la classe politique. La surenchère est un ingrédient du succès dans une opinion qui attend de son leader qu'il soit précisément au-dessus des règles et de la bonne norme du lien social ordinaire. Donald Trump a triomphé en raison même de sa veulerie et de sa violence, parce que, comme le montrent l'histoire des démocraties en Europe au XXe siècle et les actuelles dérives populistes, le peuple est charmé par celui qui incarne dans ses propos et dans ses actes cette capacité inhérente au leader de ce type de transgresser les interdits dictés par ce que le peuple identifie aujourd'hui aux seules exigences de l'*establishment*. Donald Trump est devenu un idéal-type, au sens de Max Weber du populisme. Ils sont nombreux aujourd'hui les mouvements en Europe qui procèdent des mêmes recettes et qui s'approchent du pouvoir sans coup férir à la faveur d'élections nationales. La lutte contre l'immigration, le discrédit jeté sur la mondialisation et l'euroscepticisme sont devenus les ingrédients de ce national-populisme qui revendique le repli identitaire comme la solution parfaite pour sortir du malaise politique et social. Il est inutile ici de multiplier les exemples de ces dérives.

L'ambivalence des mouvements sociaux contemporains : logique de l'exception et logique horizontale

Le seul intérêt politique de notre analyse, c'est de mettre en évidence la structure logique de cette mise en place : l'exception vient confirmer la règle, et c'est sur l'exception que va désormais reposer le consensus politique et social. Cet Un d'exception sera d'autant plus crédible qu'il fera exception par rapport à la norme de ce qu'on peut appeler la bien-pensance. Plus il sera violent, plus il sera soutenu ; et nous ne sommes pas loin ici de ce que Freud avance de la foule fanatisée dans *Psychologie des masses et analyse du Moi*, la foule s'identifie à certains traits du leader charismatique, adopte son point de vue et laisse libre cours à ses pulsions, parce que le leader d'exception vient autoriser une levée collective du refoulement au détriment d'un tiers, le plus souvent l'étranger ou l'immigré, sur lequel il sera dès lors loisible de frapper, comme sur un bouc émissaire accessible et accusé d'être à l'origine du malaise social.

Il est clair que le côté gauche des mathèmes de la sexuation rend parfaitement compte de cette configuration. S'il existe au-moins-un x qui nie la norme du refoulement à laquelle tous les x sont soumis, c'est que pour maintenir le lien social la référence au personnage d'exception est pour le sujet un axiome aussi logique que politique, et il y trouvera satisfaction pour sa jouissance, précisément parce que la norme du refoulement lui pèse. Si la civilisation ne se construit qu'au prix du refoulement, comme le montre Freud dans *Le Malaise dans la civilisation*, il appartient au leader d'indiquer au peuple les voies économiques les plus faciles pour être imaginairement soulagé du poids insupportable de ce refoulement, au moins à l'endroit du bouc émissaire.

Il est intéressant de réfléchir à la signification de cette logique structurale à partir du séminaire *RSI* et du *Sinthome*. Lacan y distingue, rappelons-le, un nœud à trois consistances composées du réel (R), du symbolique (S) et de l'imaginaire (I), d'un nœud à quatre consistances composées du réel, du symbolique, de l'imaginaire et d'une nomination formant faux trou avec l'une des trois premières consistances R, S et I. Dans la première leçon du *Sinthome*, il ne va s'intéresser qu'à la nomination symbolique qu'il appelle le symptôme et qu'il met en relation à l'intérieur du nœud à quatre avec le symbolique. De la division du symbole et du symptôme, il fait résulter la division du savoir par rapport au signifiant maître dans le discours du maître. Le rond du symbole a remplacé celui du symbolique, et le symptôme fait figure de nomination symbolique pour un discours du maître qui ne s'énonce que relativement à cette nomination symbolique, bref à ce que nous avons appelé plus haut Nom-du-Père.

Par conséquent il apparaît naturel de considérer qu'il existe une homologie de structure entre ce que Lacan appelle l'au-moins-un dans les mathèmes de la sexuation et cette nomination symbolique qui fait apparemment exception dans le nœud borroméen à quatre consistances, pour venir en soutenir le caractère borroméen. En un mot, l'idée c'est que Lacan retrouve dans la nomination symbolique du nœud à quatre consistances la même fonction d'exception qu'il fait jouer dans les mathèmes de la sexuation.

Notons que, si nous disons qu'elle fait « apparemment » exception, c'est qu'en réalité n'importe quelle consistance du nœud à quatre fait exception. Il suffit d'en couper une pour que les trois autres soient libérées : chacune se comporte comme une consistance d'exception dont dépend le nouage des trois autres.

Cette homologie de structure entre ce qui fait exception à la règle et le symptôme dans le discours du maître confère à celui qui vient incarner le signifiant maître, celui qui commande le discours, la place du symptôme et de l'exception.

Quelles conclusions politiques tirer de ces remarques ?

S'il est vrai que nous assistons à un effacement progressif du Nom-du-Père, comme nomination symbolique stable, dans la cellule familiale, et que le nœud borroméen généralisé montre comment il est possible mathématiquement de passer d'un nœud à quatre avec une nomination symbolique à un nœud à trois sans nomination, sans référence à un Nom-du-Père d'exception, la labilité de la structure nodale sur laquelle semble reposer notre lien social, à la fois localement et mondialement, peut faire craindre au retour brutal par transformation continue de la nomination symbolique sous sa forme la plus explicite d'exception, ou bien de la nomination réelle dont nous avons vu plus haut qu'elle pouvait être tuante.

C'est de fait ce à quoi nous assistons. Si l'on admet que le nouage à trois consistances constitue désormais la norme pour une grande partie de la jeunesse dans le monde occidental, le nœud borroméen généralisé à trois consistances est labile pour chacun et peut d'un instant à l'autre se transformer en nœud borroméen généralisé à quatre consistances, c'est-à-dire prendre appui sur une exception dans la structure, qu'il s'agisse d'une nomination réelle avec ses effets totalitaires ou d'une nomination symbolique, sans doute moins toxique, mais pas moins problématique.

C'est l'idée que nous voudrions avancer ici.

Le nœud borroméen généralisé rend très bien compte de l'instabilité devenue chronique de nos démocraties et l'émergence brutale des aspirations identitaires et populistes dans le monde occidental. Le paradoxe que traduit clairement ce type de nœud, c'est d'une part un abandon progressif des figures tutélaires de l'autorité et d'autre part une aspiration à une autorité d'autant plus reconnue qu'elle sera aveugle et arbitraire. Le cas du djihadisme est un cas particulier de dérive totalitaire rendue possible par les transformations du nœud, mais le populisme s'acclimate très bien d'une nomination symbolique qui implique entre les membres du corps social ségrégation et principe du bouc émissaire. Le populisme nationaliste et antieuropéen relève de la même logique.

À ce stade de la discussion, on pourrait s'interroger sur ce qui a fait le succès de La République en marche en France. Ce mouvement visait-il à mettre en place cet Un d'exception, comme dans les populismes américains et européens, ou bien venait-il de cette critique de l'autorité verticale à laquelle les jeunes ont habitué leurs parents depuis déjà plusieurs décennies ?

L'originalité de ce mouvement, c'est précisément qu'il a intégré les deux formes du nœud borroméen généralisé : il procède d'un nouage à trois et il tend vers un nouage à quatre. Il procède d'un nouage à trois, parce que son ambiguïté est de récuser dès l'origine la référence aux clivages politiques classiques qui opposent une droite à une gauche, et en même temps l'ensemble de la classe politique qui incarne ce clivage. En un mot, il délégitime les leaders des courants politiques traditionnels et prétend en intégrer quelques survivants au sein d'un mouvement qui refuse *a priori* tout clivage. Le lien est politique, mais il n'est pas polarisé à droite ou à gauche. Est-ce de centre droit, est-ce de centre gauche ? Bien malin qui pourrait le dire, sans oublier telle ou telle mesure spécifiant plus un bord qu'un autre. En réalité, ce qui a porté le mouvement En marche, c'est la délégitimation de l'autorité politique traditionnelle dont l'incarnation ont été François Hollande et François Fillon : le leader de LR est apparu sous le jour de celui qui faisait exception à la règle commune en faisant bénéficier sa famille d'avantages indus du seul fait qu'il occupait cette place d'exception. Incarnant le leader d'une famille politique, il a jeté l'opprobre sur ses pratiques. Quant à François Hollande, leader putatif d'un PS à la dérive, il a délibérément choisi d'endosser le rôle du président normal, ne faisant pas exception à la banalité, jusque dans ses frasques conjugales, mais surtout dans l'inertie politique qu'a pu constituer son quinquennat.

La remise en cause du monde vertical de la nomination symbolique s'est opérée à la faveur de ce qu'il convient d'appeler l'autodestruction des figures symboliques de l'autorité : il n'y avait de recours ni à droite ni à gauche, et le Front national qui aurait pu représenter une alternative menaçante à cette dérive de l'autorité s'est avéré représenté par Marine Le Pen dont la faiblesse rhétorique et argumentative s'est illustrée dans le débat final avec Emmanuel Macron. Emmanuel Macron fut donc d'abord celui qui avait construit sa campagne sur l'affirmation que le roi était nu, rendant odieuse aux yeux du peuple l'exhibition de cette posture d'impuissance. Les premiers moments du mouvement furent de fédérer des groupes épars sans leadership affirmé et dans la recherche d'une parole issue du consensus, un peu à la manière de ce qu'Habermas définit comme l'espace public dans sa théorie de l'agir communicationnel. Il y avait une aspiration soixante-huitarde dans ce mouvement né de la société civile et qui voulait faire entendre une autre idée de la politique par le débat et l'argumentation et à partir de la base. Cette relative désorganisation du mouvement à son départ a pu faire penser aux médias qu'il s'agissait d'un feu de paille, sans grand enracinement populaire. Mais il innovait dans sa pratique, en remettant les clés de l'interprétation politique à des acteurs jusqu'alors inconnus sur la scène, des jeunes entrepreneurs, des membres des institutions publiques, des acteurs associatifs n'ayant eu jusque-là aucune responsabilité politique. C'était un mouvement dont le leader se dessaisissait habilement de l'autorité pour la remettre aux forces vives de la nouvelle nation émergente, invisible auparavant. C'est ce qui fait penser qu'Emmanuel Macron a eu l'intuition que ce qui travaillait le corps social était une structure sans maître, sans exception assignable, sans autorité immédiatement reconnaissable, mais seulement traversée par le souci de l'échange et de l'argumentation.

Une telle structure est celle-là même du nœud borroméen à trois, puisque, rappelons-le, dans le nœud borroméen à trois, chaque consistance a la même valeur que l'autre, et que la place de l'exception y suppose l'alternance des places. Je peux m'autoriser du symbolique, c'est-à-dire des lois du langage comme d'un Nom-du-Père et obtenir gain de cause, mais je peux aussi m'autoriser du réel ou de l'imaginaire, comme d'autres Noms-du-Père, sans me contredire. Je fais varier les points de vue, je croise les hypothèses, j'alterne les arguments, je puise dans mon expérience symbolique personnelle, mais je suis capable d'imaginer des solutions alternatives, tout en tenant compte de ce qui résiste dans le réel, bref je circule à l'intérieur de la structure, sans éprouver le besoin de m'arrimer à un trait d'exception, à une figure d'exception à laquelle je m'identifierais. Emmanuel Macron a parfaitement joué de cette plasticité du nœud à trois. Il a même su l'incarner pour tous ceux qui l'ont suivi. Il a su saisir ce qui était à l'œuvre dans le corps social du fait du déclin du Nom-du-Père comme exception et des figures de l'autorité. Il a accompagné le mouvement et s'en est admirablement servi pour accéder au pouvoir, et il s'en sert encore pour animer le réseau des groupes de militants qui sur le terrain expliquent et accompagnent ses réformes. Ce fonctionnement peut être caractérisé comme horizontal, même si ce terme est encore trop schématique, car il ne met personne en position d'exception et implique un travail en réseaux où les responsabilités alternent en fonction des compétences au service apparent d'une cause commune dont le leader n'est que l'expression.

Mais il a eu aussi l'intuition que cette structure était profondément labile et qu'elle pouvait d'un instant à l'autre se transformer en structure privilégiant la mise en place de l'homme providentiel et d'exception, ce que j'ai désigné par l'au-moins-un, ou encore la nomination symbolique, ou le Nom-du-Père d'exception dans la structure du nœud à quatre : en réalité il a eu l'intuition de la labilité du nœud borroméen généralisé qui permet de passer d'un fonctionnement horizontal à un fonctionnement vertical, et cela d'une façon continue. On s'est étonné qu'il veuille redonner du lustre à la fonction présidentielle bien malmenée pendant dix ans, soit à cause d'une mise en exergue de l'exception qui frisait la caricature sur le versant ubuesque de l'exercice du pouvoir (Sarkozy), soit d'un effondrement de cette place symbolique du fait de la banalisation et de la normalisation à outrance de la fonction (Hollande). On s'est étonné qu'il se veuille « jupitérien », mais c'est précisément pour restaurer une autorité politique largement discréditée dont la clé de voûte est en France la présidence de la République. Il a su jouer à merveille de cette ambiguïté et de ce paradoxe de notre lien social contemporain qui est d'être attiré par le fonctionnement horizontal des réseaux démocratiques et associatifs, soit le nœud à trois, et aspiré par le fonctionnement vertical du pouvoir avec un homme providentiel susceptible d'incarner à lui seul les intérêts de la nation, comme naguère le fit en son temps le général de Gaulle, soit le nœud à quatre.

Le nœud borroméen généralisé offre au sujet contemporain la possibilité infinie et réversible de se déplacer entre les deux structures en y prenant appui quand les circonstances s'y prêtent. Aujourd'hui il est clair que le mouvement En marche fait semblant de combiner les deux fonctionnements et les deux structures. C'est de tous les partis celui qui a le mieux saisi la logique structurale en cours dans le lien social et celui qui l'a le mieux mise en œuvre. Les partis traditionnels ont manqué le rendez-vous, non pas avec l'Histoire, mais avec la structure signifiante, en tant qu'elle est écrite dans le réel, et ils ont par-là manqué le rendez-vous avec l'Histoire, car l'Histoire n'est que l'expression de la structure signifiante en acte et en écriture dans les discours, comme l'illustrent à la fois le destin actuel de la jeunesse, la dérive djihadiste et les bouleversements surprenants du paysage politique de la France depuis 2017.

Hegel avait une vague intuition de cet arrimage de l'Histoire à la structure. Au commencement de la deuxième année du quinquennat du président Macron, chacun s'est rendu compte que c'était à nouveau la logique verticale qui prévalait et que le recours à la société civile comme durant la campagne avait été oublié. Deux événements se produisirent qui rendirent les choses difficiles au jeune président : la démission du ministre de l'Environnement et celle du ministre de l'Intérieur. Le discours du maître avec sa verticalité inhérente a semblé vaciller, et le ton du président qualifié d'arrogant par les observateurs à l'endroit des

Français a renforcé parmi les travailleurs et les retraités pauvres un sentiment d'injustice qui s'est cristallisé autour d'une taxe jugée spoliatrice, mais surtout d'une décision. Elle fut un prétexte à la révolte de la partie la plus humble du peuple que la politique générale avait jusqu'alors laissé pour compte. Le vacillement du sceptre jupitérien et le sentiment d'injustice sont à l'origine de l'insurrection des « gilets jaunes ». Mais il est à parier qu'en matière de reprise en main musclée l'offre nationaliste et populiste coïncide encore mieux avec l'aspiration générale des peuples européens. En France, la politique néolibérale qui donne l'impression d'avoir dans sa ligne de mire les plus faibles et les plus exposés risque fort de faire basculer le balancier électoral du côté des résurgences du nationalisme, voire d'une forme moderne de fascisme. Les couches populaires et les classes moyennes disqualifiées vont déserter la démocratie et chercher la protection d'un chef encore plus dur au détriment des libertés publiques. Nous allons insensiblement passer d'un néolibéralisme autoritaire, et sans tabous ! – comme on s'en vante si souvent – à un fascisme assumé, lui aussi sans tabous, et cela dans toute l'Europe. Jeu de balancier entre l'objet a et l'Un. C'est la fin annoncée de l'Europe des Lumières et de l'Europe démocratique. Les élections européennes vont être à ce titre un test pour cette transformation : l'Europe morcelée en nations jalouses de leur indépendance et de leur identité est vouée à ne plus peser d'aucun poids politique face aux États-Unis, à la Russie et à la Chine. L'avenir est aux États puissants et dictatoriaux, et pourquoi pas néolibéraux.

Pour l'heure ce qui se dessine comme avenir, c'est la perversion généralisée fondée avec le discours capitaliste en plein essor sur la jouissance de l'objet et la haine d'autrui. Elle s'accompagne d'une disqualification de la sexualité masculine qui va de pair avec la disqualification de la sexualité en général. Cette disqualification de la sexualité intervient avec l'affirmation d'un matriarcat de plus en plus sûr de lui dans les institutions et les entreprises. Mais la grande originalité de notre période vient surtout du fait que ce matriarcat décomplexé s'accompagne d'une aspiration collective à un ordre de fer manifeste avec l'arrivée au pouvoir, ou à proximité de ce pouvoir, dans tout le monde occidental, de partis politiques populistes adeptes de la manière forte et adossés à la xénophobie ordinaire et aux aspirations identitaires des laissés-pour-compte de la mondialisation parmi les classes populaires et les classes moyennes. On voit se profiler à l'horizon l'union sacrée entre les mères, les femmes, dont la législation et la pratique du droit consacrent le pouvoir et le chef, sans doute élu pour représenter dans le lien social cette exception masculine dans l'exercice de l'autorité, déniée aux hommes ordinaires, désormais réduits à leur rôle de phallophores, tout juste supportables à la maison et dans les activités professionnelles. Pour combien de temps encore ? L'émergence de la nomination réelle comme substitut de la nomination symbolique qui naguère régulait les rapports sociaux laisse présager des formes d'exercice du pouvoir dans la société particulièrement féroces, puisque avec la nomination réelle, le Nom-du-Père réclame le sacrifice de la vie et l'autorité ne s'exerce qu'au nom de ce sacrifice. C'est la pulsion de mort à l'état pur qui est mise au service de la politique. La dictature et la violence d'État ont de beaux jours devant elles. Ce n'est pas l'Histoire qui permet de le prédire, mais la structure en acte du nœud borroméen généralisé. Le djihadisme et le populisme autoritaire vont tous les deux dans le même sens : ils mettent en scène un pouvoir tyrannique qui dit à chacun pourquoi il faut se sacrifier et mourir. C'est la jouissance suprême.

Par ailleurs ce qui se passe dans certaines associations de psychanalystes est prémonitoire des évolutions sociales en cours, où l'on constate que le pouvoir du chef se renforce avec celui des femmes qui ont choisi le chef pour asseoir leur pouvoir sur le groupe. À ce titre, si depuis Freud la transmission par filiation symbolique a été l'un des schémas prégnants de la transmission de l'autorité au sein des groupes analytiques, on peut s'interroger sur l'efficacité de cette transmission si finalement tous les fils symboliques putatifs, ceux qui ont à la fois l'expérience et l'assise clinique et théorique, en sont sauvagement écartés au profit d'un pouvoir féminin dont rien ne garantit dans le contexte néovictorien qui est désormais le nôtre qu'il sera mieux inspiré qu'une autorité dont les fils auraient pu hériter. On assiste aujourd'hui à la tentative de transmettre la psychanalyse par les filles : les précédents d'Anna Freud et de Marie Bonaparte, mais aussi d'une certaine façon de Judith Miller devraient nous alerter et inciteraient plutôt à la prudence sur les risques que comporte une parole féminine entièrement assujettie à la transmission d'une autorité confondue avec l'exercice tyrannique du pouvoir. Mais, nous dit-on, les femmes peuvent et savent servir, là où les hommes ne servent pas, ou mieux ne servent à rien.

On voit aussi ce que signifie ce service, voire ce servage, dans le contexte de perversion généralisée qui est le nôtre et auquel la psychanalyse n'échappe pas. Mais plutôt que de sacrifier à la logique d'un discours décliniste que tout semble venir justifier dans les faits et plutôt que d'abonder dans le sens mélancolique de la pulsion de mort généralisée à l'ensemble du lien social et politique, il est temps d'indiquer ce qui dans la structure s'oppose à ce qui paraît être un irréversible déclin vers des organisations matriarcales et autoritaires. Car ce qui évolue dans un sens peut évoluer dans le sens contraire, pourvu que viennent jouer dans la parole des signifiants qui rappellent collectivement ou individuellement son inscription symbolique au parlêtre.

Lacan a mis en évidence la structure signifiante avec la théorie des discours et la topologie des nœuds. C'est à travers cette écriture en acte que l'on peut approcher ce qui caractérise la jouissance contemporaine : elle est certes animée par la perversion, mais elle tend à mettre en jeu désormais non plus seulement la jouissance, mais la structure signifiante dans son intégralité, en en suivant les conséquences symboliques pour le lien social. Cela pourrait signifier que la destruction, la dérive fasciste et la consumation que porte en lui-même le discours capitaliste se trouvent désormais tempérées par un jeu inconscient qui modifie l'économie de la jouissance au profit d'une logique plus profonde, où cette jouissance n'est plus au premier plan, mais d'autres ressorts. Est-ce l'esquisse ici d'un nouveau lien social, affine avec les transformations du nœud borroméen dans le discours politique et social, bref l'avènement – certes non voulu et non recherché – d'une approche de l'objet de jouissance qui serait moins aliénée que celle que nous avons pu constater au-dessus ?

Le nœud borroméen généralisé qui à notre sens figure le lien social est une structure instable : il peut donner naissance à la nomination réelle de telle sorte que la nomination réelle l'emporte sur la nomination symbolique ; et c'est la tyrannie du dogme nationaliste, religieux, communautaire qui l'emportera, et un appel à la haine de l'autre et au sacrifice. C'est une des possibilités inscrites dans la structure, mais ce n'est pas la seule. Il peut aussi y avoir un retour au nœud borroméen à trois qui permette avec l'exercice de l'autorité plus de jeu dans l'échange social.

Regardons comment peut se transformer un nœud à quatre en nœud à trois. S'il le fait, c'est par l'effet du symbolique lui-même, par l'usage que les parlêtres sont capables de faire de la parole dans le lien social. Le nœud à quatre se transforme en nœud borroméen généralisé. À ce stade de la recherche il est facile de voir qu'un nœud borroméen généralisé ne ressemble pas à un nœud borroméen simple.

Avec le nœud borroméen généralisé, il n'y a d'abord pas de coinçage de l'objet, comme si avec lui il n'était pas possible de faire l'expérience du trou que constitue l'objet de la même façon qu'avec le nœud borroméen simple. En outre, l'aire des jouissances ne s'y trouve pas inscrite : c'est en tout cas l'usage qu'en fait Lacan dans *La Topologie et le temps*. Non seulement il n'inscrit pas le nom des dimensions qui sont en jeu (nulle part ne sont les lettres R, S, I), mais les jouissances ne s'y trouvent pas inscrites par Lacan. On est donc conduit à faire des hypothèses elles aussi assez simples : les jouissances viennent s'inscrire à la jonction des dimensions R, S et I comme dans le nœud simple, et la coloration qu'elles prennent dépend du lien ou non entre ces différentes dimensions. Dans le nœud à trois qui pour le jeune djihadiste Hamza fait naître le nœud à quatre, pourvu de la dimension de la nomination réelle en forme d'impératif destructeur, c'est l'imaginaire mâtiné de nomination symbolique qui occupe la place centrale entre le réel et le symbolique. Les deux jouissances qui prévalent sont le sens ou la « j'ouïe-sens » ou bien la jouissance Autre. Ce qui correspond bien avec cette recherche de sens qui vient remplacer chez lui la jouissance phallique. La jouissance Autre est aussi présente dans cette façon qu'a cet adolescent de venir s'abolir dans un ailleurs sans limites qui finit par trouver cette limite dans l'impératif communautaire et sacrificiel.

Dounia Bouzar a réussi par une succession d'entretiens à ramener cet adolescent vers ses parents, c'est-à-dire à disloquer la nomination réelle dans laquelle Hamza était pris. On peut supposer qu'elle a opéré un chemin inverse, et qu'elle est revenue vers le sens et la jouissance Autre, puis la nomination symbolique, en incitant l'adolescent à s'intéresser à ses souvenirs d'enfance en une sorte de commémoration des inscriptions qui avaient été les siennes. Il a peu à peu échappé à l'emprise du discours djihadiste. Elle s'est fait aider par des repentis qui ont fait valoir à cet adolescent toutes les illusions que ce discours idéaliste du djihad avait véhiculées pour eux-mêmes et comment eux-mêmes en étaient revenus. Hamza les a entendus et a été persuadé de la vanité de son propre engagement. La conséquence, c'est que la nomination réelle a cessé d'exercer la moindre attraction sur l'adolescent.

Ce mouvement indique en particulier que le travail de Dounia Bouzar a, dans bien des cas, porté ses fruits, loin de la rumeur médiatique qui a dénoncé à tort son inefficacité, sans voir l'immense travail que cette démarche a supposé. Il est encore regrettable aujourd'hui qu'une femme qui a été menacée dans sa vie et dans celle de ses proches ait été littéralement traînée dans la boue par les médias qui l'avaient encensée quelques mois auparavant et par les universitaires spécialisés dans le djihadisme et l'islamisme. Comme il est de tradition dans l'université française, ces derniers ont vu en elle une rivale susceptible de leur enlever la visibilité médiatique à laquelle ils prétendaient seuls en tant que spécialistes, et d'empiéter sur ce qu'ils considéraient comme leur pré carré intouchable et réservé dans le champ du savoir universitaire et des sciences politiques. Contrairement à eux, son exposition dans les médias pendant les événements tragiques des années 2015 et 2016, alors que ces spécialistes patentés osaient rarement s'y aventurer et y prendre une parole publique, avec un certain brin de lâcheté, fut à l'origine pour elle de sa traque sans merci par les émules de Daech en France, et c'est de justesse qu'elle a échappé à deux attentats ciblés contre elle. Il faut saluer son courage.

En tout cas la réversibilité du nœud à quatre vers le nœud à trois indique que c'est cliniquement possible ; ça l'est donc sur un plan plus général d'un point de vue politique. Pour le dire autrement, il est possible de passer d'une structure où prédominent l'impératif tyrannique et la pulsion de mort à une structure où le sens et la jouissance Autre reprennent leurs droits. Il n'est pas exclu qu'un travail supplémentaire individuel ou collectif permette de réinscrire la nomination symbolique, comme je le montre sur les dessins successifs exposés plus haut qui permettent de rendre compte de cette expérience.

Il reste que la structure qui rend possible l'introduction d'une démarche dialectique dans la parole est le nœud borroméen généralisé ou le nœud borroméen simple. Il n'est d'ailleurs pas possible de passer de l'un à l'autre sans chirurgie opérée sur la dimension centrale du nœud borroméen généralisé, et ce n'est pas l'objet de cet ouvrage que d'en parler.

Notre conclusion au terme de ce parcours voudrait montrer tous les ressorts dialectiques dont est revêtu pour nous le nœud borroméen à trois, et en particulier dans la dimension de sa mise en œuvre politique, quand cette mise en œuvre est possible.

Il y a sur la question de la démocratie dans les écrits de Jürgen Habermas, ceux qui suivent Mai 68, les prémices d'une autre idée de l'Histoire politique de l'Europe et de son destin. C'est d'abord ce choix éthique de l'espace public et de la discussion argumentée et persuasive entre opinions, partis et associations divers pour faire avancer les affaires de la cité démocratique, un héritage qu'il reprend aux Athéniens et à ce l'on a appelé le miracle grec : celui d'une démocratie de citoyens égaux devant la loi et débattant en assemblée des affaires publiques.

C'est ensuite le patriotisme constitutionnel dont il défend l'idée en Europe. Dans son livre *L'Intégration républicaine* traduit et publié en France en 2014, il s'interroge sur l'avenir des États-nations en soulignant que le socle des droits et des devoirs contenu dans les constitutions démocratiques européennes donne naissance à une citoyenneté dégagée de l'enracinement ethnico-culturel des nations historiques de l'Europe et ancrée sur la seule adhésion volontaire à la constitution. Non pas qu'il s'agisse de nier l'enracinement ethnico-culturel des identités auquel chacun est attaché, parfois de façon forcenée, mais que cet enracinement vital sur le trait d'identification (si fondamental pour Freud) religieux, régional, national, ethnique, culturel, associatif ou groupal se trouve toujours en Europe tempéré par l'idée d'une appartenance à des liens politiques de citoyenneté qui ne se laissent pas enfermer dans le glacis identitaire de l'identification à un groupe et à un chef. Cette identité-là, qui n'en est pas une, ne repose que sur la seule nécessité du trait d'identification à quelqu'Un, sans préjuger de son contenu spécifique. C'est certainement un progrès en politique, celui qui fut accompli par l'Europe démocratique, et avec elle par la psychanalyse. Pourquoi ne pas penser que ce qui vaut pour des États ne vaudrait pas pour une institution de psychanalystes, soit cette référence au droit et à la citoyenneté ?

Habermas n'est-il pas sur ce point l'héritier contemporain de ces pages magnifiques de *La Politique* d'Aristote, où le Stagirite fait du citoyen libre le pivot de tout système constitutionnel digne de ce nom et de la constitution politique le seul socle identitaire admissible pour les Grecs ? Que ne les relisons-nous aujourd'hui ? C'est la tradition même de notre pensée politique et de celle de Jürgen Habermas.

Il y a aussi des opportunités pour construire des alternatives politiques ouvertes. Même si le Printemps arabe a le plus souvent dégénéré dans des catastrophes politiques qui étaient prévisibles, la révolution en

Tunisie a gardé la saveur native d'un espace public largement structuré par le Net, ouvert à la discussion et aux échanges, portés par la jeunesse, renversant la dictature. C'est sans doute grâce à la vivacité de cette construction en acte de la démocratie que la Tunisie a pour l'instant échappé à l'emprise de l'islamisme radical, offrant au monde arabe l'exemple d'une transition réelle vers un système dont la constitution n'a rien à envier aux constitutions européennes.

À ce titre, l'idée que c'est à la parole et aux liens transférentiels établis entre les sujets qu'il faut faire confiance est une idée de Freud, reprise dès son premier séminaire par Lacan, et l'insistance de Jürgen Habermas sur le fait que cette parole puisse être performative, c'est-à-dire faire acte dans l'espace public, ne cesse jamais d'être d'actualité. Toute l'Europe politique s'est construite depuis les Grecs sur le crédit accordé au *logos*, et la psychanalyse par excellence. Voilà une façon politique de triompher de la pulsion de mort, si l'on admet que la pulsion de mort travaille les groupes et soumet ces groupes aux turbulences habituelles de la haine et de la destruction.

De ce point de vue le nœud borroméen découvert par Lacan dans les années 1970 permettrait aux politiques, s'ils voulaient y prendre appui, de mieux situer l'usage de cette parole, de cette dimension dite symbolique. Ils y constateraient que l'autorité qui repose sur la jouissance phallique et la loi du père se trouve tempérée par l'altérité, c'est-à-dire une jouissance Autre, susceptible de soutenir ce qui n'est pas réductible à cette autorité et à la puissance du phallus, une jouissance dite féminine, mais qui grâce à son inscription dans le nœud est aussi l'apanage des hommes, comme la jouissance phallique peut être l'apanage des femmes.

Ce n'est qu'en introduisant à nouveau entre le réel de l'action et de la mise en acte et l'imaginaire de nos représentations ce moyen terme qu'est le symbolique, soit la parole et la discussion, que grâce à cette dimension garante de l'autorité et tendue vers l'altérité les conditions d'une communauté politique seront à nouveau réunies.

Le symbolique, comme moyen terme entre le réel et l'imaginaire, est déjà une idée de Lacan dans *Les Non-Dupes errent*, et cette position médiatrice et médiane permet de faire entendre qu'il est un des Noms-du-Père à côté de ces deux autres que sont le réel et l'imaginaire. Dans le nœud à trois, Lacan se passe très bien d'un rond quatrième qui existerait comme une exception dans la chaîne. Chaque Nom-du-Père, R, S, I, fait exception puisqu'il noue les deux autres ensemble et il n'y a pas besoin d'au-moins-une instance quatrième pour faire tenir le nœud. C'est un fait de structure simple à repérer.

Le moyen terme est aussi et déjà un souci d'Aristote dans *Éthique à Nicomaque*, quand il l'évoque à propos de la vertu. Le courage est par exemple un moyen terme entre la lâcheté et la témérité. C'est donc dans la juste mesure d'une dimension qui s'impose comme un moyen terme entre deux extrêmes que Lacan va lui-même situer dans *Les Non-Dupes errent* la dimension tierce qui intervient comme médiation nécessaire entre les deux autres et permet le nouage. Ici c'est le symbolique qui est un moyen terme entre l'imaginaire et le réel et introduit pour le sujet humain la tempérance de l'altérité et de la discussion.

La référence à l'autorité de quelqu'Un d'exception qui donnerait l'illusion d'une communauté totale close sur elle-même grâce aux traits à laquelle cette communauté s'identifierait pourrait ainsi utilement être remplacée par le jeu dialectique de la parole, celui du symbolique, avec l'altérité du réel et de l'imaginaire ouverte aux différents sujets. C'est exactement ce que suggère l'espace de la discussion proposé par Jürgen Habermas, lorsqu'il parle d'espace public démocratique. Les psychanalystes pourraient s'en inspirer pour leurs institutions et les citoyens pour leurs communautés politiques. Ils commencent déjà à le faire, même si la démocratie et la liberté d'expression ont très mauvaise presse parmi eux jusqu'à suggérer l'idée de la sédition et de la trahison, alors que le jeu démocratique, c'est celui des opinions qui divergent et parfois s'opposent sur un même objet, l'objet a par exemple. Sans la démocratie et sans l'association libre, il n'y aurait tout simplement pas de psychanalyse possible. Lacan d'ailleurs disait de lui-même qu'il était libéral, et c'est clairement à cette tradition qu'il se référait pour parler de ses choix politiques, quand il s'adressait en 1968 aux étudiants maoïstes de son auditoire. Pouvons-nous aller vers une association organisée par le nœud borroméen ? Est-il séditieux de poser cette question au-delà des luttes politiques pour le pouvoir bien compréhensibles, quand il y a plusieurs ambitions dans la course à l'échalote ?

Peut-être faudrait-il dire auparavant que la psychanalyse depuis Freud n'a pu se transmettre de maître à disciple que par filiation symbolique. Mais c'est sans doute un peu trop vite dit. Freud a échoué dans cette transmission avec Jung et avec d'autres. Il s'est rabattu sur une solution qui a finalement montré ses limites avec sa tentative de transmettre son héritage intellectuel et clinique à sa fille Anna, pour le meilleur et surtout pour le pire. C'est vrai qu'il est apparemment plus facile de transmettre sa parole aux femmes et aux filles, quand on est un maître. Cette transmission qui vient arrondir les angles peut comporter précisément des angles morts qui ne se laissent pas toujours apercevoir et qui tiennent au réel de ce qui est en jeu sur la question des jouissances précisément. Dès l'époque de Freud la psychanalyse a dérivé lentement mais sûrement vers le savoir universitaire et un gauchissement de sa pensée avec lequel Lacan a dû rompre avec pertes et fracas, sans solution de continuité avec les tenants de l'orthodoxie freudienne. Il fallait sauver Freud du freudisme, faudra-t-il sauver Lacan d'une pseudo-orthodoxie lacanienne et du savoir universitaire qu'elle semble sécréter naturellement ?

En tout cas, il est clair que la pensée de Jacques Lacan est issue d'une rupture avec les orientations pour le moins problématiques qu'Anna Freud et Marie Bonaparte entre autres ont essayé de donner au mouvement psychanalytique, au mépris de la pensée de Freud lui-même. Et il est difficile de croire que la filiation symbolique s'est poursuivie uniformément de Freud à Lacan, sans faire l'impasse sur la rupture qu'a supposée le déploiement du séminaire de Lacan à ses débuts avec ceux qui se considéraient comme les héritiers par filiation directe de la pensée de Freud. La rupture de Lacan avec l'ego-psychologie s'est faite contre les disciples supposés orthodoxes de Freud. La transmission par primogéniture spirituelle, comme dans la monarchie française, est un modèle qui ne convient pas du tout au mouvement psychanalytique, et la façon dont à l'issue de la dissolution de l'École freudienne de Paris chacun s'est revendiqué comme l'unique héritier du maître en droite ligne montre surtout que, si transmission il y a eu des maîtres aux élèves, elle tient à la conviction dans de nombreuses associations que l'on est le seul fils légitime à revendiquer l'héritage du maître contre tous les autres prétendants par la seule foi en sa propre parole, fût-ce pour en brader l'héritage, comme la topologie des nœuds qui gêne bien sûr tout le monde aux entournures.

La conviction d'être le seul héritier-interprète légitime de Lacan peut se défendre d'un point de vue éthique, mais elle se présente surtout comme un postulat auquel les autres sont toujours sommés de croire au nom d'un transfert dès lors exigible et obligatoire, invités qu'ils sont, s'ils émettent des réserves, à se soumettre ou se démettre, à écrire comme on veut. C'est en particulier cette logique qui règne à l'École de la Cause et aux forums. Beaucoup ont fui l'École de la Cause et ont rejoint d'autres associations il y a quelques années en raison du souffle de liberté que naguère ils sentaient passer ailleurs. On est loin de cette époque, et les lieux d'invention ont été rattrapés par le démon de l'orthodoxie qui dénature l'héritage de Lacan et font oublier que la psychanalyse ne peut se confondre avec le discours du maître, ou d'un maître absolu, au choix.

Peut-être y a-t-il moyen de penser autrement la question de la transmission et de l'autorité en raison de l'avancement de nos travaux ?

Déjà, dans le mouvement analytique se font jour des expériences de gouvernance où la référence à un fondateur d'exception, à un leader ou à un chef ne fonctionne plus comme une norme irréfragable. En lieu et place de la logique de l'exception fonctionne l'alternance des places, qui est une mise en acte du nœud borroméen à trois avec cette ouverture qu'il permet à la pluralité des Noms-du-Père. Cela ne signifie pas que l'autorité que confère une présidence d'association ou un secrétariat, voire une place de fondateur, soit rejetée ou déniée, mais l'administration du groupe est soumise à l'usage du tirage au sort, comme dans l'Athènes démocratique, et personne au sein des associations qui ont promu ce système ne songerait à s'approprier l'autorité comme un pouvoir au nom d'une supposée transmission par filiation symbolique directe ou primogéniture symbolique. La question du fondateur n'est pas éludée, mais elle se trouve amodiée par l'alternance des dimensions R, S, I dans le nœud, c'est-à-dire celle des places, et les enjeux de pouvoir réels qui sont incontournables dans n'importe quel groupe ne dépassent pas le terme d'un mandat tiré au sort. Chacun exerce la fonction que le hasard en figure d'Autre lui aura réservée, ni plus ni moins, et abstraction faite des préférences des uns ou des autres pour telle ou telle fonction, voire des sentiments que les uns portent à tous les autres.

Il est bien sûr d'usage de faire reposer l'exercice de l'autorité dans les associations de psychanalystes sur le sacro-saint transfert, élargi au transfert de travail. Mais il est clair que si une fin de cure aboutit logiquement à ce qu'on nomme d'un terme brutal et inapproprié « la liquidation du transfert », il est peut-être aussi logique de s'attendre de la part des psychanalystes à ce que ce ne soit pas le transfert.

Penser le politique par rapport à l'éthique de la psychanalyse

Freud et Lacan se sont comportés comme des chefs, chacun à leur manière, sans trop de complexe, écartant ceux qu'ils voulaient évincer et promouvant leurs fidèles. C'est vrai de toutes les associations de psychanalystes en exercice aujourd'hui où domine un leader historique au nom d'un transfert de travail collectif.

Les prises de position de Lacan dans *L'Éthique de la psychanalyse* sont sur ce point particulièrement nettes et honnêtes. Je les rappelle en quelques mots. Il n'est pas rare qu'une politique menée par un chef au nom du Bien – celui de la cité ou de toute autre entité civile – flirte avec la tyrannie et vienne heurter de plein fouet le désir de ceux qui sont censés obéir à ce chef : si Créon dans la tragédie de Sophocle rencontre opposition et refus, nous dit Lacan, c'est qu'il exerce son pouvoir au mépris des lois non écrites – *agrapta* dans la pièce de Sophocle, disons les lois de la parole – que les dieux eux-mêmes ne méconnaissent pas. Il faut respecter la dépouille mortelle d'un ennemi, même si c'est un ennemi, au nom des liens symboliques qui le relient à sa filiation paternelle et à sa fratrie, et le jusqu'au-boutisme qu'il provoque chez celle qui était censée le servir, Antigone, jusqu'au désir pur, dit Lacan, érigé en désir de mort pur et simple, est la réponse logique à ce que Lacan situe explicitement dans le séminaire sur l'éthique de la psychanalyse comme une trahison, celle du pacte symbolique sur lequel repose toujours l'alliance des sujets désirants à l'intérieur d'une communauté politique.

C'est la question éthique posée par la gouvernance au nom du Bien supposé ou réel grâce à laquelle Lacan en profite pour dire que la seule faute d'un sujet, ce serait dans ce cas de céder sur son désir, ce qui signifie aussi dans ce contexte céder sur son inscription dans une certaine filiation, sur l'inscription d'un ou des Noms-du-Père pour soi. Notons que la question de l'éthique en psychanalyse a pour Lacan directement affaire avec la trahison. Charles Melman l'a bien souligné dans de récents éditos publiés sur le site de l'Association lacanienne internationale. Elle est centrale dans ce séminaire. À ce propos, remarquons que la pièce de Sophocle met en scène deux trahisons de natures bien différentes, celle d'Étéocle aux yeux de Créon, puisqu'il a trahi sa cité en choisissant d'affronter le tyran, celle de Créon à l'endroit des lois de la parole.

Étéocle a trahi la cité. C'est d'ailleurs pour cela que Créon lui refuse tout respect et toute sépulture, en laissant exposer son cadavre à la merci des oiseaux de proie. Aux yeux du tyran, est un traître celui qui se révolte contre lui et porte contre lui les armes. Il ne mérite alors, pour le chef, aucun respect, ni dans les paroles ni dans les actes. Dans le même esprit les régimes totalitaires se sont fait d'ailleurs une spécialité d'orchestrer des parodies de procès où les traîtres supposés à la cause – parce qu'ils avaient fait état d'une dissidence – ont été désignés comme des social-traîtres, exclus et souvent punis de mort. Lacan prononce son séminaire en pleine guerre froide. Dieu merci, nous n'en sommes plus là. Mais il y a pour Lacan une trahison plus grave, où ce qui se joue est le lien d'un sujet à sa filiation symbolique : c'est l'acte que perpétue Créon, en refusant toute sépulture à Étéocle et en emmurant vivante Antigone. L'atteinte est directement portée au lien de filiation qui unit Antigone à son frère, c'est-à-dire aux lois de la parole, justifiant pour Lacan la position « à-bout-de-course » et radicale d'Antigone. Car cette forme-là de la trahison est une atteinte portée aux lois de la parole, bien entendu antinomique de l'éthique de la psychanalyse. Le tyran n'a d'ailleurs aucun égard à l'inscription du Nom-du-Père pour un sujet, il ne la respecte pas chez celui dont il bafoue la dépouille mortelle et l'inscription symbolique et chez celle qu'il emmure vivante, en lui promettant une solitude absolue et une mort certaine à petit feu en punition de son acte de révolte au Nom-du-Père. C'est la définition même de ce qu'est un tyran. Il y a mille et une manières pour un tyran de bafouer l'inscription symbolique d'un sujet.

Mais c'est à propos de cette expérience de l'entre-deux-morts que Lacan évoque l'expérience de la fin de la cure, et c'est toujours de cette expérience-là que naît pour un sujet la position du psychanalyste, de cet entre-deux-morts où il désespère, comme Antigone, d'avoir dû quitter si tôt ses amis, ses proches, la vie, ses bienfaits et ses plaisirs et où il anticipe sa propre mort toujours prochaine et l'affronte avec clarté. Pur désir, dit Lacan. Position de perte radicale, imbrisable, nous dit Lacan, et invincible à cette extrémité. En réalité, Créon ne peut rien contre Antigone, et c'est elle qui triomphe de lui du fait même de la structure du désir. Lacan parlera plus tard du désêtre auquel conduit la cure analytique. Le désêtre suppose la traversée de l'entre-deux-morts. Une fin d'analyse est donc à ce titre parfois comparable à la sortie *in extremis* d'un camp de concentration. Il faut relire ce séminaire, je n'ajoute rien, je reprends ce que dit Lacan.

Toute cette réflexion de Lacan sur l'éthique de la psychanalyse s'inscrit bien sûr dans la continuité d'une autre réflexion de Lacan menée à cette occasion sur ce qui serait une position juste du sujet face au fascisme et aux régimes totalitaires. On en trouve des traces très claires dans ce séminaire. C'est cette éthique, me semble-t-il, dont une association de psychanalystes devrait toujours se porter garante, car c'est exactement ce que signifie : ne pas céder sur son désir, seule règle applicable dans notre institution pour ne pas commettre une faute contre la psychanalyse et contre soi-même. Si cette institution refuse de s'en porter garante, alors c'est qu'elle n'est plus une association de psychanalystes, autre chose peut-être, un conglomérat d'intérêts convergents ou divergents, une boutique avec des baux plus ou moins commerciaux, un syndic de propriété peut-être, mais pas une association de psychanalystes. Malgré les apparences, les associations de psychanalystes ne sont pas encore des syndics de copropriété, même si parfois la violence de leurs débats et les attaques *ad hominem* jusqu'au meurtre symbolique auxquelles elles donnent lieu y font cruellement penser.

À ce stade du raisonnement, je souhaiterais dire aussi que l'identification au chef ou à un supposé père symbolique avec le transfert collectif de travail qu'elle comporte ne peut donc plus servir d'argument d'autorité, précisément parce que ces deux dimensions sont supposées disparaître au terme d'une analyse. La place de l'Autre est vide, et il faut reconnaître à Charles Melman le mérite éthique de nous l'avoir rappelé tout au long de son enseignement. On objectera que ne disparaît jamais le discours du maître. Mais c'est une chose de faire reposer le discours du maître sur l'exception d'un leader historique et c'en est une autre de faire reposer ce discours du maître sur l'alternance des places, comme nous y invite le nœud borroméen simple. Il y a là deux usages du transfert et du discours du maître bien distincts.

On va aussi objecter à cette idée d'alternance des places qu'elle ouvre la porte à une politique de la médiocrité où n'importe qui, sans qu'en particulier son savoir ne l'y prédispose par rapport aux autres, peut accéder à une position de maîtrise, au mépris de ceux qui véritablement savent ce dont ils parlent et qui sont plus capables du point de vue de l'éthique de la psychanalyse.

L'objection est sérieuse et mérite qu'on y réponde sérieusement. Si l'exercice de l'autorité nécessite en psychanalyse et plus largement en politique des garanties en termes de savoir, de savoir psychanalytique en l'occurrence, il convient de munir l'institution d'une instance qui garantisse pour tous ceux susceptibles d'exercer cette autorité que ce savoir est ou a été présent en eux à un moment donné : il s'agit de constituer un collège de psychanalystes au sein duquel se fera le tirage au sort politique à partir d'une expérience qui aura été jugée authentique du parcours analytique. Ce collège doit être bien sûr suffisamment élargi, pour ne pas être réservé à une élite.

Ce qui évidemment remet au goût du jour la passe, le jury de la passe et les passeurs, comme un fonctionnement qui doit être articulé à l'autorité politique dans l'institution : ce n'est qu'à condition d'avoir fait une certaine épreuve dans la cure de ce qu'est une fin de cure aboutie et de pouvoir en témoigner devant quelques autres que l'on peut être tiré au sort parmi les membres du collège des psychanalystes admis à cette épreuve.

Inutile de dire qu'un tel dispositif n'est sans doute pas transposable au lien social ; mais lorsque, aujourd'hui, des associations se constituent, à côté des inévitables luttes de pouvoir qui se font jour entre leurs membres, il y a bien cette idée que l'association est orientée vers un but qui repose sur le savoir de ses acteurs, et que son bon fonctionnement repose sur l'expérience d'un savoir qui n'est pas universitaire, mais qui tient à l'existence même du sujet. C'est la seule garantie que l'on doit attendre d'une association de psychanalystes.

Il est certain que l'échange et le débat dans les associations font surgir un savoir collectif dont nous avons la trace dans les comptes rendus : les acteurs de ces débats avancent souvent ensemble et la logique collective qui s'en dégage est un des acquis de la démocratie. Ce fut aussi et en particulier le cas dans notre association où la topologie des nœuds a durant dix ans pris son essor et infusé dans l'esprit de tous les participants aux colloques successifs consacrés à la topologie dans ses rapports avec la clinique. C'est un acquis non négligeable, qui procède directement d'un certain usage collectif du nœud borroméen.

C'est sur ce modèle associatif que repose sans doute l'avenir de notre lien social : la preuve de la robustesse de ce modèle, c'est qu'au moment où les militants désertent les partis politiques traditionnels et les syndicats, ils se retrouvent en masse dans les associations de bénévoles où la réalisation d'un certain bien commun constitue un but en soi poursuivi par les membres de l'association, sans que la question du pouvoir et de l'autorité soit mise au premier plan. C'est sur ce modèle borroméen que doit désormais se structurer l'espace social et politique, et déjà celui de nos associations de psychanalystes, pour rompre avec la tradition du leader autoritaire et charismatique qui, si la tendance ne s'inverse pas dans le champ politique contemporain, risque de faire des ravages. C'est l'enseignement que nous pouvons tirer des partis populistes en Europe aujourd'hui. Lacan, me semble-t-il, nous permet de rompre avec cette tradition.

V. Y A-T-IL UNE JUSTE INTELLIGENCE DE LA JOUISSANCE ?

Notre bêtise ordinaire

Si je me pose encore cette question au terme de ce parcours, c'est que j'ai toujours des doutes sur la pertinence des réponses apportées par cet ouvrage ; il est vrai que Lacan a commenté le pari en indiquant que « l'étanchage de l'objet a » par le sujet, névrosé ou pas, ne pouvait pas être une solution et que « le jouir de la mère est interdit », mais la question est sans doute de savoir ce que signifie pour un sujet « ne plus jouir de la mère », ne plus être esclave de l'objet, ne plus vivre dans l'enfer de la jouissance que nous promet le pari de Pascal et qui semble être devenu notre lot commun aujourd'hui avec la perversion généralisée dont nous parlions plus haut.

Nous écarterons d'emblée une façon d'entendre la question qui mène à une impasse. Si l'on définit l'intelligence comme le font bon nombre de dictionnaires comme la faculté de comprendre, disons que cette compréhension que nous aurions risque plutôt de nous fourvoyer. Lacan avertit dès le séminaire III, *Les Structures freudiennes des psychoses* à propos de la clinique, que le praticien doit se garder de comprendre trop vite, alerté par les effets de méconnaissance de toute une clinique prompte à donner un sens aux faits cliniques sans en considérer la structure : aller droit vers le sens psychologique ou métapsychologique au mépris des faits de langage, vouloir comprendre à tout prix à l'aide de concepts vaguement explicatifs, sans aucune attention à ce qu'énonce le sujet, voilà ce contre quoi dès le début de son enseignement Lacan nous met en garde. Ce n'est pas un hasard si Lacan se méfie du sens jusqu'à la fin de cet enseignement, jusqu'à *RSI*. Ne le voit-on pas inscrire dans le nœud borroméen à trois le sens à la jonction de l'imaginaire et du symbolique et au bord du réel, c'est-à-dire entre autres au bord de l'aire des jouissances phalliques et Autre, que le sens est supposé pouvoir expliquer. S'il qualifie de j'ouïe-sens cette aire du sens, c'est sans doute pour souligner que sur cette aire de recoupement du symbolique et l'imaginaire il y a bien une jouissance en jeu qui passe par l'ouïr du sens. Mais il ne s'engage pas sur la nature de cette jouissance, sinon pour souligner à plusieurs reprises qu'elle est source de méconnaissance pour le sujet, qu'elle est le lieu par excellence d'une forme ordinaire d'aveuglement. « L'inconscient, c'est que l'être, en parlant, jouisse et, j'ajoute, ne veuille rien en savoir de plus[15]. » Il y a une jouissance du sens qui ne veut strictement rien savoir de ce qui cause cette jouissance dans les mots qu'il prononce. Cette phrase s'applique au patient et au clinicien, et le désir de comprendre n'est qu'une des multiples façons dont le sujet cherche à se défausser d'une véritable écoute de ce qui cause sa jouissance.

Lacan a insisté durant trente ans sur le fait qu'il n'y avait dans le sujet strictement aucun désir de savoir, aucune volonté naturelle de sortir de l'aveuglement et que le destin ordinaire du sujet était la pure et simple méconnaissance de soi sur soi et les autres. Il est tout à fait remarquable à ce propos qu'il développe comme peu de philosophes l'ont fait avant, aveuglés qu'ils sont par le mythe d'une conscience souveraine et transparente à soi-même, une véritable typologie de la méconnaissance radicale du sujet sur ce qui le détermine : cela va d'une caractérisation de la bêtise, en passant par l'épinglage de sa forme la plus radicale qu'est la connerie, en passant par la débilité mentale. Nous ne voulons rien savoir et nous nous en contentons d'ordinaire, selon ces trois modalités dûment épinglées par Lacan.

Il pose cette question décapante dans *Encore* : « Comment sortir de la bêtise ? » Avant de proposer une tentative paradoxale d'échapper à la bêtise, disons que la bêtise est le lot commun des parlêtres : chaque sujet est plutôt parlé qu'il ne parle. Il y a d'abord ce fameux discours courant que chacun débite, sans réfléchir, en croyant dire des choses nouvelles et intelligentes sur soi et sur les autres et qui se résument à des clichés plus ou moins élaborés, naguère entendus dans les salons mondains et aujourd'hui amplifiés par les médias, qui nous font parler, c'est-à-dire ahaner pour ne rien dire. Le dépotoir des idées reçues que constituent aujourd'hui ces médias, télévision et Internet confondus, est un champ d'épandage où le purin des inepties répandues et admises voisine avec la fleur de l'invention au parfum souvent masqué par la puanteur ambiante. Un prince de la littérature française a donné ses lettres de noblesse à ces « ahaneries » et au style d'apophtegmes qu'elles suscitent

15 Jacques Lacan, *Encore*, Paris, Seuil, p. 95.

chez nous tous, si nous n'y prenons garde. Gustave Flaubert avec son *Dictionnaire des idées reçues* et son *Bouvard et Pécuchet* avait élevé notre dépendance à la bêtise des clichés et des idées reçues au rang d'une expérience anthropologique fondamentale qui simplement montre l'aire immense occupée par le discours courant pour masquer au sujet sa vérité et l'abriter derrière des énoncés convenus. Les psychanalystes ont réussi à faire eux-mêmes de la pensée de Lacan un dépotoir de clichés convenus qu'ils répètent en boucle, sans l'entendre, pour s'assurer qu'ils ont une pensée. Il faudrait faire aujourd'hui un nouveau dictionnaire des idées reçues pour s'apercevoir qu'elles ne manquent pas « d'air-e », pas plus aujourd'hui qu'hier. La bêtise s'en tient à ce qu'elle sait, c'est-à-dire peu de chose, et ne veut surtout rien savoir de nouveau sur ce qu'elle sait déjà. À quoi bon ? C'est notre lot commun.

Notre dépendance aux médias ne facilite pas aujourd'hui notre tâche, qui offre à la j'ouïe-sens de la bêtise un porte-voix inépuisable et assourdissant. Revenons à cette idée qu'un sujet est souvent plus parlé qu'il n'est véritablement capable de parler ; ça parle tout seul. Le langage parle à sa place, et son flux d'idées toutes faites propres à suturer tout effet de surprise, tout accès à l'inouï, au sens où un philosophe comme François Jullien l'entend à juste titre. Lacan dit dans *Sinthome* que le névrosé ordinaire ne se distingue pas du tout sur ce point du psychotique : ses paroles lui sont ordinairement *imposées* et il répète ce « qu'on » dit – à écrire comme on veut. Quelque chose de nouveau et qui n'a pas encore été ouï par le sujet, une invention pour la pensée, quelque chose de tout Autre et qui nous vient de l'Autre, comme une trouvaille inouïe, est-ce possible ? Lacan parlait à ce propos d'un signifiant nouveau, propre à faire découvrir du nouveau à celui qui parle. En sommes-nous capables ?

Convaincus

Nous en sommes capables, lorsque la bêtise s'approfondit en connerie. La connerie est une catégorie anthropologique essentielle : elle domine, et de loin, le champ de la parole et du langage, et les cons brocardés par les humoristes forment une communauté de sujets qui se répondent avec solennité et conviction. Certains rejoignent cette communauté épisodiquement, c'est le cas ordinaire ; d'autres lui appartiennent pour toujours, souvent sans le savoir. À propos du verbe « convaincre », Lacan notait déjà qu'il con-tenait les signifiants « con » et « vaincre », autant dire vaincre par sa connerie celle des autres et se con-tenter de cette victoire de la connerie sur elle-même grâce aux effets merveilleux du langage. La rhétorique de Donald Trump en est un exemple récent et facile, où le cliché raciste se marie si bien avec le cliché sexiste ou la vulgate économique simpliste. Mais son triomphe électoral indique qu'elle est le plus grand dénominateur commun du populisme. Une façon de jouir du sens qui rappelle selon Lacan les vertus que prête le langage populaire audit con, c'est-à-dire à l'organe génital féminin, être totalement dans cette jouissance éprouvée comme entièrement satisfaisante, sans reste, totale et tout à la jouissance de lui-même. Comme si le con dans le langage populaire était incapable de jouir d'autre chose que de lui-même. Il y a bien sûr du sexisme dans ce jugement, mais aussi une solide expérience du sexe et de la jouissance sexuelle : on ne demande pas à une femme de prendre des distances par rapport à son corps et à sa jouissance pendant qu'elle fait l'amour, dans le meilleur des cas elle y est dans cette jouissance pour la jouissance de l'homme qui jouit avec elle. Il y a bien sûr pour Lacan la jouissance Autre qui la décale de ce phallus dont elle jouit dans son corps et qui en fait une pas-toute, pas-toute inféodée à ce phallus dont elle jouit. Mais ce que le langage populaire retient, et Lacan avec lui, c'est que le con jouit tout entier du phallus, et que cela suffit à le fermer à toute expérience de l'Autre, de l'inouï, du différent. Le con est tout entier traversé par le signifiant phallique qu'il étreint sans équivoque, ni ouverture, con-vaincu, aux prises avec une universalité totalisante qui l'aveugle sur les vraies dimensions du réel et qui le vainc comme sujet, en abolissant en lui toute possibilité de critique et toute esquisse d'autocritique. C'est donc une forme commune de notre jouissance du signifiant que cette bêtise qui s'approfondit en connerie et dont les hommes et les femmes partagent d'ailleurs ensemble le doux privilège : les uns parce qu'ils exhibent avec fierté dans leurs paroles leur membre qu'ils désignent à la terre entière comme étant le plus long et le plus gros ; les autres parce qu'elles attachent audit membre, également dans les paroles qu'elles prononcent, des vertus totalisantes et radicales, et ce n'est pas parce qu'elles en sont privées qu'elles n'en font pas usage. Au contraire aujourd'hui une femme manager doit exceller à en faire usage, mieux que les hommes bien sûr. On le lui demande, au nom de la parité ! Elles sont tranchées, dit-on, et l'on craint à juste titre de venir troubler la surface lisse de leurs convictions bien arrêtées. Chacun des sexes sait ainsi être con à sa manière, avec une nuance d'infatuation solennelle pour les hommes et un soupçon de sauvagerie pour les femmes. La connerie est une affaire de jouissance phallique qui tourne à l'exclusive et qui rend sourd à tout ce qui est Autre. La crise récente qu'a traversée une association connue de psychanalystes l'a récemment montré jusqu'à plus soif.

Débilité mentale

Quel masque la bêtise peut-elle aussi prendre ? Celui assez fréquent de la débilité mentale. Le débile mental est idiot dans le discours où il est sollicité : il ne sait pas répondre aux injonctions qui lui viennent de l'Autre dans un certain registre de langage et ne répond que par l'idiotie, qui selon l'étymologie grecque ne cherche à faire valoir que l'idiotisme d'une singularité sans rapport avec l'Autre. Mais Lacan étend cet aperçu de la débilité mentale à tout un chacun, lorsque le sujet ne répond pas à la place où il est attendu dans un certain discours, mais à côté, en arguant par exemple d'un autre discours, alors qu'il n'est pas en situation de le vivre et de le représenter.

C'est typiquement un psychanalyste qui joue les maîtres, au moment où il doit répondre d'une position d'analysant, et non pas de maître. Dans les colloques et dans la vie institutionnelle, ce phénomène n'est pas rare. Ou l'inverse, un maître qui fait le psychanalyste, alors que ce qui est requis de lui, c'est une position claire de maîtrise, dans un contexte où l'on n'attend rien de plus de lui. Le débile mental entretient la confusion des discours et passe de l'un à l'autre, alors que les situations requièrent ordinairement de se tenir à sa place dans le discours à partir duquel on est interpellé et de ne pas s'autoriser d'un ailleurs qui n'a aucune légitimité structurale dans une situation discursive donnée. Mais cette extension de l'exercice de la débilité mentale à tout sujet, débile ou pas, est là pour nous rappeler qu'au-delà de la déficience mentale, la principale déficience du sujet est sans doute sa difficulté à savoir se repérer dans les discours dont nous avons déplié la logique dans les chapitres précédents et à y prendre une place légitime et reconnue ; ce n'est pas simple. Sa pente peut être à la manière du débile de vouloir s'exempter de la logique dans laquelle il est pourtant inscrit, en faisant l'idiot : faire l'idiot, c'est s'autoriser d'un autre discours que celui dans lequel on serait normalement appelé à prendre la parole, compte tenu de la situation. C'est typiquement le type d'idiotie décalée qu'incarne au cinéma Mister Bean avec le comique inénarrable que l'on sait : d'une idiotie décalée par rapport au discours du maître, c'est-à-dire généralement aux bonnes manières de l'Angleterre bourgeoise, c'est l'idiotie d'une forme d'hystérie provocatrice. On voit cela aussi dans les milieux analytiques jusqu'à ce que cela tourne au drame et à l'invective, parce que le comique de la situation échappe ordinairement aux psychanalystes, et qu'ils préfèrent la tragédie à la comédie. À tort...

Dans la réalité, notre débilité mentale n'a pas toujours ce côté comique, mais quand elle l'a, elle peut venir souligner que, si elle est comique, c'est que la norme phallique à cette occasion de débilité fait une chute vertigineuse dans l'absurdité. Si c'est la norme phallique dans le discours du maître, cette chute est souvent particulièrement drôle, comme l'illustrent à merveille les sketchs de Mister Bean. Mais il y a des débiles mentaux moins drôles et qui n'ont aucun handicap mental, simplement l'incongruité d'être décalés par rapport à ce qui est attendu d'eux dans un certain discours. Il est fréquent qu'on assimile la débilité mentale chez un sujet à une forme spécifique de connerie, et c'est à juste titre, mais elle s'en distingue parce qu'elle vient mettre en échec la norme supposée totalisante et universelle qui fait le ressort caché de la connerie. Quand la connerie procède d'une survalorisation de l'universel, la débilité mentale vient confirmer l'échec de cette survalorisation. Ce sont les deux faces d'un même rapport à la jouissance, qui célèbre son triomphe ou insiste sur son échec.

L'intelligence en question

Ce détour par la bêtise, la connerie et la débilité mentale nous amène à nous poser une seule question : n'est-il pas plus juste de dire que le sujet de l'inconscient est ordinairement inintelligent par rapport à sa jouissance et aux signifiants qui le mènent, plutôt que de parler de juste intelligence de la jouissance ? À y regarder de près, nous serions alternativement, voire simultanément, bêtes, cons ou débiles, du fait de notre rapport au signifiant. Nous ne voudrions rien en savoir, rien du tout, nous aimerions persévérer dans notre être et nous voudrions prendre à tout prix notre méconnaissance pour l'expression et la forme sublimée de notre intelligence. Là encore, c'est notre lot commun.

Mais à ce stade de la discussion, il est sans doute temps de dire en quoi ce sont le signifiant et le corps qui sont en premier lieu concernés quand nous parlons de jouissance. « Le signifiant, c'est la cause de la jouissance[16] » dit Lacan, ou encore : « Là où ça parle, ça jouit. » Il y a à considérer par exemple que si jouissance phallique il y a, c'est du signifiant qu'elle s'origine et non pas de l'organe pénien qui en représente l'usage. De même, si jouissance Autre il y a, c'est toujours du signifiant que ça s'origine, parce que si la jouissance d'une femme est une jouissance supplémentaire par rapport à la jouissance phallique, elle ne tient ce supplément que de cet appui pris dans l'ordre symbolique, plus ou moins solidement arrimé au phallus. Tout est affaire de langage. Mais alors, dira-t-on, on n'entend rien à la jouissance tant qu'elle n'est pas inscrite dans le corps ? C'est la deuxième idée : la jouissance suppose le corps et ses orifices. « Cela ne se jouit que de le corporiser de façon signifiante. » Il n'y a donc d'inscription du signifiant que dans un corps dénaturé par le signifiant, un corps qui à ce titre n'a rien d'animal, mais qui jouit de l'effet même du signifiant. Que l'on songe seulement au Président Schreber et son aspiration à jouir de Dieu en s'en faisant La Femme. Une telle articulation n'a de sens que dans la logique d'un signifiant qui vient s'inscrire dans un corps pour le rendre éventuellement fou, si bien que ce signifiant vient faire flamber le corps, si la jouissance qu'il y porte est sans limites – c'est ce qui est arrivé au Président Schreber : « La jouissance, c'est le tonneau des Danaïdes, une fois qu'on y entre, on ne sait pas où ça va ; ça commence à la chatouille et ça finit par la flambée à l'essence[17]. » Le corps jouit jusqu'à la douleur du fait de son inscription dans le signifiant, ou jusqu'au délire de la copulation avec Dieu. Le corps est marqué par les stigmates du symptôme, qui est un vecteur, souvent le seul, de la jouissance, comme l'illustrent par exemple les paralysies dans l'hystérie, ou la trop fameuse toux de Dora, ramenée par Freud à son identification à Mme K dans la fellation qu'elle imagine active entre son père et Mme K. Les exemples cliniques sont légion de cette jouissance que vient faire coaguler le symptôme dans le corps, et il faut à Freud une patience à toute épreuve pour permettre à Dora d'entendre un tant soit peu la jouissance qui l'*ha-bite* dans cette toux intempestive, indice de son interrogation à l'endroit du phallus paternel et de sa puissance déclinante.

L'enjeu d'une juste intelligence de la jouissance n'est-il pas au final ramené à celui d'une cure analytique correctement menée par le patient et dirigée par l'analyste ?

16 Jacques Lacan, « Leçon du 19 décembre 1972 », *Encore*, Paris, Seuil.
17 Jacques Lacan, *L'Envers de la psychanalyse*, Paris, Seuil, 1991, p. 83.

Car dans les discours constitués, il n'est pas de véritable place pour dire la vérité, voire le vrai sur le vrai. Seul le dispositif de la cure le permet, avec le transfert et avec la bêtise inhérente à tout un chacun. « Comment sortir de la bêtise ? » C'est la question que pose Lacan dans *Encore* et à laquelle il répond par le dispositif analytique, comme Freud l'avait fait avec Dora. Qui est le sujet ? C'est « celui que nous engageons à dire des bêtises ». On a bien entendu : dire des bêtises, sans souci de bienséance, de cohérence ou de compréhension, ou d'empathie, comme ça vient dans la tête et dans la parole. Pas n'importe comment. Dire des bêtises en associant librement. Et celui qui s'est déjà engagé à cette voie sait que dans cette parole supposée « libre » il a peut-être dit des âneries, mais aussi fait surgir des signifiants refoulés qui sont devenus le matériel même de la cure, celui à partir duquel des signifiants nouveaux ont pu émerger pour lui, de l'inouï en somme à partir duquel il a orienté sa vie un peu différemment. Certes sans volonté *a priori* de comprendre, tout comprendre, parce qu'il y aurait maldonne et sans doute méprise sur ce que dit le patient ; mais alors quoi ?

Comme il le dit dans *Télévisions* : « La vertu que je désigne de gai savoir en est l'exemple, de manifester en quoi elle consiste : non pas comprendre, piquer dans le sens, mais le raser d'aussi près qu'il se peut sans qu'il fasse glu pour cette vertu, pour cela jouir du déchiffrage. » Pour illustrer ce déchiffrage, des exemples cliniques s'imposent à profusion chez Freud, parmi lesquels le rêve d'injection fait à Irma occupe bien entendu une place centrale : ou comment ce que Freud estime être un échec, la cure d'Irma, se transforme pour Lacan en une interrogation sur la structure, bien au-delà de la cure d'Irma par la mise en perspective des trois registres du sujet que sont le réel, le symbolique et l'imaginaire. Pour l'imaginaire, où va se perdre Freud, ce sont les personnages qui entourent Freud et dont il recueille les avis plus ou moins décevants d'un point de vue clinique. Le réel, c'est cette gorge d'un aspect explicitement effrayant avec ces formations blanchâtres, qui évoque le sexe féminin, innommable et innommé. Quant au symbolique, la formule finale de la triméthylamine est une réponse à cette chose innommée au fond de la gorge d'Irma et qui souligne l'interrogation de Freud sur ce que veut une femme. Bien sûr, si cette réponse opère sur le versant de la formule chimique, elle n'en est pas moins une avancée qui rase le sens du rêve, pour n'en retenir que la structure ; et cette avancée est faite par un lecteur de Freud dans le séminaire II, *Le*

Moi. De ce rêve naît la pensée de Lacan sur l'articulation du réel, du symbolique et de l'imaginaire, qui ne le quittera plus jusqu'à la fin.

Qu'est-il légitime d'attendre du déchiffrage ? Qu'il fasse céder le symptôme peut-être. Freud s'y est attelé, mais l'échec de ses cures les plus célèbres et leur enlisement dans le symptôme illustrent bien l'impasse dans laquelle se trouve la psychanalyse avec la jouissance. Déchiffrer, mais pour quel résultat ? L'Homme au loup, après avoir été qualifié par Freud de névrosé obsessionnel, fait une rechute dans la paranoïa et n'est pas quitte du cours brutal que prend son analyse à partir du moment où Freud lui fixe un terme au-delà duquel il refuse d'aller, pour le pousser dans ses retranchements et l'obliger à parler. La paranoïa de l'Homme au loup n'a-t-elle pas pour origine cette violente coupure, qui, si elle fait bien émerger pour l'Homme au loup la scène dite primitive de copulation entre son père et sa mère, vient disloquer sa relation au Nom-du-Père en le figeant comme Schreber en position d'objet sexuel par rapport à ce père ? Échec partiel des cures les plus célèbres de Freud sur la jouissance en jeu justement.

Que serait alors la juste intelligence de la jouissance ? Sans doute savoir se lire pour le sujet, mais mieux pour le psychanalyste conduire le sujet à un savoir-faire sur ce qu'il est en mesure de savoir lire de lui-même. À ce titre, la brutalité de l'intervention de Freud est sans doute un exemple de ce qu'il ne faut pas faire, comme d'ailleurs la souscription qu'il sollicite auprès de ses collègues pour entretenir des années durant l'Homme au loup ruiné par la révolution russe et prompt à profiter des subsides de cette souscription, au motif qu'il aurait été pour Freud son patient le plus exemplaire pour la théorie psychanalytique et donc le plus précieux à entretenir.

Alors, si l'analyse risque toujours d'échouer, qu'est-il légitime d'attendre d'une cure ? Lacan a donné de nombreuses réponses à cette question. Nous n'en retiendrons que les deux réponses les plus explicitement articulées à l'éthique.

C'est d'abord que la cure donne accès au désir.

Une éthique du désir fondée sur le courage

Parler du courage est toujours un risque, celui d'asséner aux autres les raisons bien comprises d'affronter un danger, quel qu'il soit, sans crainte ni pitié, s'il est vrai que depuis l'avènement de la tragédie grecque c'est au héros que se mesure la véritable éthique, comme semble le montrer le long final de Lacan dans le séminaire *L'Éthique de la psychanalyse*, consacré à Antigone.

N'en déplaise à nos âmes sensibles, le courage du héros est d'abord celui d'un maître rompu au combat singulier avec un adversaire qu'il doit vaincre. L'*andreia*, mot grec posthomérique le plus courant pour signifier « le courage », est la qualité de l'*aner*, du mâle au sens guerrier, qu'il s'agisse de celle du guerrier aristocratique, tels Achille et Hector, ou du guerrier démocratique engagé civiquement dans la guerre, citoyen-hoplite capable de « garder son rang » malgré l'assaut de l'ennemi dans la bataille.

Si l'exploit singulier du héros possédé par les dieux se voit vite tempéré par la discipline rigoureuse du champ de bataille, il connaît un autre infléchissement important avec Ulysse, puisque c'est avec lui un ennemi intérieur qu'il devra affronter : ses passions, ses souffrances, sa malchance. Ulysse est appelé « héros d'endurance », *polutlas*, où le courage du héros voisine avec l'habileté, l'expérience et la débrouillardise, voire la dissimulation. Un enseignement que le jésuite Baltasar Gracian n'oubliera pas deux mille ans plus tard pour décrire son héros et son homme de cour.

Pourtant ces formes mâles du courage guerrier et historiquement consacrées font pâles figures face à la détermination d'une femme que Lacan prend pour modèle dans la tragédie d'Antigone. À quel détour s'astreint Lacan pour en arriver à cette tragédie ? Au détour par Aristote. Il reprend d'Aristote la définition qu'il donne du *telos*, de la fin de la tragédie dans *La Poétique*, en soulignant ses moyens qui accomplissent par la pitié et par la crainte la catharsis des passions semblables à celle-ci. S'il s'attarde un instant au commentaire qu'en fait à la fin du XIXe siècle Jacob Bernays, l'oncle de l'épouse de Freud, c'est pour souligner cette filiation d'inspiration qui va d'Aristote à Freud et pour mettre en exergue ce centre redoutable et tourbillonnaire d'aspiration du désir aux limites de la tolérance du sujet qu'est la Chose pour Freud, et que celui-ci retrouve dans l'expérience même de la cure analytique à travers cette catharsis offerte aux patientes hystériques. La cure serait donc comparable au spectacle de la tragédie pour l'apaisement qui pourrait en résulter, pourvu que le sujet ait le courage de s'affronter à ce centre tourbillonnaire qu'est pour lui la Chose, cette indicible jouissance, sous les espèces de son roman familial. Le patient serait appelé à devenir plus un héros d'endurance qu'un héros guerrier, même si l'un n'exclut pas l'autre, et ce n'est sans doute pas un hasard si, pour préciser ce qu'il en est de l'éthique de la psychanalyse, Lacan retrouve bien des années plus tard avec *Ulysse* de Joyce et *Sinthome* cette accentuation du savoir-faire et de la débrouillardise par rapport à un réel qui ne s'affronte pour chacun qu'à cette condition. Nous verrons ce point plus loin.

Antigone est-elle une héroïne d'endurance ? Chez Antigone, nulle habileté, expérience, débrouillardise, et encore moins dissimulation ! Elle se revendique face à Créon « des lois non écrites et immuables des dieux », d'un ordre de la loi qui n'est, dit Lacan, développé dans aucune chaîne signifiante, dans rien, mais n'en a pas moins valeur de limite, *oros*, sur laquelle elle se campe. Il n'est pas possible à une sœur de laisser dévorer par les oiseaux et les chiens et sans sépulture le cadavre d'un frère unique, d'être irremplaçable dans l'ordre de filiation, figure du Nom-du-Père et d'une *atê*, c'est-à-dire non pas le malheur, mais la destinée atroce de ma filiation et que j'assume.

Le mieux ici est de citer Lacan commentant Antigone : « Mon frère est ce qu'il est, et c'est parce qu'il est ce qu'il est, et qu'il n'y a que lui qui peut l'être, que je m'avance vers cette limite fatale. Si c'était qui que ce soit d'autre avec qui je puisse avoir une relation humaine, mon mari, mes enfants, ils sont remplaçables, ce sont des relations, mais ce frère qui est *athaptos*, qui a cette chose commune avec moi d'être né dans la même matrice – l'étymologie d'*adelphos* fait allusion à la matrice – et d'être lié au même père, le père criminel dont Antigone est en train d'essuyer les suites du crime – ce frère est ce quelque chose d'unique, et c'est cela seul qui motive que je m'oppose à vos édits.

Antigone n'évoque aucun autre droit que ceci, qui surgit dans le langage du caractère ineffaçable de ce qui est ineffaçable à partir du moment où le signifiant l'arrête comme une chose fixe à travers tout le flux de transformations possibles. Ce qui est, et c'est à cela, à cette surface, que se fixe la position imbrisable, infranchissable d'Antigone[18]. »

Elle choisit d'être la gardienne de l'être du criminel, comme tel, au nom même du lien de filiation qui l'unit par Œdipe à Polynice, au lieu même

18 Jacques Lacan, « Le séminaire livre VII », *L'Éthique de la psychanalyse*, Paris, Seuil, 1986, p. 324-325.

de la coupure qu'instaure dans la vie de l'homme la présence même du langage, et c'est de cette coupure du Nom-du-Père qu'elle soutient son désir jusqu'à la mort atroce qui vient l'accabler.

Par cet exemple Lacan entend illustrer le temps de l'entre-deux-morts où le sujet sans doute ici en fin de cure a renoncé à tous les biens et à toutes les jouissances au seuil d'une mort qui pourrait être réelle pour ne se soutenir que de cette seule coupure, sans autres considérations mondaines de confort ou d'agrément, comme Antigone condamnée à être emmurée vivante par Créon.

Certes il est possible de regretter ici cette convergence néfaste du désir et de la pulsion de mort, dans l'exemple choisi par Lacan pour illustrer ce qui serait la pointe aiguë de l'éthique de la psychanalyse et c'est sans doute à juste titre que l'on s'insurge parfois contre cette aspiration à la mort comprise dans l'éthique du désir.

Mais au-delà de ce qui vient contredire à toutes les préventions de la vie et de ce qui vaut d'être respecté au nom de la vie, il est indéniable que l'éthique du désir mise en jeu dans la geste de cette héroïne sans crainte pour elle-même, ni pitié pour ses proches, est justement l'exemple le plus saisissant de ce qu'est un désir soutenu avec courage dans ce que Lacan repère à travers un néologisme : le à-bout-de-course.

« Le à-bout-de-course n'est nulle part mieux illustré, et tout ce que l'on met autour n'est qu'une façon de faire flotter, d'éluder le caractère absolument radical de la position du problème dans le texte[19]. »

Il y aurait à relever comment ce courage d'un désir comporte une dimension de franchissement des barrières ordinaires de l'homme supposé normal, de tout ce qui concerne la soumission aux lois du Bien, du bien-être et à celles de la cité, ce que Lacan épingle du nom ironique du « service des biens ». Dès que le sujet a saisi l'*atê* dont, à son corps défendant, il se trouve être le porteur, il ne lui reste plus qu'à s'engager dans la voie que lui prescrit cette *atê*, car cet engagement du désir relève de la seule nécessité de la coupure dont son être tout entier se fonde.

Pourquoi cette façon de définir ici le courage du désir tranche-t-elle avec netteté par rapport aux courants philosophiques du monde grec ?

19 *Ibid.*, p. 325.

Parce qu'aussi bien chez Platon que chez Aristote le courage est la vertu par excellence d'un combattant au service du Bien, celui de la cité. À aucun moment dans leurs enseignements cette dimension de franchissement n'apparaît, parce qu'à la différence de la tragédie la philosophie préfère à l'éthique du désir celle du Bien.

On ne s'étonnera donc pas qu'Aristote fasse du courage un moyen terme entre la témérité et la crainte et qu'il en cantonne globalement le périmètre principal au champ de bataille ou aux entreprises dangereuses comme la navigation en mer[20]. Il en est de même de Socrate.

Pourtant avec le héros tragique, c'est d'un courage ancré au cœur du sujet qu'il s'agit, qui sans exclure le champ de bataille bien sûr l'élargit à l'existence tout entière en lui rappelant l'enracinement de son être, la coupure dont il s'institue et l'étendue de ses devoirs.

Il n'est sans doute pas de meilleure illustration moderne de ce courage du désir pour sa portée politique universelle que celui de Jorge Semprun décidant au mépris du danger de s'engager à l'âge de dix-huit ans dans la Résistance, parce que c'était ainsi et qu'on ne pouvait faire autrement que de résister aux nazis au risque de connaître l'horreur de ce qu'il aura connu dans l'entre-deux-morts des geôles et des tortures de la Gestapo et du camp de Buchenwald. Il faut relire toute son œuvre pour prendre la mesure de ce courage du désir face au nazisme, face au franquisme et pour finir face au communisme, et dans le vœu sans cesse plus insistant de construire l'Europe démocratique d'aujourd'hui et de demain.

D'autres noms peuvent être cités, parmi lesquels celui d'un autre héros de la Résistance, philosophe et mathématicien, fondateur du mouvement Libération-Sud et exécuté par les Allemands en 1944, Jean Cavaillès. Georges Canguilhem dans un numéro remarquable de la revue *Autrement*, publié en 1992 et consacré au courage, lui dédie un article admirable en forme d'hommage, « Vie et mort de Jean Cavaillès ». Sa lecture ne laisse pas indemne... Il en ressort que celui qui voulait éclairer dans sa thèse la spécificité de la mathématique en tant que science autonome et pure par les étapes et la formation de la théorie des ensembles et la raison interne de leur bouleversement était aussi un disciple de Spinoza, c'est-à-dire redevable à cette nécessité et à ce

20 Aristote, *Éthique à Nicomaque*, III, 9, 1115 a 4, Paris, Vrin, 1979, p. 147-149.

désir, essence de l'homme, dont il faisait la cause même de son acte d'engagement dans la Résistance.

Ne disait-il pas à Raymond Aron à Londres en 1943 : « Je suis spinoziste, je crois que nous saisissons partout le nécessaire. Nécessaires les enchaînements des mathématiciens, nécessaires même les étapes de la science mathématique, nécessaire aussi cette lutte que nous menons[21]. »

C'est une affirmation que Lacan aurait pu faire sienne, tant son parcours se confond avec l'arpentage des mathématiques et de la nécessité qu'elles indiquent du côté du réel et de la logique du désir, qui est bien du côté de ce qui finit par s'écrire comme une formule mathématique pour le sujet, et ne va pas sans ne pas cesser de s'écrire, dès lors que cela s'écrit pour un sujet dans son inconscient, comme dans son existence. Peut-être cette longue méditation sur Antigone est-elle finalement un hommage posthume de Lacan rendu à la Résistance dans laquelle il n'a pas pu ou pas voulu s'engager pour des raisons qui nous échappent encore. C'est en tout cas à cette nécessité du désir que touche le courage dans la tragédie et l'analyse.

Toute la fin de *L'Éthique de la psychanalyse* en découle, jusqu'à cette formule si juste et si vérifiable dans la vie et la pratique : « La seule chose dont on puisse être coupable, c'est d'avoir cédé sur son désir. » Lacan pour en rendre compte a évoqué la trahison dont le sujet ne se relève pas. « Ou le sujet trahit sa voie, se trahit lui-même, et c'est sensible pour lui-même. Ou, plus simplement il tolère que quelqu'un avec qui il s'est plus ou moins voué à quelque chose ait trahi son attente, n'ait pas fait à son endroit ce que comportait le pacte – le pacte quel qu'il soit, faste ou néfaste, précaire, à courte vue, voire de révolte, de fuite, qu'importe.

Quelque chose se joue autour de la trahison, quand on la tolère, quand, poussé par l'idée du bien – j'entends, du bien de celui qui a trahi de se dire "Eh bien puisque c'est comme ça, renonçons à notre perspective, ni l'un ni l'autre, mais sans doute pas moi, nous ne valons mieux, rentrons dans la voie ordinaire." Là, vous pouvez être sûr que se retrouve la structure qui s'appelle *céder sur son désir*[22]. »

21 Georges Canguilhem, « Vie et mort de Jean Cavaillès », *Le Courage en connaissance de causes*, Paris, Autrement, 1992, p. 161.

22 Jacques Lacan, « Le séminaire livre VII », *L'Éthique de la psychanalyse*, *op. cit.*, p. 370.

Il est remarquable que Lacan ait choisi de parler du désir en évoquant le fait qu'on puisse non pas le faire valoir, mais céder sur lui, parce que c'est justement à ce point décisif qu'est attendu le sujet, et particulièrement dans une cure. S'il a rarement à le faire valoir au risque de sa vie, comme Antigone face à Créon, sa tentation est toujours forte d'en rabattre sur ses prétentions face à l'adversité, et plus généralement, comme l'indique Lacan, face à la trahison de ceux avec lesquels il s'était engagé.

L'éthique du désir et le courage qu'il suppose reposent sur un savoir, sur la lâcheté et sur la trahison dans l'ordre de l'existence. Car le fait de céder sur son désir, parce qu'on se trahit soi-même ou parce qu'on est trahi par un autre, n'est que la manifestation du contraire du courage, qui est la lâcheté. L'usage du verbe « céder » dans cette formule princeps est bien là pour l'indiquer.

D'où ces trois propositions de Lacan :

« La seule chose dont on puisse être coupable, c'est d'avoir cédé sur son désir.

Deuxièmement, la définition du héros – c'est celui qui peut impunément être trahi.

Troisièmement, ceci n'est point à la portée de tout le monde, et c'est la différence entre l'homme du commun et le héros, plus mystérieuse qu'on ne le croit. Pour l'homme du commun, la trahison, qui se produit presque toujours, a pour effet de le rejeter de façon décisive au service des biens, mais à cette condition qu'il ne retrouvera jamais ce qui l'oriente vraiment dans ce service[23]. »

La culpabilité porte donc sur une faute morale qui est par-delà le bien et le mal et qui concerne la nécessité, c'est-à-dire la coupure dans le langage à la hauteur de laquelle le sujet n'aura pas été, quand il aura cédé sur son désir.

Le héros seul peut être impunément trahi, sans perdre la boussole de son désir et sans dévier de sa trajectoire, car, comme le montrent nos exemples, il est toujours à la hauteur de la nécessité qui l'inscrit dans le langage, et de la coupure dont il résulte dans ses décisions et ses

23 *Ibid.*

actions. Ceux qui le trahissent n'ont aucune prise sur lui et sur son destin. Il demeure un héros, c'est-à-dire soumis à la nécessité de son désir.

Le courage de son désir l'immunise contre la lâcheté ordinaire. Cette lâcheté ordinaire fait que la trahison se solde toujours pour l'homme du commun par le renoncement au désir et son rejet vers le service des biens où il ne peut plus s'orienter.

Que reste-t-il de cet enseignement de Lacan aujourd'hui pour les psychanalystes ? En matière de courage, on fait parfois mieux dans d'autres champs. Seule l'amitié d'autant plus précieuse que rare ménage quelques clairières dans ces sombres forêts. L'histoire du mouvement analytique, freudien et lacanien, n'a été jusqu'à présent qu'une suite ininterrompue et malheureuse de ruptures, de trahisons et de médisances, justifiées ou non. Cependant le courage d'un désir demeure toujours un cap pour chaque patient et pour chaque psychanalyste dans la direction de ses cures. Lacan lui-même jusqu'au nœud borroméen et jusqu'à ses conséquences indéchiffrables pour ses contemporains, au moment où il les énonça, fut porté par ce courage dans ses avancées et ses énigmes. Lacan attendait aussi d'une association d'analystes qui aurait véritablement fait sienne sa conception du désir un nouveau lien social d'un tissu sans doute moins déchiré par l'*invidia*. S'il est encore à venir, rien n'empêche d'esquisser ici ce qu'il pourrait être compte tenu des enseignements de Lacan ou des conclusions que l'on pourrait en tirer.

Mais l'autre axe de la pensée lacanienne sur la fin de la cure, c'est devenu, au fil du temps, nous l'avons dit, celui du savoir-faire. C'est sans doute un axe moins héroïque et plus modeste de ce qui peut être attendu d'une cure psychanalytique. Il est explicitement articulé à la jouissance, et le désir qui s'y dessine devient une façon de faire, moins bête, avec la jouissance. Il s'agit pour finir de « savoir-y-faire avec la jouissance », de sorte de s'y trouver moins empêtré au terme d'un travail analytique. Cela se voit et s'apprécie dans les fins de cure, où le sujet a pris le temps de découvrir ce qui faisait, nous dit Lacan, « sa différence absolue » dans les symptômes qui le constituent, c'est-à-dire sa singularité sans aucune prétention à l'universalité dans ce savoir-y-faire. Lacan hasarde pour penser ce savoir-y-faire un terme qui est une forgerie : le sinthome. Il s'agit d'être en mesure de mettre à l'épreuve un certain savoir-faire pour exister adossé à une jouissance qui ne soit pas ravageuse. On notera que l'accent d'héroïsme présent dans *L'Éthique de la psychanalyse* a disparu, et c'est plutôt à l'art que Lacan va dès lors se référer dans le sillage de sa réflexion sur Joyce, même si ce dernier assimilait cet art à une forme d'héroïsme dans le *Portrait de l'artiste en jeune homme.* L'orthographe du mot sinthome renvoie à une écriture d'origine médiévale du signifiant symptôme, mais il condense le terme anglais *sin* qui signifie « la faute » ou « le péché » et le terme *thome*, où le renvoi à saint Thomas d'Aquin souligne l'articulation du désir de Joyce à la pensée de ce théologien. Ce mot étrange décrit la façon dont le sujet est capable de se faire lui-même, à force de travail, d'art ou d'interprétation, « jusqu'à, nous dit Lacan, ce qu'il n'ait plus soif ».

Lacan s'est aidé des nœuds borroméens pour penser ce sinthome propre à chaque sujet. Dans *Le Sinthome*, il n'identifie pas moins de quatre nœuds de Joyce et situe l'approche de ce qu'il répugne lui-même à appeler sa psychose dans le champ d'une recherche en mouvement, indiquant par là ce qu'a de fécond le flottement d'une écoute et d'un travail ouvert à ce que dit le patient dans sa singularité, comme le pratiquent heureusement aujourd'hui bon nombre de psychanalystes avec leurs patients psychotiques. L'invention d'un sinthome pour Joyce devient le contrepoint exact au Nom-du-Père dans ce séminaire. C'est ordinairement ce que l'on qualifie de rond quatrième, c'est-à-dire ce quatrième rond ajouté aux trois autres, et qui fonctionne pour les névrosés comme Nom-du-Père et pour certains psychotiques comme une suppléance qui vient tenir lieu de Nom-du-Père.

En tout cas, l'essentiel est de retenir ici que cette suppléance pour le psychotique ou ce Nom-du-Père pour le névrosé n'ont rien d'universel, que l'invention de la suppléance par le psychotique dans son art ou savoir-faire ou la reconnaissance d'un Nom-du-Père pour certains névrosés est le fruit d'un travail singulier sur soi qui ne se boucle pas sur des idées générales, mais procède d'un savoir-faire concret avec leurs symptômes dans leurs caractéristiques propres.

Savoir y faire avec son symptôme

Parlons d'Émilie, une ancienne patiente que j'ai rencontrée dans les années 1990, puisqu'elle a su me faire entendre que le nœud borroméen dans sa matérialité même – « tout ce qui n'est pas fondé sur la matière est une escroquerie » dit Lacan – était opératoire pour la dégager de l'angoisse. Elle vient un jour me voir et me dit qu'elle vit depuis la naissance de son premier enfant dans une angoisse indescriptible qui l'empêche de travailler dans le champ de la recherche qui est le sien depuis des années. Elle peut à peine vaquer à ses occupations domestiques et est clouée chez elle de peur qu'une catastrophe de nature indistincte n'arrive si elle sort. Elle est chercheuse au CNRS dans le domaine de la physique quantique et elle ne sait pour l'heure ce qui l'amène, sinon le souhait pressant d'être soulagée de cette angoisse qui la paralyse et d'être rassurée contre ce qu'elle décrit comme un sentiment d'irréalité autour d'elle et d'inexistence pour ce qui la concerne. « Qu'est-ce qui est réel ? », m'interroge-t-elle, dès le premier entretien.

Le second entretien laisse entrevoir qu'une catastrophe a bien eu lieu, mais pas pour elle, même si, elle le saisit à l'instant où je lui fais remarquer, cette catastrophe est un trauma pour son père, qu'il le lui a caché de son vivant et qui plane comme un secret inavouable au-dessus de son existence. Son père a été marié une première fois à son épouse Claire, qui a disparu corps et biens avec sa fille unique lors d'un voyage sans retour aux États-Unis. Après de vaines recherches et sans nouvelles des disparues, il a rencontré sa seconde compagne, et Émilie est née de cette union sans que jamais ni son père ni sa mère ne lui aient raconté cet événement traumatique qu'elle se souvient avoir appris par la rumeur du village de Bretagne où elle habitait enfant. Elle est restée fille unique. Mais elle admet dès le second entretien que cet événement catastrophique est relié à son angoisse, d'autant plus que ce secret qu'elle a toujours su a été dissimulé par ses parents. Elle reconnaît que la naissance de son premier enfant s'inscrit comme la répétition d'une autre naissance supposée marquée par le deuil, celle du premier enfant et de la fille unique.

Mais l'angoisse ne cède pas et le sentiment d'inexistence non plus. Il s'avère que son père, qui était astrophysicien, lui a enseigné l'usage des mathématiques et lui a transmis un intérêt particulièrement aigu pour le réel en tant qu'il serait mathématisable. Elle remarque qu'elle consacre depuis des années ses recherches à la probabilité des événements rares en physique quantique et fait le lien avec le trauma originaire. Je lui propose alors d'utiliser ce que j'entends comme sa façon à elle de penser le réel pour résoudre concrètement le problème lancinant d'une angoisse qui ne veut pas céder. Elle ne sait rien de la psychanalyse et elle ne connaît pas Lacan. Comme je sais que ni l'abstraction ni les mathématiques ne sont un obstacle pour elle et que je crois en l'efficacité du nœud borroméen, je l'invite à lire le séminaire *RSI* tout du long, à m'en parler et à travailler plus particulièrement sur la question de l'angoisse en s'intéressant aux figures topologiques présentées par Lacan. Je lui conseille vivement de reprendre son activité de recherche en physique quantique. Elle pourra m'interroger quand elle le voudra sur les passages qui auront retenu son attention et je me propose de lui expliquer ce qu'elle aurait du mal à entendre. Je ne lui transmets pas une connaissance, je l'invite à travailler son sinthome qui est aussi son réel avec ce qui lui est le plus familier, à savoir les mathématiques appliquées à la physique où elle excelle. Il est clair que pour moi la topologie des nœuds a la matérialité d'une écriture que je lui suppose pouvoir déchiffrer, et c'est à titre purement expérimental que j'entreprends cette cure, tout en sachant que Lacan lui-même usait des nœuds comme hypothèse de travail dans la clinique sans jamais sacrifier sur ce point à l'idolâtrie du nœud ; je vais y revenir.

En tout cas, les effets de cette interprétation ne se sont pas fait attendre. Après trois semaines de lecture, des questions toutes plus pertinentes les unes que les autres pour quelqu'un qui n'était pas familier de la topologie des nœuds ont surgi. « Le nœud borroméen est-il une représentation du psychisme ? En quoi consiste le réel par rapport à l'angoisse ? Pourquoi s'agit-il d'un empiètement du réel dans l'imaginaire ? Qu'appelle-t-on ek-sistence en théorie des nœuds ? » Je fus surpris par tant d'intelligence. Ces questions m'indiquaient que, dans le transfert, Émilie avait entendu que le nœud borroméen était une écriture qui rendait compte du réel qui la concernait. Je n'y répondis pas toujours, la laissant dans le suspens de la lecture. L'angoisse passa au second plan, puis devint – ce qui est autre chose – la crainte sourde qu'elle ne revienne. Elle fut mise en sourdine. Bien entendu, on objectera ici que Freud souligne dans maints écrits que le transfert fait céder l'angoisse et que la névrose d'angoisse peut devenir une simple névrose de transfert du seul fait du transfert. Cette objection vient minimiser ici le rôle de l'interprétation et de la lecture qui s'ensuivit. Car c'est bien l'usage d'une écriture dans l'interprétation qui fait ici céder l'angoisse. La suite le prouve.

Elle s'intéressa au nœud borroméen lui-même dans son maniement concret, et elle s'aperçut dès le début de la cure que l'aire de la jouissance Autre et l'empiètement du réel par rapport à l'imaginaire pouvaient varier jusqu'au point de réduire à un croisement minimal la jouissance phallique. En l'occurrence, elle constatait qu'en même temps que l'angoisse avait pris le pas sur tout autre sentiment, elle avait temporairement renoncé à toute vie sexuelle avec son compagnon, et ce depuis plus de six mois. Je lui fis remarquer que l'angoisse avait d'autant plus d'importance ici comme corrélat de la jouissance Autre, qu'elle contraignait à oblitérer la jouissance sexuelle, en tant qu'elle participait d'une certaine relation au phallus. Un mois plus tard en même temps que retomba l'angoisse elle reprit sa vie sexuelle avec son compagnon, comme si à nouveau elle avait entendu cette interprétation comme une invitation à ménager à l'aire de la jouissance sexuelle une place plus conséquente par l'entremise d'une jouissance phallique assumée et par là à réduire l'emprise de la seule jouissance Autre et de l'angoisse sur son existence.

Évidemment cela ne l'empêchait pas de continuer de douter de l'existence du monde et de sa propre existence, et de faire dépendre de ce qu'elle désignait comme une catastrophe originaire ce doute radical. Car elle était habitée, à côté de cette angoisse, par une culpabilité lancinante portant sur le fait même d'exister au détriment de l'enfant unique disparu avec l'épouse du premier mariage de son père. Je lui fis remarquer la définition que donnait Lacan à l'existence dans *RSI* comme le jeu et le heurt des différentes consistances entre elles dans le nœud borroméen. Cette remarque eut pour effet de lui faire entendre ce qu'il en était du réel au-delà du doute existentiel qu'elle tendait à maintenir sur cette dimension même du réel. Le doute « cartésien » sur l'existence d'elle-même et du monde de la réalité céda lui aussi. C'est bien à ce réel qu'elle se heurtait et un réel dont elle me disait qu'il était habité par la mort. Il m'est venu que son énonciation était illustrative de ce que Lacan dit de lui-même, en affirmant que le réel est son symptôme. Il y avait chez Émilie la même interrogation sur le réel comme symptôme. J'en déduisais qu'avec elle j'avais bien affaire à un nœud à trois, avec cette particularité que ce réel était doublé d'une écriture qui en orientait l'interprétation, puisqu'il était supposé équivalent à la mort. Cette écriture rappelle bien sûr ce que dit Lacan du nœud borroméen du christianisme dans *Les Non-Dupes errent* en dédoublant la nomination du réel par la lettre r de la nomination par le signifiant mort du fait du trauma originaire qui était venu imposer à la structure cette interprétation sémantique : la mort.

Mes tentatives ont été de lui faire entendre la contingence de cette nomination, de cette interprétation sémantique du réel, à partir d'une catastrophe dont elle n'était pas forcément issue, mais qu'elle avait décidément interprétée comme l'origine coupable de son existence. À l'évidence, il s'agissait encore d'autre chose en lien avec une dimension encore refoulée de sa vie sexuelle et sur laquelle il n'est pas nécessaire de donner plus ample explication, sinon pour dire que cette interprétation sémantique du nœud borroméen a le plus étroit rapport avec la constitution comme origine d'un fantasme sexuel qui vient recouvrir le réel du voile d'un deuil sans conclusion. Ce deuil est celui de son père à l'endroit d'une première femme disparue et qui pour elle incarne une figure de la Mère et de la Femme.

Émilie en tout cas démontre par sa surprenante aptitude à se saisir du nœud borroméen dans le transfert qu'il peut offrir à certains patients aptes à prendre la mesure des écritures formelles dans leur rapport au réel, et ce d'une façon fulgurante, une prise sur ce réel. Elle a poursuivi sa cure, non sans avoir repris un brillant travail de recherche qui relève chez elle du sinthome, c'est-à-dire de l'invention, scientifique ici, et qui lui a valu il y a quelque temps une reconnaissance prestigieuse de la communauté des chercheurs à laquelle elle appartient. Cette reconnaissance du milieu scientifique où elle exerçait et le fait qu'elle se soit également mariée avec son « compagnon depuis dix ans », comme elle disait, dit assez comment elle s'est autorisée d'un Nom-du-Père inscrit dans le réel du nœud, bordé par le savoir scientifique et identifié au jeu même de la lettre et de l'écriture, ainsi que de la mémoire d'un père attaché aux valeurs familiales et prompt à désigner dans sa vie affective le sexe comme le *nec plus ultra* de l'accomplissement phallique… Au point d'en proscrire la jouissance à sa fille, de peur qu'elle ne se dévergonde. C'était une patiente lacanienne sans le savoir et en le sachant. Il est clair que son don éclatant pour les mathématiques en physique, et pour la topologie des nœuds, est sa façon à elle de rendre compte par l'écriture d'un réel qui lui échappe partiellement. Le sujet de sa thèse, dont elle a saisi pour la première fois l'enjeu subjectif en m'en parlant, portait bien sûr la probabilité des événements rares en physique quantique. Elle avait voué sa vie à faire des recherches sur la probabilité d'un événement rare qui était arrivé à son père et qui avait infléchi jusqu'au secret son destin de femme.

Pour revenir à cette proposition de Lacan désignant le réel comme son symptôme, je dirais que c'est une façon à la fois singulière et universelle de présenter le réel dans la psychanalyse. Singulière, parce que la dimension du réel est référée à l'existence d'un réel qui n'est repérable que dans la singularité d'une inscription concrète pour Lacan et à son émergence comme question pour lui, Lacan, comme dans le cas d'Émilie. Universelle, en ceci qu'il y a entre la mathématique borroméenne et les mathématiques en usage dans les sciences des liens affines, parce que la dimension du réel est aussi référée à la possibilité d'une écriture hors sens et bien au-delà du sens qui a le mérite comme les mathématiques dans les sciences de cerner le réel, et qui justement peut se distinguer du délire en ceci qu'elle propose un serrage de ce qui est impossible pour le sujet, en parant aux effets imaginaires du sens. Mais au regard du critère poppérien de la falsifiabilité, cette écriture n'est pas scientifique. Elle continue de prendre appui sur le bavardage et sur les bêtises dites de bonne foi et de mauvaise foi ; c'est son originalité.

Le cas d'Émilie indique qu'il n'est pas nécessaire de considérer que seul le rond quatrième mérite chez Lacan le nom de symptôme ou de sinthome. Le rond du réel pour lequel un nœud à trois consistances suffit peut venir fonctionner par lui-même comme un symptôme ou un sinthome, conformément à l'usage qu'en propose Lacan à propos de lui-même, en affirmant que le réel était bien pour lui un symptôme. Et cela pour souligner que ses trouvailles et toute sa recherche n'avaient été au final vectorisées que par cette unique question : qu'est-ce que le réel ? Comme Émilie au début de sa cure.

Du point de capiton au sinthome dans les psychoses

La question du sinthome nous oblige à revenir à ce qui en fait le support dès les premiers séminaires de Lacan. Est-il possible de rendre compte du séminaire *Les Structures freudiennes des psychoses*, si riche et si complexe, en des termes simples ? Lacan y entreprend de travailler sur ce thème avec tous les apports des séminaires précédents, et en particulier le ternaire, qui va devenir jusqu'à la fin sa marque de fabrique : le réel, le symbolique et l'imaginaire. Ne s'agit-il pas là de la vraie question préliminaire à tout traitement de la psychose ? Celle qu'il ne nomme pas dans son article, mais qui est là, bien présente dans le séminaire.

Ce qui est remarquable à constater, c'est que le noyau de ce qui va devenir l'assise de la théorie lacanienne au fil du temps y est déjà mis en place à l'occasion d'une réflexion sur les psychoses – le pluriel est important, car il n'est pas plus intelligent de parler en général de l'Auvergnat que du psychotique. Les psychoses donc.

Il y a donc ce ternaire irréductible, qui suppose la rigoureuse définition de l'ordre symbolique à partir d'une théorie du signifiant référé tout au long du séminaire à Saussure et au *Cours de linguistique générale.* Lacan ajoute d'une façon inaugurale cet apport au savoir de la psychiatrie classique. Il considère qu'il n'y a pas d'abord sérieux des psychoses qui ne procède d'une approche linguistique. Cela oblige bien sûr ses interlocuteurs à penser désormais la clinique en termes de structure. D'où le titre. C'est donc aussi l'acte de naissance d'un enseignement qui désormais procédera jusqu'à la fin à partir de l'analyse des structures au sens à la fois linguistique et clinique, dimensions indissociables. Rien n'est plus illustratif de cet enracinement dans la structure que le schéma I produit à la même époque dans les *Écrits* à propos de Schreber. Trouvaille qui est encore notre pierre de Rosette. Si la topologie n'est pas nommée comme telle dans ce séminaire, elle est déjà là avec les schémas princeps qui rythment la réflexion de Lacan, schéma L et schéma R pour préparer à l'invention du schéma I. Les phénomènes psychiques ne peuvent être abordés rationnellement qu'en considération des liens qui unissent entre eux des éléments discrets sans autre signification que leur différence et leur opposition entre eux, les signifiants.

Le signe linguistique ne s'analyse-t-il pas plutôt toujours dans sa composante biface, signifiant-signifié ? Lacan parle de cela à maintes reprises, mais dans une démarche singulière par rapport à Saussure : il fait porter l'accent sur la question du signifiant comme tel et ramène le signifié déjà à la signification dont il va révéler le support avec la fonction du phallus dans son rapport avec le point de capiton. La chaîne signifiante est prompte à glisser, mais quelques significations l'arrêtent, que Lacan limite à un nombre x dans le séminaire, et qui sont autant de points de capiton.

Ce qui est curieux, c'est que dans le fond, ce parti pris topologique, inaugural dans l'enseignement de Lacan, continue de faire problème, parce que lors de l'exposé de nos cas cliniques il n'est pas rare que, plutôt que de chercher la structure, nous nous perdions dans la psychogenèse, en la privilégiant au nom sacro-saint de la clinique, sans voir que Lacan à propos de la clinique ne propose pas moins qu'une analyse structurale après un détour toujours transitoire par le détail psychogénétique. Lacan nous met en garde dès cette époque contre cette pente. La topologie des nœuds n'est donc que le prolongement de la méthode à l'œuvre dès les premiers séminaires.

Lacan ne s'inscrit pas seulement dans le sillage de Saussure. Il reprend Jakobson et sa théorie de la métaphore et de la métonymie, et imperceptiblement nous oblige à penser les enjeux des psychoses et des névroses par rapport à ces dimensions linguistiques majeures. L'introduction de la métaphore paternelle est aussi là en gésine pour penser la différence entre névroses et psychoses.

Mais c'est à la fin de ce séminaire, à l'occasion d'un commentaire admirable de la pièce de Racine, *Athalie*, que Lacan abat ses cartes à propos des psychoses sur ce qui constitue les prémices d'une approche de la métaphore paternelle, le point de capiton. Il emprunte ce terme à l'artisanat, celui de la fabrique des matelas, qui sont dans leur facture ancienne transfilés par des points cousus surmontés ordinairement d'un bouton et ont pour fonction d'empêcher la dispersion du rembourrage à l'intérieur, c'est-à-dire de retenir la structure de basculer dans la dispersion. Ainsi, le point de capiton dans le champ du signifiant a-t-il la même fonction : il empêche le glissement de la chaîne signifiante, ce qu'illustre le délire de Schreber. Le point de capiton est ce point qui fixe un signifiant à un signifié pour obtenir cette fixité dans le glissement des signifiants. Les psychotiques font l'expérience d'une structure qu'aucun point de capiton ne retient, et ce n'est pas un hasard si le schéma I présente deux asymptotes qui vont à l'infini autour des signifiants de la métaphore paternelle et du phallus entourés d'un cercle pour signifier que, si ces significations sont interdites d'accès pour un sujet – elles sont rendues inaccessibles par le cercle qui les entoure – et si rien ne vient border la structure comme dans le schéma R, alors c'est à l'infini de la chaîne signifiante que les psychotiques ont affaire.

S'il fait de la crainte de Dieu la signification qui vient vectoriser l'ensemble de la tragédie d'*Athalie*, c'est que la motivation des personnages et leurs actions dans la pièce ne s'éclairent qu'à travers son signifiant qui dès l'entrée détermine pour chacun d'eux leur issue. Mais c'est précisément pour nous faire entendre que cette vectorisation manque dans les psychoses, parce qu'une signification y est forclose, c'est-à-dire en droit est réputée ne jamais avoir existé, signification inaccessible, formant à sa place une béance autour de laquelle va se réorganiser la structure au moment crucial où le sujet sera sollicité de devoir en répondre, comme Schreber accédant à son poste de Président de cour d'appel, au moment où la question de la paternité et de la procréation se posera, lui que rien ne destine à y répondre et à en répondre. S'il y répond, c'est par la diffraction de la chaîne signifiante en un feuilleté d'énonciations commentées par des voix, discordantes ou concordantes dans l'éclosion du délire.

Il y a pour le faire entendre dans ce séminaire une métaphore routière qui est particulièrement éclairante de ce qui se trame dans le délire, c'est celle des petites routes, des chemins vicinaux, que prend le délire, avec ses écriteaux multiples, pour parvenir à un but vers lequel il tend, sans y arriver, à l'inverse de celui qui grâce ou à cause de la métaphore paternelle, du point de capiton, est sur la grand-route et ne suit aucune déviation.

Soit, le point de capiton arrête le glissement infini des signifiants, mais faut-il en rester là ? Peut-on en rester à une description déficitaire des psychoses, juste, mais que l'on pourrait éclairer autrement avec la suite du séminaire, et notamment à la lumière des derniers travaux de Lacan ? Nous aimons encore nous dire que Lacan a tout dit ici des psychoses et qu'il est pertinent d'en rester là.

Je voudrais dire que non, parce que Lacan a fini par repenser les fondements de sa théorie des psychoses bien plus tard dans *Sinthome,* que l'on peut aussi lire comme la reprise à nouveaux frais des *Structures freudiennes des psychoses.* Notons que dans la métaphore du point de capiton, il y a les prémices de ce que l'on retrouve comme préoccupation majeure de la théorie des nœuds : un point de capiton est comme un nœud, il coince, il empêche le glissement chaotique du signifiant. La métaphore du coinçage est une métaphore de *RSI,* mais elle est implicite dans *Les Structures freudiennes des psychoses.* Car ce qui permet le coinçage de l'objet, c'est R, S et I noués de façon borroméenne. C'est aussi parce que Lacan découvre le nœud à quatre et qu'il va dire que si R, S et I sont dénoués, le rond quatrième du symptôme ou du sinthome rend possible ce nouage et ce coinçage.

Où est le scandale de *Sinthome* ? C'est de dire que l'on peut concevoir que le Nom-du-Père est ce rond quatrième qui noue entre eux réel, symbolique et imaginaire à titre de symptôme, mais que de la même façon il peut être fait usage d'un rond quatrième qui ne soit pas le Nom-du-Père pour faire tenir ensemble le réel, le symbolique et l'imaginaire et que ce rond s'appelle le sinthome. C'est un scandale, parce que, pour la première fois, Lacan parle explicitement de « se passer du Nom-du-Père, à condition de s'en servir », c'est-à-dire met en perspective la question des névroses par rapport à celle des psychoses, et notamment celle de Joyce à propos duquel il parle d'une « forclusion de fait » du Nom-du-Père. Il y a donc des formes de coinçage qui empruntent au coinçage borroméen sa structure, mais n'impliquent pas un point de capiton défini comme métaphore paternelle. Elles rendent pourtant possible un capitonnage.

Y a-t-il dans *Les Structures freudiennes des psychoses* l'annonce d'une telle perspective ? Si l'on s'intéresse au schéma I, nous voyons qu'il substitue au quadrilatère bordé par une frontière du schéma R une structure asymptotique où la fabrique du signifiant pointe de part et d'autre d'un certain axe central vers l'infini.

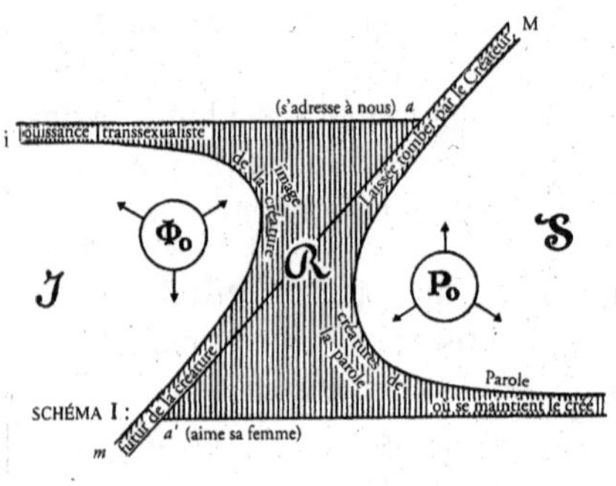

SCHÉMA I :

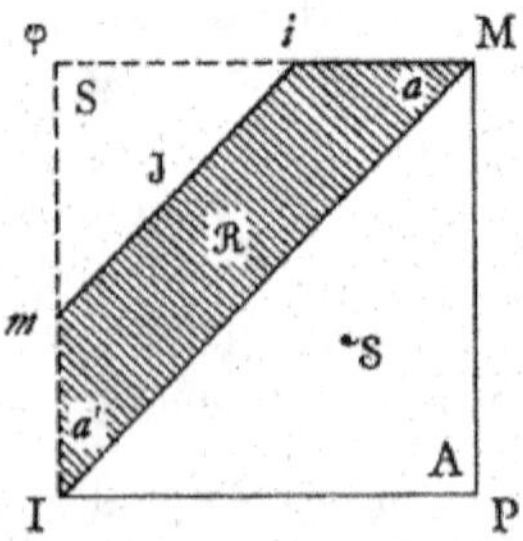

SCHÉMA R :

Qu'est-ce que ces asymptotes nous disent de la clinique des psychoses et sur le signifiant à l'œuvre dans cette clinique ? L'espace n'y est pas bordé et les signifiants qui s'y développent à l'infini de part et d'autre de cet axe réel ne rencontrent aucune limite, aucun bord et ne se bouclent pas.

Est-ce que cela correspond à l'expérience des psychanalystes avec les sujets psychotiques ? Les cliniciens remarquent la plupart du temps qu'un travail est possible avec un psychotique dans une cure et qu'il est bien entendu soutenu par le transfert, comme si était en acte dans la parole un sinthome que par son énonciation un sujet psychotique était capable d'écrire, souvent comme Joyce avec le renfort d'un texte écrit, ou d'une invention artistique ou autre. Mais ce sinthome pour exister a besoin de sans cesse venir s'inscrire dans le transfert, comme si l'acte de parole dans le transfert permettait seul de le soutenir pour que ça coince et que ça tienne. Le sinthome dans les psychoses est une écriture qui ne se boucle pas. D'où la durée des cures avec les psychotiques : analyse interminable.

Il faudrait nuancer ce propos d'une considération sur le délai de forclusion : est appelé délai de forclusion en droit un délai temporaire au-delà duquel la requête, ou l'affaire, est censée n'avoir jamais existé. Mais à supposer qu'un suspens existe par exemple chez l'enfant avant qu'une véritable forclusion se mette en place, il y a toujours lieu d'étendre ou de rallonger ce délai, pour mettre en place la métaphore paternelle d'une façon ou d'une autre. La question est ouverte pour les enfants en clinique.

L'autre question est de savoir si dans les psychoses quelque chose d'une inscription peut se boucler pour former un sinthome consistant en lui-même, abstraction faite du transfert. Le cas de Joyce semble en partie le démontrer pour Lacan, même s'il est vrai que chez lui c'est la relance indéfinie et jusqu'à la fin du processus d'écriture qui va soutenir son existence. Mais la question mérite d'être posée, qui confère au travail d'invention cette fonction de capitonnage en suspens dans la psychose : le sinthome peut-il avoir même consistance que le symptôme dans certains cas ? Notons que *Mémoires d'un névropathe* constitue en soi une écriture, comme souvent, et une tentative de guérison par l'écriture.

La remarque qui en découle, c'est que les psychoses ont ordinairement affaire avec une temporalité particulière, où la conclusion – le bouclage – n'est pas d'emblée donnée, ni pour le patient ni pour le clinicien. On ne remarque pas assez que le travail de Lacan avec Joyce, comme celui de nombre de cliniciens avec leurs patients psychotiques, s'inscrit dans une dynamique où il n'est pas question de figer le cas clinique dans la représentation d'un nœud unique supposé définir l'essence du sujet psychotique. Ce qui est la tentation du tableau clinique où l'on épingle comme un papillon le cas qui n'est même plus un sujet, mais un animal empaillé comme chez le taxidermiste. Une dynamique, c'est un jeu avec les signifiants et la relance d'un travail de recherche et de trouvailles de la part du clinicien et du patient, comme Lacan avec Joyce. Il y a au moins quatre nœuds de Joyce dans *Sinthome.* Lacan s'y reprend à plusieurs fois.

La forclusion chez un sujet participe au déclin du Nom-du-Père dans la famille et dans la société. Quelle présentation topologique pourrait-on donner à ce déclin aujourd'hui ?

Comment inscrire la forclusion dans le nœud borroméen ?

On peut indiquer de façon triviale que Lacan admet dans *La Topologie et le temps* que l'on passe du nœud à quatre au nœud à trois et inversement dans le cadre de ce qu'il appelle le nœud borroméen généralisé : ainsi, un nœud pourvu d'une nomination symbolique ou du Nom-du-Père entendu comme exception se transforme en nœud à trois. La nomination symbolique y est forclose par simple disparition de cette consistance.

Mais cela ne suffit pas. Car si l'on admet que les Noms-du-Père sont conservés au niveau des consistances R, S et I, alors il faut une forclusion supplémentaire : c'est le fait que les dimensions du réel, du symbolique et de l'imaginaire ne sont plus revêtues de leur signification de Nom-du-Père, qu'elles sont appréhendées par le sujet d'une façon brute, sans la médiation d'une métaphore paternelle et que le nœud, qui avec la métaphore paternelle se différencie en trois consistances distinctes, se met à présenter des consistances homogènes et équivalentes. La mise en continuité des registres n'est pas loin qui aboutit à la structure du nœud de trèfle. Paranoïa.

La clinique contemporaine, notamment avec les jeunes générations, vient illustrer cette psychopathologie où la métaphore paternelle semble avoir disparu. Il est vrai que nous avons aussi affaire à des jeunes qui, sans faire référence au Nom-du-Père comme exception, se soutiennent très bien d'un nœud à trois où les métaphores paternelles n'ont pas disparu. Une forclusion réellement accomplie suppose la disparition totale de la métaphore paternelle au niveau du nœud à trois.

Tout indique, dans la clinique, que nous avons affaire à des structures en mouvement et qu'il serait idiot de les figer dans le cadre délétère d'une présentation qui ne tiendrait pas compte de ce mouvement. C'est aussi le danger des tableaux cliniques qui ne retracent pas l'évolution dynamique de l'énonciation d'un sujet dans le temps ; c'est ainsi particulièrement vrai dans le traitement des psychoses.

Par ailleurs la prise en compte du temps dans la cure et la prise en charge thérapeutique des psychotiques nous éloignent d'une vision essentialiste, crépusculaire et ségrégationniste qui ferait des psychotiques des êtres fixés dans leur structure, comme dans une essence immobile, avec le risque permanent du suicide ou de l'abolition subjective – la trop fameuse mort du sujet dont il n'y a qu'une seule et unique occurrence dans toute l'œuvre de Lacan – et en tout cas des êtres déficitaires à part que le psychanalyste ou le psychiatre dans leur grande bienveillance accueilleraient sans trop avoir à se soucier de leur insertion subjective dans un lien familial ou social, mais pour éviter seulement le pire. Une approche bien sûr à la limite de la condescendance, quand ce n'est pas du mépris. C'est une attitude habituelle. Mais il y a mieux à attendre d'une cure avec un psychotique, en particulier sa capacité à inventer un sinthome, même s'il ne se boucle pas. Car les psychotiques que le Nom-du-Père ne vient ordinairement pas protéger des effets du langage (là encore il faut nuancer) sont au plus près de la vérité, et leur rigueur leur donne presque toujours un coup d'avance par rapport aux névrosés.

Lacan dit parfois son désir d'être psychotique pour la rigueur par rapport au réel que cette condition subjective implique. C'est, dit-il, un essai de rigueur. Elle manque parfois aux névrosés si l'on reste dans le registre idiot du langage déficitaire.

Lacan n'a pour sa part jamais cessé de rappeler que névrosés, psychotiques et pervers étaient tous soumis à la détermination du langage. Si l'essentiel de son séminaire sur les psychoses est consacré au langage et à ses effets, c'est que bien sûr les psychoses sont une voie d'accès privilégiée à l'étude de notre dépendance commune au langage qu'il découvre dès cette époque. Ainsi, « l'Homme aux paroles imposées » dans *Sinthome* lui sert-il d'exemple clinique pour illustrer le fait que le langage nous est à tous imposé et qu'il engendre chez les uns et les autres les déraillements que l'on sait. Dépendance commune. Il suffit d'observer la vie de nos associations psychanalytiques pour s'apercevoir facilement qu'avec les psychanalystes nous pouvons aussi avoir affaire à des hommes aux paroles imposées, pour le meilleur et pour le pire… Il y a aussi des folies qui peuvent se partager entre névrosés. Folies à deux ou à plusieurs.

La psychanalyse, pratique de bavardage et délire scientifique

Est-ce à dire que grâce à la topologie des nœuds la psychanalyse serait comparable aux sciences dures dans son abord du réel ?

Qu'est-ce qu'un modèle mathématique ? C'est quelque chose qui nous sert « à extrapoler quant au réel, c'est-à-dire (…) à fonder d'une écriture ce qui peut être imaginé du fait même de cette écriture et qui se trouve dès lors permettre de rendre compte des interrogations qui seront portées par l'expérience à ce réel lui-même qui de toute façon n'est là que supposition, supposition qui consiste dans ce sens du mot réel (…). Le modèle, comme je viens de le dire et ce, du fait de son écriture, se situe dans l'imaginaire. Il n'y a pas d'imaginaire qui ne suppose une substance. C'est là un fait étrange, mais c'est toujours dans l'imaginaire, à partir de l'esprit qui fait substance à ce modèle, que les questions qui s'en formulent sont secondement posées au réel[24]. »

Le commentaire de ce passage a été déjà fait maintes fois dans la littérature psychanalytique. Je me contenterai de quelques remarques. Ce qui frappe Lacan concernant le modèle est quelque chose qui devrait nous alerter et qui n'est pas évident. Ce n'est pas l'écriture mathématique qui constitue le caractère symbolique du modèle, mais sa dimension de supposition purement imaginaire à propos du réel, de telle sorte qu'entre le réel et l'écriture s'interpose une sorte de doublure que Lacan appelle substance. Celle-ci fait clairement penser à la substance étendue dans l'approche cartésienne du réel, sachant que les idées claires et distinctes particulièrement mathématiques supposent qu'il y ait une adéquation entre l'idée et la chose représentée dans l'idée. Or la substance est très précisément là comme une doublure d'un réel dont

24 Jacques Lacan, « Leçon du 17 décembre 1974 », *RSI*.

Kant finira par démontrer que la connaissance est inaccessible, en tant que chose en soi.

Le modèle qui suppose une substance n'a affaire qu'à la doublure d'un réel inconnaissable.

On s'attendrait à ce que le modèle, issu des mathématiques, en réfère à l'usage symbolique de l'écriture. Mais Lacan fait ici un pas par rapport à ce qu'il expose dans *Écrits*, notamment sur la lettre volée. Lacan y insiste sur l'identité de forme existant entre le matériel symbolique, qui rend la science possible, et ce même matériel lorsqu'il en réfère à l'inconscient et au sujet de l'inconscient. C'est au pur agencement de ce matériel littéral que le sujet a affaire, comme le scientifique dans l'usage d'un modèle. On s'attendrait donc au niveau de RSI à ce que cette matérialité littérale soit mise en exergue comme une contribution symbolique au procès de la science.

Or, ce que retient Lacan, c'est que l'imaginaire filtre la relation au réel et ne l'entrevoit que comme supposition. Le modèle reste toujours l'image d'une substance dont la structure demeure voilée, c'est-à-dire dissimulée au modèle.

Il y avait à ce propos en 1990, lors d'un colloque de l'Association freudienne internationale qui s'était tenu sur la science à Grenoble, un excellent exposé de Bernard d'Espagnat sur la physique quantique, où ce scientifique de renom faisait la différence entre les axiomes de la mécanique quantique standard à objectivité faible et valable pour n'importe qui et une physique à objectivité forte, qui curieusement supposait toujours la théorie des variables cachées. Le voilà le réel voilé par sa doublure substantielle. Qu'est-ce qu'une substance dont les variables sont cachées, sinon une supposition qui pose le réel comme inaccessible ?

Il y avait selon lui un écart entre ce que sont les choses en soi et la façon dont nous les représentons dans un modèle qui marche. Si c'est ce réel qui nous mène dans la science, nous sommes fondés à parler ici de noumène au sens kantien. L'impasse d'une telle modélisation du réel, c'est que le réel comme tel ne puisse être présenté.

Cela signifie-t-il que Lacan ait dénié à la science cette objectivité qui lui est propre ? Non pas, Lacan reprend Karl Popper. Il admet que ce qui caractérise une théorie scientifique, ce n'est pas qu'on puisse à tous les coups la vérifier, mais au contraire que certains énoncés de cette théorie puissent être réfutés.

C'est, vous le savez, le fameux critère de démarcation de la logique de la découverte scientifique. Ne sont scientifiques que les théories réfutables. À l'inverse, ne relèvent pas de la science celles qui sont irréfutables. Il y a des textes de Popper sur la psychanalyse, où Popper dénie clairement à la psychanalyse le statut de science, précisément parce que l'interprétation semble toujours devoir être vérifiée. Il montre par exemple que, dans *La Science des rêves* Freud renonce à examiner l'objection qu'il se fait à lui-même sur l'existence, à côté des rêves comme réalisation d'un désir refoulé, des rêves d'angoisse que Freud finit par rabattre sur des rêves réalisant un désir. Si donc l'on s'en tient au magnifique texte de Freud en introduction à *Pulsions et destins des pulsions*, s'il est vrai que la psychanalyse élabore des conceptions qu'elle suppose scientifiques à partir de l'expérience de la clinique, cette supposition pour Popper n'est pas sans conséquence, pour autant que le psychanalyste vérifie toujours ce qu'il avance comme quelque chose d'irréfutable. La psychanalyse n'est pas une science, parce qu'elle est irréfutable. C'est très précisément ce que reprend Lacan.

Lacan a longtemps essayé à la suite de Freud de trouver des arguments pour asseoir l'approche psychanalytique sur l'approche scientifique, en la munissant de l'outil des mathèmes et de la topologie. Il semble qu'il ait finalement renoncé à cette ambition, en même temps qu'il élaborait le nœud borroméen : « Ce que j'ai à vous dire, je vais vous le dire, c'est que la psychanalyse est à prendre au sérieux, bien que ça ne soit pas une science. Ce n'est même pas une science du tout. Parce que l'ennuyeux, comme l'a montré surabondamment un nommé Karl Popper, c'est que ce n'est pas une science parce que c'est irréfutable.

C'est une pratique. C'est une pratique qui durera ce qu'elle durera, c'est une pratique de bavardage. Aucun bavardage n'est sans risques. Déjà le mot "bavardage" implique quelque chose. Ce que ça implique est suffisamment dit par le mot "bavardage". Ce qui veut dire qu'il n'y a pas que les phrases, c'est-à-dire ce qu'on appelle les propositions, qui impliquent des conséquences, les mots aussi.

"Bavardage" met la parole au rang de baver ou de postillonner. Elle la réduit à la sorte d'éclaboussement qui en résulte. Voilà[25]. »

25 Jacques Lacan, « Leçon du 17 novembre 1977 », *Le Moment de conclure*, Paris, Éditions de l'Association lacanienne internationale.

Le sérieux de la psychanalyse ne vient pas de son apparent caractère scientifique, ni de son emprunt fait aux mathématiques de la topologie des surfaces et des nœuds ; il vient de la seule pratique du bavardage, des postillons, du désir de bavasser qui sont l'alpha et l'oméga de la clinique. Plus sur un divan on raconte n'importe quoi, plus on a des chances de dire vrai sur soi et sur les autres et plus on s'approche du réel qui nous tient, c'est-à-dire de son sinthome, comme le démontre le cas d'Émilie, et même si Émilie prend directement appui sur un nœud pour aller directement à son sinthome. Rien de pire que l'exposé théorique de la psychanalyse appliquée à soi sur le divan, sinon comme le symptôme d'un évitement.

« La psychanalyse – je l'ai dit, je l'ai répété tout récemment – n'est pas une science. Elle n'a pas son statut de science et elle ne peut que l'attendre, l'espérer.

Mais c'est un délire, c'est un délire dont on attend qu'il porte une science, c'est un délire dont on attend qu'il devienne scientifique. On peut attendre longtemps... On peut attendre longtemps, j'ai dit pourquoi : simplement parce qu'il n'y a pas de progrès et que ce qu'on attend ce n'est pas forcément ce qu'on recueille. C'est un délire scientifique donc, et on attend qu'il porte une science mais ça ne veut pas dire que jamais la pratique analytique portera cette science.

C'est une science qui a d'autant moins de chances de mûrir qu'elle est antinomique. Quand même, par l'usage que nous en avons, nous savons qu'il y a des rapports entre la science et la logique[26]. »

Alors comment entendre cette distance prise avec le caractère scientifique de la psychanalyse, qui est antinomique de la science pour les raisons que nous avons vues, et cette recherche de Lacan qu'on peut bien qualifier de passionnée sur le nœud borroméen dont Lacan dit qu'il n'est pas un modèle ?

Il y a sans doute de fortes raisons de penser qu'en élaborant le nœud borroméen Lacan avait en vue de sortir de ce qu'il percevait comme l'impasse de l'approche scientifique du réel. Si le réel n'est traité qu'à travers la doublure d'une substance supposée par une écriture, le réel est-il accessible à la démarche scientifique ? C'est bien ce qui ressort

26 Jacques Lacan, « Leçon du 11 janvier 1977 », *L'insu que sait de l'une bévue s'aile à mourre*, Paris, Éditions de l'Association lacanienne internationale, p. 52-53.

de ce qu'il dit dans *RSI*. La science qui tient son statut du caractère réfutable de ses théories relève de la dimension de l'imaginaire. C'est si vrai qu'elle n'est pas à l'abri de l'imaginaire d'une interprétation du réel qui par exemple, comme on le voit avec le DSM et TDAH, procède pour caractériser les pathologies à partir de la description générique de troubles spécifiés dont la spécification s'origine d'une analyse statistique, tout en proposant un traitement de par la prescription de conduites correctives. Les théories cognitivo-comportementales qui se réfèrent à un modèle d'objectivité faible sont une illustration du fait que, au-delà du modèle mathématique, l'imaginaire de ce qui vient corriger la forme d'un comportement ou d'une cognition est celui de la bonne forme. C'est toujours au modèle du sac et de la sphère que l'on a idéalement affaire dans ce type d'approche.

Le nœud borroméen qui, rappelons-le, noue les trois dimensions du réel, du symbolique et de l'imaginaire, de telle sorte que si l'un est dénoué, les deux autres se trouvent dénoués, est une écriture dont la caractéristique est de *présenter* le réel, nous dit Lacan. Avec *RSI*, Lacan pensait tenir une écriture telle que cet arrière-monde d'un réel continûment voilé par la théorie qui prétend l'approcher se trouvait présenté et non représenté par une écriture au-delà de la représentation.

Il en rabat sur la prétention à présenter – en définissant la psychanalyse un délire –, et il y aurait de la folie dans le travail de l'interprétation analytique. Il faudrait néanmoins ici sans doute considérer le statut positif que Lacan entend conférer au délire à la lumière du sinthome de Joyce : il s'agit d'une forgerie du langage au-delà de laquelle il n'y a rien, aucun arrière-monde, aucune chose en soi ; comme le fou, comme le névrosé, le psychanalyste est pris par le langage, et les outils qu'il emprunte aux sciences dures, et notamment mathématiques, lui servent seulement à trouver son orientation. C'est ce qu'a fait Émilie avec le nœud borroméen.

Il faut peut-être entendre le caractère irréfutable de la psychanalyse, non pas seulement au sens poppérien d'une théorie toujours vérifiée, mais aussi au sens où aucun sujet, dès lors qu'il est pris dans le langage, n'en sort pour le réfuter. Il n'y a pas cette possibilité laissée à la recherche scientifique de sortir d'une théorie pour la réfuter. C'est une autre façon de dire qu'il n'y a pas de métalangage, d'objectivité hors langage. On ne quitte pas le langage ; on n'en sort pas, et il n'y a pas cette objectivité hors langage qui viendrait garantir le langage, comme il y a une théorie qui réfute une autre théorie. C'est aussi une façon de faire entendre que la pratique psychanalytique vise un au-delà de l'interprétation, du sens et de la vérité dont seul le nom de réel à partir de Lacan permet de rendre compte. S'il est bien ce qu'il définit comme l'impossible ou comme ce qui ne cesse pas de ne pas s'écrire, cette seule définition associée à la présentation qu'il en propose avec le nœud, justement dans une écriture, indique que ce n'est plus à la chose en soi inaccessible que la psychanalyse a affaire, mais au réel lui-même dans le maniement d'une écriture irréfutable du fait qu'elle inclut précisément dans la régie de son inscription le réel lui-même et le langage. C'est aussi comme cela que l'on peut entendre ce caractère irréfutable et aussi le délire qu'elle induit nécessairement, au grand dam des psychiatres et des psychanalystes classiques qui se croient toujours dans leur pratique, comme dans leur « éthique » à l'abri du délire du fait de l'objectivation d'un certain savoir clinique. Mais il faut bien se tenir strictement séparé des psychotiques qui ont la fâcheuse tendance de rappeler à chacun sa stricte dépendance au bavardage et aux déraillements que ce bavardage induit dans l'expérience de la folie.

L'autre aspect de la topologie, c'est, soulignons-le une fois pour toutes contre la prétention scientifique, sa dimension poétique. Lacan le rappelle souvent : réel, symbolique et imaginaire sont des métaphores. À leur propos, il parle même dans *RSI* de l'écart maximum de la métaphore, puis plus tard du côté impropre de ces métaphores. Nous y reviendrons à la fin. En pratiquant la topologie des nœuds, on use de métaphores qui ont la propriété d'être déformées, de se croiser, d'être coupées ou de fusionner ; mais c'est ce jeu que permet la topologie, pas la pratique d'un raisonnement scientifique exact, jeu avec des consistances imaginaires qui sont des métaphores. La topologie lacanienne, c'est de la poésie, et je souscris aussi bien volontiers à cette idée lumineuse de Cédric Villani, si fin mathématicien, que les mathématiques en général sont la poésie des sciences. C'est aussi sans doute pourquoi Lacan s'y est employé.

De la poésie au rapport sexuel il n'y a qu'un pas que nous franchissons.

L'enjeu politique du rapport sexuel entre un homme et une femme

À ce stade de la réflexion sur le réel, la question qui demeure posée pour une juste intelligence de la jouissance, c'est de savoir si l'on peut écrire entre les hommes et les femmes le rapport sexuel. Jusqu'au bout Lacan va soutenir qu'entre homme et femme il n'y a pas de rapport inscriptible, il n'y a pas une seule citation sur cette question dans les derniers séminaires qui n'aille dans ce sens.

Si l'on reprend simplement l'écriture des mathèmes de la sexuation, ce défaut d'inscription est patent. Car il y a du côté gauche une écriture fondée sur l'exception à la castration qui entraîne la dépendance de tous par rapport à ladite castration. Il existe un x qui nie Phi de x, c'est-à-dire un père qui fait exception à la castration, et pour tout x, il y a Phi de x, tous les x, supposés hommes sont soumis à la castration. C'est le champ de la jouissance phallique, par définition limitée et circonscrite à l'organe et à ses métaphores dans le semblant : être le plus fort, le plus brillant, le plus ceci ou le plus cela. Du côté droit c'est différent, il n'y a aucun x qui fasse exception à la castration, et c'est ici le champ d'un réel sans identification, un réel pur que désigne par cette écriture Lacan, ce qu'il appelle aussi le lieu de l'ab-sens, hors sens d'être un pur réel, celui de la jouissance Autre. Si Lacan cite à ce propos sainte Thérèse d'Avila et renvoie à la sculpture du Bernin, c'est que la pâmoison de cette femme mystique est une jouissance de l'Autre sans bord ni limite, où la subjectivité de la sainte vient s'abolir dans ce lien spirituel à Dieu.

Et Lacan nous donne en exemple sainte Thérèse en extase. Il nous dit qu'elle jouit. On voit qu'elle est complètement renversée, en extase. Le sculpteur a parfaitement saisi dans la pierre ce qu'écrivait cette mystique et cette poétesse de cette expérience psychique de l'extase. C'est une façon de représenter, par la sculpture, ce qu'il en est de cet « ab-sens », de ce lieu où il n'y a pas de possibilité de point de butée. Ce n'est pas seulement une écriture mathématique, c'est une expérience psychique que l'on peut rencontrer tout aussi bien dans les bras d'une femme, quand elle jouit. Comme pour compléter cette affirmation sur le champ de cet ab-sens dans le réel, il paraît donc pertinent de considérer que, même si en bonne orthodoxie freudienne, soit son article fameux sur la féminité, une femme traverse à ses débuts d'enfant les mêmes défilés signifiants qu'un homme par rapport au complexe de castration, elle n'est pas-toute inféodée au phallus, qu'elle recherche néanmoins à travers le *Penisneid* du fait de cet « appui » pris dans le réel et la jouissance Autre, dans cette absence qui la déleste un peu du poids de l'impératif phallique. Cet impératif, elle est susceptible de l'entendre cependant mieux qu'un homme, parce qu'elle ne vit pas sous dépendance directe, elle le rencontre, dirions-nous, à bonne distance.

C'est ce que retrace l'écriture du désir féminin en dessous de l'écriture des quanteurs. On y voit le départ de deux flèches à partir d'un La barré (L/a), pour signifier à nouveau qu'une femme n'est pas toute et qu'elle est donc divisée entre le phallus qu'elle cherche chez un homme – flèche vers le bas – et le signifiant du manque dans l'Autre – flèche vers le haut – où vient précisément se « lover » cet ab-sens, ce trou entre l'imaginaire et le réel dont parle aussi Lacan dans *Sinthome*.

À l'inverse, un homme n'est qu'un sujet barré par cette expérience de la castration, qui vise à travers elle un objet a qu'elle ne fait que représenter dans le fantasme de son partenaire.

Il est frappant sur le tableau de la sexuation de constater qu'à aucun moment les flèches ne se superposent ni ne se recoupent pour indiquer le circuit d'une réciprocité. Ceci pour bien indiquer l'hétérogénéité des deux logiques respectives des deux côtés d'une barre verticale franchie par des flèches, mais sans réciprocité ni croisement dans ces flèches.

Quoi donc de plus éloigné d'une femme qu'un homme soumis à l'impératif phallique qui désire une femme, en tant qu'objet, et de plus éloigné d'un homme qu'une femme qui d'une part vise un au-delà réel sans identification ni point d'appui, et qui s'attache à ce phallus dont il est réellement porteur, le fameux *Penisneid*, mais aussi à la dimension symbolique de la castration chez cet homme ?

L'écriture des mathèmes souligne la discordance entre homme et femme, plus qu'elle ne la résout. Les écritures des places respectives sont sans lien entre elles, si ce n'est la fonction phallique qui de part et d'autre de la barre fait varier les positions des protagonistes ; on notera aussi que Lacan accorde cependant à certains hommes le privilège de venir occuper le côté droit et féminin des mathèmes de la sexuation.

Quoi qu'il en soit, à la lecture des mathèmes de la sexuation, il n'y a en effet pas de rapport sexuel inscriptible entre homme et femme. Le jeu des écritures est là pour le signifier : aucune écriture d'un quelconque rapport entre homme et femme.

Lacan a-t-il changé d'avis sur l'impossibilité d'écrire le rapport sexuel ? Il n'y a aucune trace d'une seule remise en question de ce postulat jusqu'à la fin du séminaire, même si dans *La Topologie et le temps* il estime à propos du non-rapport sexuel que le nœud borroméen simple est une métaphore impropre, sans doute parce qu'il avait en vue cette autre métaphore qu'est le nœud borroméen généralisé, plus appropriée du fait qu'elle permet de penser des fusions et des défusions entre les dimensions R, S et I favorables à une économie de la jouissance plus plastique, faite de la plasticité de figures transgressées. C'est une hypothèse.

Pourtant ce nœud borroméen simple s'offre à une lecture de ce que pourrait être le rapport sexuel, alors que ce rapport a été tout d'abord une invention religieuse.

En quoi fut-il une invention religieuse, dans le judaïsme en particulier ?

Je vais d'abord me référer à un texte de la Kabbale, qui fut maintes fois repris par les maîtres de la Kabbale : *Igueret Hakodesh* (*Lettre sur la sainteté*). C'est un manuel écrit par un kabbaliste anonyme à l'intention des couples qui désirent se marier. Il était offert aux futurs mariés dans les communautés sépharades du Maghreb. Ce texte est approximativement daté entre le XIIIe et le XIVe siècle, c'est-à-dire au début du développement de la Kabbale. Il aurait été écrit dans l'Espagne médiévale, où la Kabbale a pris naissance. C'est un texte absolument magnifique qui parle de l'union sexuelle comme exaltation du divin en soi. Ce texte était « sacrément » provocateur à l'époque. Il s'oppose à une tradition dominante en Andalousie : Maïmonide, avec *Guide des égarés* fait un développement sur le caractère honteux des parties génitales et du toucher dans la tradition des Grecs, de Platon, mais surtout pour lui d'Aristote, puisque Aristote porte un jugement très sévère sur le toucher et les parties génitales dans *L'Éthique à Nicomaque*. Le toucher, les organes sexuels constituent les parties viles du corps humain. Toute une tradition du judaïsme, et en particulier le *Guide des égarés*, a repris les principes de cette condamnation du sexe ; on sait aussi avec quel appétit cette thèse fut accueillie dans le christianisme sans aucune alternative, et au mépris de la jouissance sexuelle. Comme il est logique, le but de l'existence dans ce judaïsme maïmonidien est sans doute de faire des enfants mais surtout de fuir la jouissance liée aux organes sexuels.

Que fait *Igueret Hakodesh* ?

Igueret Hakodesh rompt avec cette tradition et considère que, certes, au début de la Création, Adam et Ève ont connu leur nudité après le péché, mais que ce qui rend honteux c'est l'intention que l'on se prête à soi-même par rapport à ses organes. Loin d'être honteux, l'acte sexuel est un moment privilégié pour exalter le divin, ce que la Kabbale appelle la *Shekhinah*, « la présence de Dieu ». Ce qui caractérise la Kabbale, c'est que les actes que font les hommes dans leur vie pratique, y compris l'acte sexuel, engendrent une modification dans la Création et dans les mondes du divin, dans l'au-delà. Plus on exalte par des conduites appropriées ce divin à travers soi, plus le divin dans l'au-delà se trouve exalté. C'est ce qu'on appelle la théurgie, une action de l'homme sur le divin. L'acte sexuel est considéré comme l'acte qui a le plus d'action sur le divin. C'est ce qui célèbre, ce qui fait vivre ce que les kabbalistes appellent la *Shekhinah* et qui la rapproche de l'humain, sans que jamais bien sûr la présence de Dieu selon les sages du Talmud ne touche le sol. Ce qui signifie que cette exaltation de la présence divine n'a rien à voir par exemple avec l'hallucination schrébérienne à laquelle elle pourrait faire penser pour un esprit superficiel. Dieu se tient toujours dans cette proximité dans le plus extrême éloignement à la verticale infinie de l'humain. Si on considère que la tradition juive est traversée par la Kabbale et que sur cette question du sexe c'est la Kabbale qui a prévalu dans le judaïsme sur l'héritage de Maïmonide, on peut dire que le judaïsme depuis le Moyen Âge a fait une place très importante dans son éthique familiale et sexuelle à cette dimension de l'acte sexuel, en refusant de le désigner comme honteux et y voyant la marque même de la présence divine. On a donc du côté de l'intuition religieuse quelque chose qui indique qu'il pourrait y avoir un rapport sexuel qui ne serait ni honteux ni discordant, et l'auteur anonyme de ce traité va jusqu'à s'autoriser de l'étreinte des chérubins – *kérouvim* en hébreu – de sexe opposé représentés sous forme de sculpture dans le Saint des Saints du temple de Jérusalem pour fonder selon une parole du Talmud cette exaltation divine de l'hétérosexualité et du sexe, et ce dès l'enfance. Les sages du Talmud sont des freudiens avant Freud.

On peut se poser la question de savoir si le nœud borroméen simple dit quelque chose de cette expérience du sexe et du rapport sexuel et vient étayer l'intuition religieuse du rapport sexuel que parfois Lacan est amené à brocarder au détour de certains séminaires. Simplement Lacan, quand il énonçait le séminaire *RSI*, ne l'entendait pas de cette oreille. Il voyait dans le dénouage deux à deux des dimensions R, S et I de bonnes raisons de penser qu'aucun rapport n'était possible deux à deux. Or, cliniquement, soit de façon fugace soit de façon durable, on peut faire l'expérience d'un lien, quand on est un homme à une femme, ou d'une femme à un homme, d'un lien qui ne soit pas marqué par la discordance, ni au lit ni dans la parole. C'est une expérience qui se vit. En guise de boutade, Lacan a parlé de ce rapport sexuel qui existe dans la relation incestueuse qu'un homme d'un certain âge entretient avec une femme beaucoup plus jeune que lui. Ce lien de connivence physique et spirituelle entre un homme et une femme peut arriver. Certes les histoires d'amour finissent toujours mal et la séparation menace tous les couples, néanmoins ce type de rencontre peut exister pendant un certain temps. Le texte *Igueret Hakodesh* permet de l'entendre. Il y a un réel de cette expérience. Il y a parfois des moments entre un homme et une femme où existe une dimension de présence et d'exaltation commune et partagée. Ce texte de la Kabbale donne une idée un peu moins tragique des liens entre les femmes et les hommes les uns avec les autres.

Dans la leçon du 13 novembre 1968 du séminaire *D'un Autre à l'autre*, Lacan suggère à propos du *Qohélet*, nous l'avons dit en introduction, une interprétation qui semble faire droit à l'idée d'un rapport sexuel où le sujet dans le sexe rencontrerait avec sa femme le vide qui le constitue. « Tout est vanité, sans doute, jouis de la femme que tu aimes, c'est-à-dire fais anneau de ce creux, de ce vide qui est au centre de ton être, il n'y a pas de prochain si ce n'est ce creux même qui est en toi, c'est le vide de toi-même. » C'est la seule affirmation positive d'un rapport sexuel inscriptible que l'on trouve dans tous les séminaires. C'est pourquoi elle mérite d'être commentée à la lumière d'*Igueret Hakodesh.* Lacan fait immédiatement référence à la Kabbale pour justifier son interprétation, et le texte *Igueret Hakodesh* suggère que, dans ce lien de soi à l'autre, l'acte sexuel met en œuvre un lien de connivence entre un homme et une femme.

Le texte ne dit pas ce qui le fonde, et Lacan répond à cette énigme : il s'agit d'un vide qui est un anneau pour le phallus et qui coïncide avec le vide au centre de l'être du sujet, comme si le sexe d'une femme devenait pour un homme avec le phallus la métaphore de ce manque à être du sujet lui-même, et qu'avec cette expérience du sexe, c'est ce manque à être à travers elle qu'il rencontrait. Il y aurait donc bien pour Lacan dans ce séminaire un rapport sexuel inscriptible.

Qu'est-ce que permet d'écrire le nœud borroméen simple, et que ne permettent pas d'écrire les mathèmes, et qui justifie cette remarque existentielle d'un rapport sexuel inscriptible ?

C'est que ce trou au centre du nœud borroméen, représenté par l'objet a, est aussi bien ce lieu où vient se « lover » une femme dans le semblant pour un homme, que le lieu qui cause son désir pour un homme : il n'est plus positionné comme à l'extérieur du périmètre de son désir, comme dans les mathèmes de la sexuation, mais appartient à l'écriture du désir d'un homme en propre.

C'est aussi que, dans le nœud borroméen simple, la jouissance phallique « co-habite » avec la jouissance Autre à l'intérieur d'une écriture qui inscrit en elles un rapport, un rapport de nouage. Pourquoi ne pas imaginer qu'un homme cherche chez une femme la jouissance Autre alors qu'il fait l'épreuve de l'impératif phallique dans la vie quotidienne ou au lit, et qu'une femme cherche la jouissance phallique alors qu'elle fait l'épreuve de cette absence, de cet ab-sens qui la transporte ailleurs, en un lieu Autre, et que les deux nouages en jeu pour cet homme et pour cette femme se superposent, alors qu'ils font chacun à leur manière porter l'accent sur la jouissance qu'ils visent à travers l'autre, la phallique pour une femme, la jouissance Autre pour un homme, sans jamais perdre de vue le lieu d'où ils s'autorisent à jouir, de la jouissance phallique pour un homme, de la jouissance Autre pour une femme. Si bien qu'au non-rapport constitutif des mathèmes de la sexuation et à cette barre infranchissable des écritures se substitue une Autre façon de vivre le lien à l'autre sexe dans l'échange de jouissances partagées. C'est peut-être l'un des ingrédients de l'amour que d'être capable d'un tel rapport, et c'est aussi la façon dont chacun est le plus intelligent avec la jouissance, pour rompre avec la malédiction d'un péché originaire qui voue le sexe aux gémonies et la malédiction d'une écriture qui rend impossible l'existence d'un lien réel entre les sexes.

La jouissance phallique comme la jouissance Autre et l'objet a constituent autant de trous nommés comme tels par Lacan autour desquels le lien du sujet à son vide constitutif, et à travers lui à sa prochaine, se noue, et ce n'est que dans l'acte sexuel et la connivence amoureuse que le sujet peut à la fois rencontrer ce vide et faire l'épreuve de celle qu'il désire et qu'il aime. Lacan l'a entrevu dans *D'un Autre à l'autre*, et il y a renoncé sans doute en raison des impasses dans lesquelles l'écriture formelle des mathèmes a fini par le conduire.

Le nœud borroméen le rend possible, et c'est cela sans doute la juste intelligence de la jouissance. C'est aussi la seule réponse possible aux idéologies néovictoriennes qui désormais font du harcèlement sexuel et du trauma l'alpha et l'oméga d'un discours raisonné sur le sexe.

Pour conclure sur la jouissance qui sied selon Lacan aux femmes, à savoir la jouissance de la vie, il y a un texte que j'aimerais ici rappeler : *Notre besoin de consolation est impossible à rassasier* de Stig Dagerman. C'est un texte admirable qui s'enracine aussi dans une tradition, sans que ce soit dit, mais qui est là bien présente en arrière-plan de ce texte, la tradition protestante dans son rapport avec la Bible, et un texte biblique qui fait partie du Canon de la Bible hébraïque et que j'ai cité en introduction de cet ouvrage : le *Qohélet*. Le texte de Stig Dagerman est un commentaire du *Qohélet*.

En effet quel est l'objet du *Qohélet* ? « Vanité, tout est vanité » (« *Evel, khol evel* » : « buée, tout est buée » en hébreux pour Henri Meschonnic). En un mot, nous trouvons notre consolation et notre raison dans les apparences de la prospérité et du bonheur liées au pouvoir, à la réputation, à l'avoir et au savoir. Au final, nous finissons tous par mourir et, qui que ne soyons, puissant ou esclave, riche ou pauvre, juste ou malfaisant, Salomon ou Himmler, nous sommes tous morts et oubliés. C'est tout le thème de Stig Dagerman. C'est l'idée aussi du *Qohélet*. Tout n'est que semblant d'être et vains espoirs, qu'on soit croyant ou incroyant, heureux ou malheureux, nous nourrissons de vaines espérances pour cette vie actuelle et pour la vie future, nous nous consolons de vaines consolations. Mais la référence à Salomon, que je considère ici comme un indice probant pour la présentation de cette problématique dans le texte de Dagerman, devrait nous indiquer que la sagesse de l'antique judaïsme est bien là présente, sans appel pour les fausses espérances, les vaines consolations et très loin des croyances aux arrière-mondes divins et consolateurs. Le texte du *Qohélet* d'inspiration sadducéenne ne croit pas qu'il y ait pour le sujet un au-delà après la mort et l'idée messianique d'un salut universel lui est totalement étrangère, quel qu'ait été le commentaire du Targoum, qui en force le sens jusqu'à l'éteindre, et plus récemment de Jacques Ellul, pour redonner de l'espoir en une vie future.

Le texte nous pose la question essentielle suivante : si nous cessons de nous illusionner sur de vaines espérances qui donneraient ainsi l'apparence de tenir quelque chose, que restera-t-il de vraiment certain sur quoi nous pourrions faire reposer notre existence et notre désir de vivre ? Il y a dans ce mouvement un souvenir lointain de Descartes dans ses *Méditations métaphysiques* ou dans son *Discours de la méthode*, qui invite son lecteur à douter de toutes ses certitudes acquises, à renoncer à toutes ses illusions pour atteindre une vérité certaine sur laquelle le sujet pourra enfin fonder son existence et toute autre vérité : c'est une forme de « *cogito, ergo sum* ».

Le texte de Stig Dagerman est fortement empreint de cette méthode, et c'est pour aboutir à une vérité sur l'existence, sur ce qui fait le prix de l'existence pour tout un chacun. Il y a aussi un peu de Kierkegaard, premier penseur existentialiste scandinave, dans cette interrogation sur ce qui fait le prix de l'existence et son enjeu. Dans une tout autre direction.

Quelle est cette vérité que quelques philosophes avant lui ont saisie ?

Une vérité sur laquelle insiste Dagerman à la fin de son court traité, qui est effectivement juste la vie en elle-même et le désir de vivre qui lui est associé : « Mais tout ce qui m'arrive d'important et tout ce qui donne à ma vie son merveilleux contenu : la rencontre avec un être aimé, une caresse sur la peau, une aide au moment critique, le spectacle du clair de lune, une promenade en mer à la voile, la joie que l'on donne à un enfant, le frisson devant la beauté, tout cela se déroule totalement en dehors du temps. Car peu importe que je rencontre la beauté l'espace d'une seconde ou l'espace de cent ans. Non seulement la félicité se situe en marge du temps, mais elle nie toute relation entre celui-ci et la vie. »

Et plus bas : « Une vie humaine n'est pas non plus une performance, mais quelque chose qui grandit et cherche à atteindre la perfection. » C'est une pensée pour notre temps sans arrière-monde !

Le *Qohélet* invite aussi le lecteur à jouir de la vie en dépit du constat d'échec lié aux vaines espérances et aux vanités du pouvoir, de l'avoir et du savoir. C'est pourquoi il fait de la jouissance avec la femme que l'on aime une boussole pour s'orienter et que je considère que la question du rapport sexuel est la seule question politique sérieuse aujourd'hui.

Clairement, il y a la Vie qu'il faudrait écrire avec une majuscule et qui ferme la bouche au désespoir et à la mort, parce qu'elle se vit ici et maintenant dans un présent qui défie le temps et dans les moments merveilleux qu'elle peut nous offrir. C'est la seule vérité certaine et positive ! On retrouve cette thématique dans un séminaire intitulé *La Troisième*, où Lacan, sans doute lecteur de Dagerman, situe la jouissance de la Vie dans le nœud borroméen. Ailleurs c'est bien du côté des femmes qu'il la situe et il l'oppose à la pulsion de mort.

Mais c'est là le paradoxe de l'œuvre de Dagerman prise entre un traité du désespoir et une ode à la Vie : pour Dagerman, on le sait, c'est le traité du désespoir qui l'a emporté, comme s'il avait un instant oublié les versets du *Qohélet* proclamant le primat de la Vie ici et maintenant sur les vanités de ce monde et sur la mort. Car Dagerman s'est suicidé peu de temps après avoir écrit son court traité, comme si lui-même n'avait pas été persuadé de ce qu'il avait écrit.

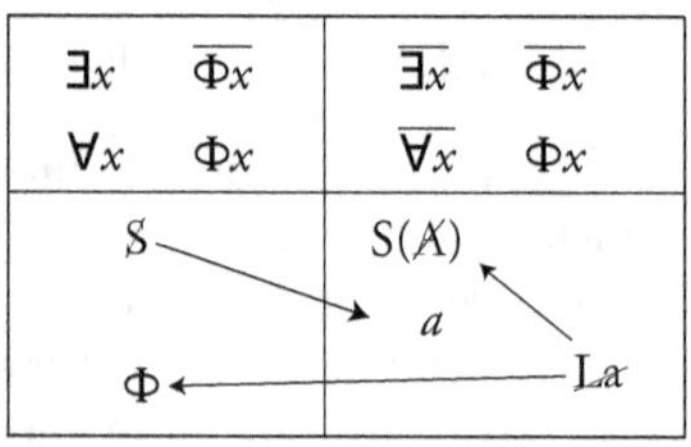

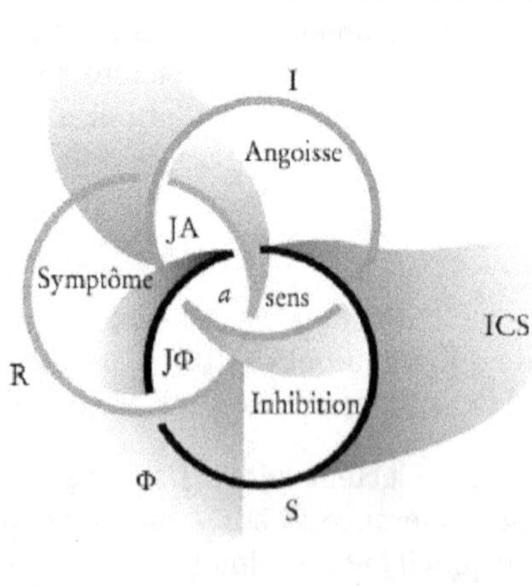

CONCLUSION

De l'Un au Pas-Un : un signifiant nouveau pour le politique

Si le jouir de la mère est interdit, c'est que l'interdit de l'inceste est le viatique d'une existence qui ne sera dès lors pas exposée à la catastrophe de l'inceste, réel ou imaginaire, pour un sujet, comme le montre la clinique ordinaire ; c'est aussi que le Nom-du-Père vient d'une part guider le sujet vers la jouissance sexuelle d'un objet, qui ne sera accessible que par le fantasme, s'il a plu au père qui vit près de la mère d'indiquer à ses enfants que l'objet, cause de son désir, est précisément leur mère, à eux à jamais interdite. Telle est la façon, somme toute assez simple, dont Lacan au terme de ses séminaires, continue d'évoquer la fonction paternelle et de l'articuler au Nom-du-Père dans *RSI*. Ce qui rend le nœud borroméen à trois un peu plus complexe, malgré les apparences, que le nœud borroméen à quatre, c'est que Lacan n'y évoque plus le Nom-du-Père au singulier, mais au pluriel. Il parle à ce propos des Noms-du-Père plutôt que du Nom-du-Père et lorsqu'il reparle du Nom-du-Père dans *Sinthome*, c'est pour identifier le symptôme au Nom-du-Père, en indiquant par là les limites symptomatiques du nœud à quatre, la quatrième consistance étant appelée symptôme ou Nom-du-Père sans distinction sémantique particulière. En quoi l'usage du Nom-du-Père dans le lien social diffère-t-il de l'usage des Noms-du-Père ? Ou encore à quelle pratique sociale et politique avons-nous affaire dans ces deux cas ? Pourquoi diffèrent-elles ?

Nous avons vu dans le premier chapitre que le Nom-du-Père permet au sujet d'accéder à la dimension très précieuse de la perte et du trou. C'est bien ce que signifie un père à ses enfants lorsqu'il désigne comme perdu à jamais l'objet de leur fantasme, à savoir la mère. Faute de cette renonciation à l'objet, le sujet est exposé à ce que Lacan appelle *l'étanchage* de l'objet, qui fait retour sans arrêt dans toutes les formes connues de névroses, de psychoses ou de perversions. Dans l'analyse du pari, Lacan ne fait pas de distinction. Il dit simplement que cet étanchage aboutit pour le sujet à l'enfer, c'est-à-dire très précisément à un niveau insoutenable d'excitations au sens freudien, ou à une jouissance insupportable dont le symptôme est la caisse de résonance au sens de Lacan. C'est d'ailleurs dans *La Troisième* qu'il va un instant identifier le symptôme et le réel et faire du symptôme l'indice de ce réel que le sujet ne parvient pas à étancher. Toute la psychopathologie contemporaine livre le sujet à la merci de cette jouissance sans limites où l'objet fait retour, sans que plus rien ne sépare le sujet d'un objet qu'il est dans l'impossibilité de perdre et qui lui impose la logique de son fonctionnement. L'addiction à l'objet est telle qu'elle est devenue « naturelle » et que l'idée d'une accumulation exponentielle des richesses appelée croissance est dorénavant le fondement du raisonnement économique. L'interrogation sur le bien-fondé de cette croissance n'agite les économistes qu'à la marge, dans le courant écologiste, et le peu d'enthousiasme qu'elle soulève parmi les électeurs indique assez qu'elle est un présupposé que personne ne songe à remettre en cause sans risquer de devoir renoncer à ce qu'il appelle aussi son niveau de vie, qui désigne ce niveau de confort minimal ou optimal sans lequel la vie semble perdre tout intérêt.

Tout se passe comme si notre jouissance collective, telle que le discours capitaliste vient l'orchestrer pour chacun, allait à l'encontre de cette perte de l'objet, pourtant attestée dans l'expérience clinique de la cure analytique, qu'elle s'y opposait même pour affirmer son primat au prix certes de crises et de souffrances, mais comme la condition *sine qua non* d'une existence réussie. Nous parions contre Dieu pour la jouissance, à l'image de ce parieur possible que Lacan déduit du pari de Pascal en nous engageant résolument vers l'enfer, mais un enfer réel, non pas dans l'au-delà, mais ici et maintenant. De cet enfer nous voyons les contours : c'est non seulement le consumérisme sans limites, mais c'est surtout l'instrumentalisation des liens humains où autrui n'est qu'un objet à bien utiliser, à exploiter ou à détruire dans une course à la maîtrise qui va opposer certains sujets les uns aux autres selon le schéma d'ailleurs admis par tous de la concurrence, ajoutons, la plus pure et la plus parfaite qui soit, et qui va en asservir d'autres.

Cette instrumentalisation surgit au moment même où la fonction paternelle subit une transformation de structure au sein de la famille, qui ne mérite plus l'adjectif de patriarcale du fait de ce déclin du Nom-du-Père dont Lacan parle depuis les années 1930 avec *Les Complexes familiaux*. Il y a donc une corrélation de structure entre la poussée de la jouissance directe de l'objet dans le capitalisme triomphant et le déclin du Nom-du-Père dans la famille, mais aussi l'émergence d'un nationalisme et d'un djihadisme exterminateurs qui prétendent l'un et l'autre restituer à cette dimension de l'au-moins-un une vigueur nouvelle pour répondre à ce déclin : un maître absolu répond désormais au déclin du Nom-du-Père.

Quel est le risque de l'affirmation de l'au-moins-un dans le champ politique ?

Lacan l'a entrevu dans l'analyse qu'il fait des conséquences de ce qu'il convient d'appeler un nationalisme politique avant la lettre chez Aristote.

Il reste que, si nous pouvons tirer ces enseignements de *La Politique*, est-il toujours légitime de dire qu'Alexandre le Grand en a lui aussi tiré des enseignements pour sa politique impériale ? Ou encore jusqu'à quel point cette politique impériale était-elle inscrite en filigrane dans ce texte, voire comme une conséquence de la logique universalisante propre à ses traités de logique, *De l'interprétation*, *Premiers* et *Seconds Analytiques* ? Cette question n'est pas tout à fait vaine, puisque Lacan se l'est lui-même posée et y a répondu presque sans équivoque, indiquant par là un autre risque de l'identité politique, qui est de se vouloir totalisante, voire totalitaire, unifiante et exclusive au mépris de toute altérité.

Il y a dans *La Politique* – livre VII, chapitre 7, 1327 b 35 – un passage gênant qui va bien dans ce sens et qu'il est inutile de censurer pour les besoins de la démonstration. À propos de la cité idéale, Aristote va vanter les mérites des nations européennes qui, dit-il, sont pleines de courage, mais selon lui manquent d'intelligence et d'habileté technique. Ce qui n'est pas le cas des nations asiatiques – ici il vise sans doute les Perses –, qui sont intelligentes et ont l'esprit inventif, mais qui par manque de courage vivent dans l'esclavage.

Seule la race des Hellènes, dit-il, qui occupe une position géographique intermédiaire – on retrouve la médiété chère à Aristote dans ses *Éthiques* –, participe de façon semblable aux qualités de ces deux groupes : elle est à la fois courageuse et intelligente et par conséquent mène une existence libre sous d'excellentes institutions politiques, et, dit-il, est même capable de gouverner le monde entier si elle atteint à l'unité de constitution. Inutile de gloser, la tentation impériale et le mépris des autres sont là dans le texte.

D'autres éléments permettent-ils de corroborer cette hypothèse ? L'autre élément, sans doute moins probant, c'est la lettre qu'Aristote est censé avoir écrite à Alexandre en 330 avant Jésus-Christ, alors qu'il était déjà à l'apogée de ses conquêtes.

Je voudrais dire quelques mots sur l'authenticité de cette lettre. Elle nous est parvenue d'un texte arabe, lui-même traduit d'un texte syriaque et supposé traduit d'un texte grec, lui-même perdu. Autant dire que nous n'avons pas l'original du texte grec, que les noms des lieux y sont approximatifs par rapport aux conquêtes alexandrines et qu'il pourrait bien s'agir d'un pseudépigraphe bien postérieur à la vie d'Aristote. Donc inutile d'y prendre appui pour décrypter les ambitions impériales d'Alexandre à l'aune de *La Politique*, sauf pour constater que les aristotéliciens postérieurs se sont sentis gênés aux entournures pour penser l'Empire dans la perspective de *La Politique*, et qu'un certain nombre d'entre eux se sont crus obligés sur la base de textes aristotéliciens épars et aujourd'hui perdus de rédiger une fausse lettre de recommandations d'Aristote à Alexandre.

Plus sérieux à mon sens sont les arguments avancés par Lacan dans *L'Étourdit*, quand il établit entre la politique impériale et la logique aristotélicienne une filiation que l'on doit dire logique. Lacan regrette ce qu'Aristote n'a pas fait dans sa logique ou pas eu l'idée de faire. Il regrette qu'Aristote et Alexandre n'aient pas été lacaniens avant l'heure. Je vais citer la phrase et la commenter.

« Cela n'eût-il pas eu son intérêt pourtant qu'[Aristote] aiguillât son Monde du *pas-tout* à en nier l'universel ? L'existence du même coup ne s'étiolait plus de la particularité, et pour Alexandre son maître l'avertissement eût pu être bon : si c'est d'un ab-sens comme pas-un dont se nierait l'univers que se dérobe le *pas-tout* qui ek-siste, il aurait ri, tout le premier c'est le cas de le dire, de son dessein de l'univers empirer[27]. »

Il pose une question qui est une hypothèse ; il aurait pu être intéressant que l'universel, tel que formulé dans une proposition qui pourrait être issue de *De l'interprétation*, du type « tous les hommes sont blancs », soit comme le suggère *La Politique* livre VII, « tous les hommes sont destinés à être gouvernés par les Hellènes », conformément aux buts et aux ambitions d'Alexandre, soit niée et devienne « pas-tous les hommes y sont destinés ». On reconnaît ici la torsion que Lacan fait subir à la

27 Jacques Lacan, *Scilicet*, n° 4, Paris, Seuil, 1973, p. 25.

logique aristotélicienne, en passant du tout de l'universel et de la particulière au pas-tout de l'existence féminine, qui ne dépend pas toute de la norme phallique ; comme les peuples alentour qui n'étaient pas tous des Hellènes pouvaient être pas-tous soumis à la norme de l'Empire d'Alexandre.

De quoi cette logique du pas-tout qui aurait été une limite à l'extension de l'Empire d'Alexandre se serait-elle doublée si Aristote y avait pensé ?

Cette logique du pas-tout se serait, s'il en avait reçu l'enseignement d'Aristote, doublée d'une logique du pas-un, autre caractéristique logique de la féminité, puisque pour une femme il n'y en a pas au-moins-un qui fasse exception aux exigences de la norme phallique. Ce qui est le cas pour tous les hommes pour lesquels il y en a au-moins-un qui fasse exception, par exemple le père, le chef ou l'empereur. S'il avait inclus le pas-un en plus du pas-tout dans sa logique, cette position d'exception où il se tenait comme empereur des Hellènes se serait nuancée de ce que Lacan appelle un ab-sens, c'est-à-dire de l'idée qu'aucun chef exceptionnel ne vient garantir que le monde politique fasse universel, totalité universelle et unifiée, qu'à la place de l'Autre il n'y a rien qu'une absence, comme le montrent les mathèmes de la sexuation du côté droit, où se situent ordinairement les femmes. Il n'y a en politique pas plus d'un totalisant l'empire que de chef exceptionnel susceptible de soutenir cette totalité. Car du côté féminin de ce bord politique, l'espace est ouvert et il est Autre et ne dépend d'aucune règle universelle. Ce côté droit est celui d'une absence et d'une absence de sens idéal noté par l'écriture : il n'y a pas d'au-moins-un qui nie la castration, précisément parce que cette place n'est garantie par aucune figure d'exception, ni père, ni chef, ni tyran. C'est l'expérience qu'en font les femmes et les mystiques.

Informé du pas-tout et du pas-un par son précepteur, « Alexandre aurait ri, tout le premier c'est le cas de le dire, de son dessein de l'univers empirer ». Tout le premier, comme ce chef qui fait exception pour tous les hommes de son temps, il se serait moqué de son ambition de dominer l'univers, qui équivoque ici avec l'universel aristotélicien, par un empire qui ne faisait qu'empirer les choses d'un point de vue politique.

Cette remarque vaut aussi pour les associations de psychanalystes qui ont le plus souvent l'habitude de se structurer autour d'une figure d'exception et d'une totalité close sur elle-même. Peut-être les psychanalystes auront-ils un jour à cœur de mettre en pratique ce qu'ils ont appris de la bouche même de Lacan, en particulier ceux qui se disent ses héritiers par filiation symbolique directe. Le pas-tout et le pas-un manquent aux institutions psychanalytiques. Relire Lacan. Toujours. Et être en alerte sur les tentations totalitaires qui nous animent à notre insu ou selon un choix délibéré, comme on le voit dans les affrontements haineux qui agitent régulièrement les psychanalystes lorsqu'ils revendiquent leur pouvoir d'une supposée transmission légitime.

En quoi cette remarque est-elle aussi intéressante sur la question de l'identité ?

On voit bien qu'Aristote dans *La Politique* livre VII a tenu à affirmer la suprématie des Grecs sur les autres peuples d'Asie et d'Europe, mais qu'il s'est toujours tenu en alerte sur l'impasse tragique de cette promotion de l'identité qui ne tiendrait pas compte de l'altérité et sur les limites de l'ambition de faire univers et totalité à partir de sa seule identité.

Le dérapage d'Aristote à la fin du livre VII, qui n'est certes pas anodin, est largement compensé par cette autre attention à l'altérité qu'il manifeste tout au long de *La Politique*, si bien que son œuvre nous permet d'embrasser les différentes facettes de cette question de l'identité, qu'elle reste pensable rationnellement comme travail de l'altérité dans le champ politique et articulation des normes supposées universelles pour un groupe, une cité, un peuple, une nation, avec ce que ne sont pas ces normes, ou pas exactement, parce que l'universel d'un groupe, d'une cité, d'un peuple, d'une nation dans sa constitution peut être comparé à d'autres universels et qu'aucun ne fait univers, ne fait totalité, ni monde.

Ainsi, en introduisant dans le politique la logique de l'identité féminine au regard de l'œuvre d'Aristote elle-même, Lacan nous permet de penser un espace politique où seul le rapport à l'altérité permettrait de juger de l'identité, et non l'inverse, car quand l'identité prend le pas sur l'altérité, nous avons toujours en nous « le dessein de l'univers empirer », ou à travers la nation – celle des Hellènes, ou de toute autre communauté associative ou politique – faire empirer le désordre du monde. C'est sans doute ainsi que des femmes permettront peut-être un jour de contribuer à un type d'organisation politique moins marqué par une logique de l'Un et plus ouverte à l'Autre en évitant de passer par un matriarcat désexualisé.

Qu'est-ce que cela pourrait bien signifier d'un point de vue politique ? Comment pourrait-on ne pas empirer le dessein de l'univers ?

Je voudrais ici parcourir avec vous le livre III de *La Politique* d'Aristote pour montrer qu'il y est bien question d'identité, mais selon une approche à la fois novatrice et originale, puisque, à aucun moment dans ce livre, cette identité ne repose sur une assise ethnico-culturelle revendiquée. De quelle assise s'agit-il alors ? C'est ce que nous allons voir pour nous apercevoir que c'est d'altérité qu'il s'agit dans l'approche aristotélicienne. Mais cela ne nous dispense pas d'avoir à l'esprit l'autre aspect de *La Politique* d'Aristote et son influence réelle ou supposée sur Alexandre, élève d'Aristote avant d'être empereur. Si l'on doit reconnaître que Lacan voit dans la logique aristotélicienne et son application politique les prémices de prétentions impériales et nationalistes d'Alexandre, si l'on en croit ce qu'il dit dans *L'Étourdit*, c'est-à-dire de prétentions à réaliser une unité politique qui fasse univers, universalité et unité totale, bien au-delà des confins géographiques historiques de la Grèce, au profit des Hellènes, ne pourrait-on dire que ces deux points de vue contradictoires coexistent chez Aristote ? C'est ma question.

Qu'est-ce qu'une constitution selon lui ?

C'est, nous dit Aristote, « une certaine manière d'organiser ceux qui vivent dans la cité ».

Pourquoi l'idée de constitution est-elle étroitement associée à celle de citoyen ?

Il est évident, dit-il encore, que « c'est le citoyen qui doit faire l'objet de notre enquête, la cité étant une collectivité déterminée de citoyens ».

Qu'est-ce qu'un citoyen ?

Ce n'est ni un esclave, ni un métèque, et il marque une certaine préférence pour une définition que l'on dira aujourd'hui formelle, voire structurale, de ce qu'est un citoyen : « Un citoyen au sens absolu ne se définit que par sa participation aux fonctions judiciaires et aux fonctions publiques. » C'est une définition à la fois ancienne et moderne.

Elle est ancienne, parce qu'elle caractérise la citoyenneté au sens de celle d'Athènes ou de Sparte ; moderne en ceci qu'elle annonce des formes de citoyenneté qui s'épanouiront dans ce qu'on appelle la représentation. Mais c'est le système de la démocratie directe propre à un nombre limité de citoyens au sein d'une cité que vise Aristote et qui, elle, est pour le coup ancienne. Elle est liée au petit nombre de ceux qui délibèrent en assemblée.

La question est de savoir si Aristote pose les questions de la même façon que nous le faisons. Jusqu'ici nous voyons à quel point nous lui sommes tributaires. Mais par exemple fait-il comme Voltaire ou Renan à l'époque moderne de la population ou du territoire le critère discriminant de la communauté politique que les modernes appellent nation ? Il se contente de dire que ces deux critères, les politiques ne doivent pas les ignorer pour penser la cité, mais que pour lui ce ne sont pas des critères discriminants.

Qu'est-ce qui constitue pour lui réellement l'identité d'une cité ?

« Si la cité est une sorte de communauté, et si c'est une participation commune des citoyens à un gouvernement, dès que la forme de gouvernement devient autre – *hétéras* – ou simplement différente – *diaphérôsas* –, il est inévitable (...) que la cité aussi ne soit plus la même, tout comme nous disons qu'un chœur, tantôt comique, tantôt tragique, n'est pas le même, bien que souvent il soit composé des mêmes personnes ; pareillement n'importe quelle forme de communauté (...) est autre – *hétéran* – si la forme de composition est autre. »

Pourquoi je cite ce passage ?

Parce que bien sûr, si le substantif « identité » n'est pas une création du grec d'Aristote, c'est de l'identité qu'il s'agit dans ce même, pérenne ou non pérenne dans le temps, et qui devient autre si la forme de gouvernement change.

C'est que c'est la seule constitution qui détermine l'identité de la communauté politique et celle du citoyen : il n'est donc pas excessif de parler pour Aristote d'une identité politique de nature constitutionnelle. Ce qui explique pourquoi il passe un temps infini à faire l'analyse dans *La Politique* des constitutions de son époque.

Peut-on s'en tenir à cette seule remarque ?

C'est qu'il n'est pas seulement possible de parler d'identité constitutionnelle, mais d'un projet, celui de *La Politique*, qui vise à étudier la régie de ces identités et de leurs différences, c'est-à-dire comme l'illustre ce passage, à penser l'identité constitutionnelle de chaque communauté politique par rapport à ce qui est autre qu'elle, par rapport à de l'altérité. La régie des identités chez Aristote est celle de l'altérité en politique.

Il y a une identité constitutionnelle d'Athènes, c'est la démocratie, mais elle n'est pas pensable si elle n'est pas située et situable par rapport à ce qu'elle n'est pas, son Autre : Aristote est donc avant tout l'auteur d'une syntaxe différentielle de la politique entendue au sens constitutionnel, dont Platon dans *La République* avait proposé les prémices. Mais cette fois c'est sous la régie de l'altérité dans le champ politique qu'est pensée l'identité, j'en veux pour preuve le luxe de détails de l'analyse des constitutions par Aristote. C'est, au sens moderne du terme, un regard éloigné – au sens de Lévi-Strauss[28] – que porte le philosophe sur les constitutions de son temps dans la distance de l'altérité. Ce que ne fait pas Platon.

C'est pourquoi il semble reprendre la conception platonicienne des gouvernements, telle qu'elle figure dans *La République*, mais il en fait tout autre chose.

Rappelons-en les principes, pour mémoire. Il y a la république, gouvernement du plus grand nombre, dont la déviance est la démocratie. Il y a l'aristocratie, gouvernement des meilleurs par la vertu, dont la déviance est l'oligarchie. Il y a la royauté, dont la déviance est la tyrannie.

La république dégénère en démocratie, quand ce ne sont plus les classes moyennes, ni trop riches ni trop pauvres, qui gouvernent, mais la foule des indigents. L'aristocratie dégénère en oligarchie, quand ce n'est plus la vertu des meilleurs qui l'emporte, mais le pouvoir des plus fortunés. La royauté en tyrannie, quand le pouvoir sans partage d'un seul ne vise plus l'intérêt public, mais le seul intérêt du tyran.

Aristote a bien sûr une préférence, pas du tout platonicienne : il préfère la république modérée, à mi-chemin entre l'oligarchie et la démocratie, avec un régime d'assemblée ouvert à ceux qui ne sont pas dans l'indigence, et de ce fait sont plus sensibles à la raison qu'à la passion

28 Claude Lévi-Strauss, *Le Regard éloigné*, Paris, Plon, 1983.

de l'envie, mais qui ne disposent pas d'une richesse dont l'insolence leur ferait oublier les limites du pouvoir. Moyen terme donc.

À l'inverse, il se méfie de la royauté ou de la monarchie, c'est-à-dire du pouvoir d'un seul, au motif qu'il est plus raisonnable de décider à plusieurs que seul, pour autant que plusieurs avis raisonnables sont préférables à l'arbitraire.

En quoi est-il toujours moderne ?

C'est qu'il me semble rejoindre une aspiration, qu'on dit moderne par abus de langage, sans s'apercevoir qu'elle prend naissance déjà dans *La Politique* d'Aristote.

Je voudrais évoquer ici une expression que Jürgen Habermas utilise, dans un premier temps en 1986 au moment de la querelle des historiens que je ne vais pas ici retracer, pour rappeler à certains de ses confrères nostalgiques du IIIe Reich l'enracinement de la jeune et nouvelle République allemande après la catastrophe nazie dans une loi fondamentale qui privilégie au moins idéalement une forme politique de citoyenneté sans référence à des idéaux ethnico-culturels ; c'est l'expression « patriotisme constitutionnel ». Ce qui est visé dans cette expression, c'est l'adhésion rendue possible par la constitution à des principes de libertés politiques et d'égalité de droits entre les citoyens d'un pays, abstraction faite de leur appartenance ethnico-culturelle. Il reprend cette idée dans un ouvrage traduit en français en 2014 intitulé *L'Intégration républicaine*, où il montre à propos de l'avenir de l'État-nation que cette seule adhésion formelle aux principes d'une constitution démocratique suffit à définir l'identité du citoyen en Allemagne, et plus largement en Europe. C'est très exactement dans ces termes que s'est exprimée Angela Merkel pour justifier dans un premier temps l'accueil des migrants syriens, même si elle s'est beaucoup reprise ensuite.

Il y a dans *La Politique* la matrice de la pensée constitutionnelle en Europe et au-delà, avec un intérêt pour une identité dont la définition ne serait que politique et qu'il faudrait toujours juger à l'aune de l'altérité, sans préjuger bien sûr du fait que la république soit la seule forme admissible de gouvernement, même si la discussion qu'elle rend possible entre citoyens raisonnables, les fameux membres des classes moyennes, est préférable à la tyrannie d'un seul ou à une oligarchie de possédants. Il est clair qu'Habermas pour penser sa théorie de l'agir communicationnel a relu *La Politique* et que, en matière de politique, les progrès, si progrès il y a, sont souvent derrière nous.

Qu'attendre ?

La vraie conclusion revient toujours au poète dans sa confrontation avec une pensée du langage et de l'appartenance fondée sur l'enracinement et l'identité. Citons ici ce poème écrit par Paul Celan juste après sa visite auprès de Martin Heidegger : son éloquence tient à la finesse de ce qu'il suggère, bien plus qu'à l'évidence d'un sens qu'il voudrait imposer, limite indiscernable entre le champ du sens et de l'ab-sens réel, où le poète a élu domicile pour montrer la voie d'une écriture nouvelle au champion de l'enracinement dans la langue allemande et grecque.

Paul Celan est un juif roumain de langue maternelle allemande à la confluence d'identités multiples. C'est devenu un lieu commun que de dire qu'il travaille la langue allemande pour l'exfolier de ce qu'elle était devenue avec le nazisme, et qu'Otto Klemperer a si bien saisi dans son ouvrage *LTI*, un ossuaire pour les signifiants, de dire aussi qu'il travaille la langue allemande pour y réinstaller de l'Autre et cette discordance du sens, entre sens et ab-sens, dont les derniers recueils de son œuvre viennent témoigner pour lui. Et c'est aussi un lieu commun de répéter qu'avec Paul Celan le Poème redevient possible après Auschwitz ; nonobstant l'annonce, à tort et avec les meilleures intentions morales du monde, de la fin du Poème, l'impossibilité d'en écrire de nouveaux après l'expérience de l'extermination des juifs d'Europe. Redisons ces lieux en conclusion, car ils sont vrais, même s'ils sont communs.

Que dit ce poème ?

Todtnauberg
Arnika, Augentrost, der
Trunk aus dem Brunnen mit dem
Sternwürfel drauf,
In des Hütte,

die in das Buch
-wesen Namen nahms auf
vor dem meinen?-,

die in dies Buch
geschriebene Zeile von
einer Hoffnung, heute,
auf eines Denkenden
kommendes
Wort
Im Herzen,

Waldwasen, uneingeebnet,
Orchis und Orchis, einzeln,

Krudes, spatter, im Fahren,
deutlich,

der uns fährt, der Mensch,
der's mit anthört,

die halb-
beschrittenen Knüppel-
pfade im Hochmoor,

Feuchtes,
viel.

Puis la traduction de Bertrand Badiou et de Jean-Claude Rambach :
Arnica, délice-des-yeux, la
gorgée à la fontaine avec le
dé en étoile dessus

dans la Hutte,

elle, dans le livre
– de qui a-t-il recueilli le nom
avant le mien ?
elle, écrite dans ce livre,
la ligne d'un
espoir, aujourd'hui,

en un mot
d'un pensant
à venir
au cœur

humus forestier, non aplani,
des orchis et des orchis, isolés,

des choses crues, plus tard, en route,
distinctement

celui qui nous conduit, l'homme
qui les entend aussi,

à moitié
parcourus, les sentiers
de gourdins dans la haute fagne,

des choses humides,
beaucoup.

Parler de ce poème à nouveau après tous les commentaires brillants qui en ont été faits relève ici de la gageure. Mais je voudrais en parler pour évoquer la poétique qui guide implicitement Paul Celan.

Faut-il lire ce texte « comme un poème (...) traversée des significations, sens suspendu, traversé de significations[29] », et donc refuser d'y voir comme le fait André du Bouchet une réponse de Paul Celan à Martin Heidegger à la question essentielle qui l'a animé durant cette visite et qui se présente dans le poème lui-même : est-il possible d'attendre de lui « écrite dans ce livre, la ligne d'un espoir, aujourd'hui, en un mot d'un pensant à venir au cœur[30] » ? Parce qu'il refuse d'entendre la question, André du Bouchet refuse d'entendre la réponse en forme de question de Paul Celan. Cette question, quelle est-elle ? Vous qui avez été un acteur du IIIe Reich, vous qui avez soutenu Hitler au moment de votre rectorat à l'université de Fribourg, mais vous qui vivez dans l'amitié

29 André du Bouchet, « Todtnauberg », dans *Europe*, septembre-octobre 2016, p. 173.
30 Paul Celan, « Todtnauberg ».

des poètes et du langage, êtes-vous prêt à écrire une ligne d'espoir pour le poète juif que je suis et dont Hitler a fait assassiner les parents, une ligne d'espoir qui ouvre la poétique de votre acheminement vers la parole à un dire, à une œuvre venue de celui que vous avez voulu exterminer avec toute sa famille, et aux œuvres de la culture juive ? Êtes-vous prêt à demander pardon ? André du Bouchet n'entend pas cette question d'un poète à un philosophe de la parole et du langage séduit par le nazisme. Il ne l'entend pas et préfère ne voir dans le poème de Celan que l'évocation d'un sens suspendu.

« Ici, la signification vécue – si douloureuse soit-elle – ce qui en fait un poème – est traversée. On entend annuler le poème en le chiffrant. est traversée – jusqu'à vivre, en deçà et par-delà les significations, qui est étranger à la douleur. mais en le ravalant ainsi à contre-sens », dit encore André du Bouchet. Si la pertinence de ce déni, dicté par une connivence avec la pensée d'Heidegger soudain lavée après la guerre par le poète et résistant René Char des soupçons de compromission persistante avec le nazisme, vole en éclats, dès le titre et les premiers mots du poème, c'est que le lieu où Heidegger a choisi d'élire domicile dans sa hutte célèbre porte le nom fatal de Todtnauberg, que selon le traducteur Bertrand Badiou on peut entendre librement au sens de « mont de la prairie humide et de la mort[31] ».

Ici le poète énonce un signifiant qui déroule à lui seul un axe paradigmatique où certes le sens n'est que traversé, mais où les métaphores évoquées dans le texte se substituent toutes à ce réel de la mort, comme si par l'annonce tonitruante de ce signifiant *Todt*, Paul Celan avait voulu faire un effet de sens réel et nous guider en l'évoquant simplement vers la réalité concentrationnaire.

Qu'est-ce qui le prouve ? Une seconde remarque de Bertrand Badiou sur le signifiant *Augentrost*, « délice-des-yeux », et qui correspond très précisément à cette euphraise en français rencontrée par Celan sur le chemin qui le menait vers le chantier concentrationnaire[32], comme évoquée dans une lettre à sa femme du 30 septembre 1962. *Trost* signifie « consolation », consolation des yeux donc pour celui qui éloignait de lui par la fleur la menace de mort. Quelle menace cherchait-il à éloigner, en rendant visite au philosophe de Fribourg ? Quel arnica – c'est le pre-

31 Bertrand Badiou, « L'estrangement du poème – Entretien », dans *Europe*, septembre-octobre 2016, p. 152.

32 *Ibid.*, p. 151.

mier mot du poème – avait-il besoin de répandre sur ses bleus pour en moins souffrir, en rendant visite à l'ancien complice de ses bourreaux ? Notons que sans l'érudition de Bertrand Badiou, nous ne verrions pas la motivation de ce qui est bel et bien une métaphore, mais qui indique une expérience réelle, celle d'un prisonnier qui revient vers son camp d'internement. Il y a dans l'usage que fait du vocabulaire Paul Celan une recherche du mot rare qui cristallise un sens inaccessible au lecteur – d'où l'effet de traversée noté par André du Bouchet – et renvoie à ce que Lacan appelle l'écart maximum de la métaphore à propos du nouage du réel, du symbolique et de l'imaginaire. Écart maximum pour Lacan : parce que l'on ne peut substituer aucune de ces dimensions les unes aux autres. Il n'y a pas de substitution possible entre ces signifiants qui sont liés dans le nœud, sans être remplaçables les uns par les autres sur l'axe paradigmatique.

Que fait Celan ? Il utilise le signifiant d'une expérience singulière – *Augentrost* – pour suggérer un sens inatteignable, c'est-à-dire un sens pour lequel nous n'avons au départ aucune clé de substitution sur l'axe paradigmatique, suggérant par là l'existence d'un réel hors métaphore, expérience concrète liée à la singularité d'une situation où Derrida a voulu voir chez Celan – et de façon magistrale – l'échec même du sens, son renvoi à un point de singularité inatteignable par le lecteur, indéchiffrable dans l'instant où l'acte d'écriture l'a produit. Datable, mais indéchiffrable.

En France, une poétesse – et psychanalyste –, comme Esther Tellermann, qui a lu et bien lu Paul Celan, a repris dans une œuvre très originale en français cette tentative de déception du sens, de mise en exergue de l'ab-sens, plus radicale à mon avis que le surréalisme, puisqu'elle vise moins à libérer l'imaginaire de toute entrave paradigmatique, qu'à faire entendre la singularité d'une expérience poétique *hic et nunc* où c'est la question du réel au-delà de la métaphore qui est visée par le Poème. Tous les poèmes de Celan cherchent à cerner ce réel. C'est ce qui fait leur éclat et leur nouveauté.

Mais l'écriture cryptique livre ses secrets et d'un sens à peine traversé nous amène à l'expérience concentrationnaire, sans renoncer à cet ab-sens qui caractérise l'écriture de Celan, c'est-à-dire l'impossibilité de rejoindre facilement l'axe des paradigmes. On finit par entendre l'effet de similarité, soit ici des métaphores toutes articulées à cette expérience réelle de la menace de mort.

Plus tard, dans ses derniers recueils, Celan fera usage des mots composés par ses soins et associant avec incongruité des signifiants jamais juxtaposés dans un substantif allemand, soit de mots issus de la langue technique ou scientifique ou surannée. Grâce aux propriétés spécifiques de la langue allemande, il semble fabriquer des néologismes par emboîtement de signifiants à l'intérieur d'un même mot, sur le territoire de signifiants cryptiques où l'axe paradigmatique se perd à l'infini et où n'est saisie par le lecteur qu'une métaphore pour laquelle il n'a aucun repère de similarité assignable dans la langue : effet de sens réel où le lecteur est appelé à faire l'effort de reconstituer par lui-même l'axe paradigmatique. C'est la première impression que donne *Augentrost*, si l'on ignore le contexte biographique de cette rencontre, en route vers le camp de concentration avec une fleur qui signifie le réconfort.

Paul Celan soutient que son travail est « antimétaphorique », ce qui est vrai de cette tentative de préférer à un axe paradigmatique reconnaissable dans le poème des signifiants rapportés à la singularité d'une expérience réelle, qui est aussi une expérience de langage : il tente par ce moyen de suggérer un réel inatteignable par l'usage du symbolique. Ce que nul autre avant lui n'avait tenté. C'est pourquoi c'est bien en se frayant un passage du sens à l'ab-sens que Paul Celan a fait son chemin dans le Poème.

Mais en l'occurrence « Todtnauberg » est largement tributaire des métaphores de la mort, et c'est une véritable interprétation que fait Paul Celan à Martin Heidegger en énonçant le nom fatal sous l'égide duquel l'ancien professeur à l'université de Fribourg a choisi de penser au fond de sa forêt des origines autochtones. Cet effet de sens réel contenu dans le titre du poème renvoie le philosophe de Fribourg au signifiant de la destruction.

Ainsi, le philosophe n'a-t-il donc « entendu » que des « choses crues » – *Krudes*, et dont la crudité se passe de commentaires –, et si c'est sur la représentation d'un lieu marécageux et humide bordé de rondins – ou de gourdins – que se termine la promenade, c'est que ce lieu est emblématique de cette pensée de l'enracinement du poème dont Paul Celan a bien saisi le sol boueux dans le poème lui-même. L'autochtonie du sol natal fut sans doute la seule réponse du philosophe – avec son silence assourdissant sur la Shoah – à la douleur du poète naguère persécuté par cette même autochtonie des origines pures.

Ce dialogue impossible avec l'autochtonie est aussi celui du psychanalyste qui sait où conduit la passion identitaire : à la boue de l'esprit. Tel fut le national-essentialisme de Martin Heidegger, selon le mot de cet autre poète et linguiste, Henri Meschonnic. Il n'y a rien à en attendre aujourd'hui comme hier, et il n'est même pas une alternative à la passion de l'objet dans laquelle l'économie de marché a plongé le sujet contemporain, même si elle se présente maintenant comme telle. Peut-être le poète dessine-t-il à travers cette fleur, *Augentrost*, qui est aussi un délice des yeux, la possibilité d'un réconfort face à la menace et grâce à la métaphore, à l'écart maximum de la métaphore, c'est-à-dire à un usage raisonné du nœud borroméen pour répondre aux défis actuels de la subjectivité et du lien social. Penser après Auschwitz et contre lui, c'est penser avec la poésie du nœud borroméen et la jouissance de la vie qui se love au cœur de cet *Augentrost*, consolation des yeux.

POSTFACE

D'une historicité de l'inconscient

Bernard Stiegler

Le livre qu'on vient de lire ouvre la question d'une réinterprétation générale des sources freudiennes et lacaniennes de la psychanalyse, dans une époque où, comme l'a soutenu Charles Melman, qui inspire largement ce travail, l'évolution de l'économie capitaliste appellerait sinon une « refondation » des concepts de cette *therapeia* qu'est l'analyse, du moins leur réactualisation en fonction d'une transformation des instances *historiques* constitutives de l'économie psychique.

C'est une folle ambition, à laquelle d'aucuns objecteront que l'inconscient ne connaît pas le temps – et c'est à cette folie que la présente postface tente follement de faire écho en esquissant quelques traits d'un travail à venir.

*

La méthode psychanalytique issue de la découverte de l'inconscient est de nos jours attaquée de toutes parts au nom de « résultats positifs » en matière de description et d'explication, par exemple ceux des neurosciences, ou encore au nom d'une prétendue efficacité thérapeutique dans les traitements comportementalistes et chimiothérapiques du mal-être contemporain.

À cela, les psychanalystes, et plus généralement les lecteurs de Freud et de Lacan, répondent souvent par des postulats relevant de ce qu'Aristote appelait la dialectique en tant qu'elle vise à établir le vraisemblable[1] et ce que la *Rhétorique* nomme les *endoxa*[2]. Il y a cependant un matériau scientifique et philosophique fondamental avec lequel la psychanalyse, en tant que pratique thérapeutique rationnelle de la vie psychique individuelle et collective (familiale ou plus généralement sociale), devrait dialoguer *positivement*, c'est-à-dire sur le terrain de l'argumentation tendue vers et par l'idéal apodictique.

La diversité de ce matériau est grande, et il n'est pas question ici d'en proposer une description, ni même un panorama capable d'en dessiner de loin une vue d'ensemble. On n'en indiquera que des saillances, telles qu'elles proviennent d'un travail en cours, basé, d'une part, sur les thèses principales de ce qui a été appelé l'organologie générale, mise au service d'une pharmacologie pratique (au sens de faire-avec-le-*pharmakon* que constitue tout artefact), et, d'autre part, sur l'exorganologie telle qu'elle étudie le devenir des organisations sociales et les conditions de leur maintien – sous la pression de ce qu'Arnold Toynbee décrivait comme une tendance primordialement suicidaire des civilisations (il faudrait évaluer le caractère métaphorique de l'épithète) ne s'actualisant que par intermittence.

Nous sommes plus que jamais confrontés à une telle actualisation.

*

L'organologie générale repose sur la prise en compte de deux concepts issus de la phénoménologie :

- d'une part, de la distinction avancée par Husserl entre rétention primaire et rétention secondaire pour rendre compte de la phénoménologie de la conscience *intime* du temps ;
- d'autre part, de ce que j'ai appelé la rétention tertiaire telle qu'elle s'impose à Husserl lui-même (bien qu'il ne la qualifie pas ainsi) en l'espèce de l'écriture, dans la conférence *L'Origine de la géométrie*, et telle qu'elle lui apparaît comme *réalité technique irréductible* dans la genèse « transcendantale » de la géométrie – cette genèse ne pouvant justement plus, dès

1 Pierre Aubenque, *Le Problème de l'être chez Aristote*, Paris, PUF, 1962.
2 Justine Garzaniti, « Vrai, faux, persuasion et vraisemblance. Dialectique et rhétorique chez Aristote », *Revue philosophique de Louvain*, t. 105, n° 3, 2007, p. 311-332.

> lors, être dite « transcendantale » au sens strict, et c'est ce que Derrida décrira comme une *factualité métempirique*, elle-même constituant « l'histoire du supplément » qui engendre la possibilité du comme tel, c'est-à-dire de la conscience telle que la conçoit la philosophie précisément comme capacité d'accéder à l'apodicticité, et, au-delà, à ce que Heidegger appellera la « différence ontologique ». D'où que l'intime devient extime.

L'organologie générale pose que tout ce qui peut venir affecter l'âme noétique que Freud appellera l'appareil psychique est toujours déjà pris dans la triplicité « borroméenne » que forment de façon indissociable :

- une organisation organique constituant un *organisme*, se présentant comme un corps animé, généralement couvert, c'est-à-dire pudique,
- des *organes inorganiques* formant un système d'objets, qui sont tous techniques et artificiels,
- des *organisations sociales* prescrivant les agencements entre ces organes organiques et inorganiques (définissant par exemple les règles de la pudeur - ce qui se dit en grec *aidôs*, laquelle accompagne nécessairement la justice, *dikè*).

Les organes inorganiques, qui constituent la sphère à laquelle appartient l'écriture telle que la conçoit *L'Origine de la géométrie* - celle-ci caractérisant elle-même un stade spécifique de cette sphère -, sont aussi des rétentions tertiaires, c'est-à-dire des supports de mémoire formant des « souvenirs », que l'on trouve dans les boutiques de souvenirs ou dans les musées (ce sont alors des choses *weltgeschichtlich* au sens du § 75 d'*Être et temps*), des reliques, au sens religieux, des archives, au sens de l'historiographie, des documents au sens paléoanthropologique, etc. Tous ont vocation à former un espace transitionnel - de l'objet du même nom à tout ce qui ouvre la distance entre microcosme et macrocosme au sein d'un *kosmos* qui est une parure.

J'ai tenté de montrer[3] pourquoi Freud, qui ignore, dans l'analyse du système P/C d'*Au-delà du principe de plaisir*, la distinction entre rétention primaire et rétention secondaire, s'encombre de difficultés conceptuelles et de paradoxes qui se trouvent en outre aggravés du fait

3 Bernard Stiegler, *De la misère symbolique*, Paris, Flammarion, « Champs », 2013.

qu'il ne tient *a fortiori* aucun compte de ce qui est ici appelé rétention tertiaire, ce qui est hautement paradoxal puisque les organes inorganiques (parapluie, chapeau, maison, boîte, etc.) sont omniprésents, par exemple dans l'interprétation des rêves.

C'est d'autant plus étrange que par ailleurs, dès la lettre à Fliess du 14 novembre 1897[4], puis dans *Malaise dans la culture*[5], il pose que le destin de l'appareil psychique opérateur de l'économie libidinale est surdéterminé par ce qu'il décrit à la fois comme un *refoulement* organique et un *perfectionnement* organique – dont j'ai tenté de montrer pourquoi ils consistent en défonctionnalisations organiques, mais aussi organisationnelles, et en refonctionnalisations à la fois organiques, organologiques et organisationnelles.

Lacan aura peut-être entrevu cette question lorsqu'il aura posé dans son *Discours aux catholiques* que :

> « Nous savons ce qu'il en est de la terre et du ciel, l'un et l'autre sont vides de Dieu, et la question est de savoir ce que nous y faisons apparaître dans les disjonctions qui constituent nos techniques.
>
> Nos techniques (...) ont pris une mesure d'efficacité pour autant que leur principe est une science qui ne s'est (...) déchaînée qu'à renoncer à tout anthropomorphisme. (...) Cette science (...) est la production de l'atomisme du signifiant qui l'a structurée[6]. »

Cette atomisation est le fait d'une grammatisation (c'est-à-dire d'une discrétisation autorisant une reproductibilité) qui s'entame avec l'émergence de la rétention tertiaire hypomnésique (au sens que Socrate accorde à cet adjectif dans *Phèdre*) dès le Paléolithique supérieur – dans les grottes ornées qui laissent Georges Bataille stupéfait.

L'atomisme du signifiant, c'est ce qui lie celui-ci au destin de la rétention tertiaire, et, plus précisément, au destin de la rétention tertiaire hypomnésique. Or le destin de la rétention tertiaire hypomnésique est lui-même inséparable de l'histoire organologique de la rétention ter-

4 Sigmund Freud, *Lettres à Wilhelm Fliess*, Paris, PUF, 2006.
5 Sigmund Freud, *Le Malaise dans la culture*, Paris, PUF, 2015.
6 Jacques Lacan, *Discours aux catholiques*, Paris, Seuil, 2005.

tiaire – qui n'est autre que l'histoire de la technique et qui commence il y a trois millions d'années.

*

Cette inséparabilité procède fondamentalement de l'exorganologie en cela qu'elle est le nœud constitutif du « geste » et de la « parole », de la « technique » et du « langage », nœud où se noue la *philia* telle qu'elle devient ainsi – et *ne* devient *qu'ainsi* – l'*éros* en tant que pouvoir de liaison de la libido : pouvoir de liaison des appareils psychiques entre eux, mais aussi, et indissociablement (en formant des relations que Simondon dit *transductives*, et Lacan *borroméennes*), pouvoir de liaison des pulsions au sein de ces appareils psychiques eux-mêmes.

Ces liaisons transductives et borroméennes se forment exorganologiquement – et on laissera pour le moment de côté la question de savoir comment s'y distribuent ce que Lacan appelle réel, imaginaire et symbolique. On appellera exorganologique une relation au sein de laquelle un exorganisme simple, c'est-à-dire un organisme doté d'organes artificiels, s'agrège à d'autres exorganismes simples au sein d'exorganismes complexes toujours pluriels, entre lesquels il peut y avoir des conflits, et tels qu'ils instaurent ce que Bergson appelle des obligations[7].

On distinguera en outre entre exorganismes complexes inférieurs et exorganismes complexes supérieurs, ceux-ci se soumettant ceux-là en leur imposant leur loi, elle-même s'autorisant de causalités formelles et finales, là où les exorganismes complexes inférieurs mettent en œuvre des causalités matérielles et efficientes.

En conjuguant ainsi les analyses issues de l'organologie générale et de l'exorganologie, il devient possible d'appréhender le destin pulsionnel du capitalisme contemporain, dès lors que l'on opère cette conjugaison avec la question du double redoublement époklhal[8] qui caractérise

---

7 Henri Bergson, *Les Deux Sources de la morale et de la religion*, Paris, PUF, 2008.

8 Ce qui caractérise la disruption provoquée par la technologie numérique, c'est que « bien loin de s'ajuster aux systèmes sociaux en les reconfigurant à travers une "nouvelle époque", le système technique les court-circuite et, finalement, *les anéantit*.
Lorsqu'un système technique engendre une nouvelle époque, l'émergence de nouvelles formes de la pensée se traduit par des courants religieux, spirituels, artistiques, scientifiques et politiques, par des mœurs et des styles, par de

les processus de défonctionnalisation et de refonctionnalisation par lesquels s'agencent et s'ajustent les systèmes techniques, les systèmes sociaux et les appareils psychiques qui s'y individuent, et qui a été posée d'abord dans *La Technique et le temps* et plus récemment en divers ouvrages, notamment *Dans la disruption. Comment ne pas devenir fou ?*, où ladite « disruption » apparaît constituer une limite telle que la défonctionnalisation aussi bien que la refonctionnalisation échappent aux systèmes sociaux et à tout le travail noétique qui s'opère à travers eux, cette situation conduisant à une *prolétarisation généralisée* qui est rien moins qu'une dénoétisation généralisée – installant l'ère de la post-vérité, c'est-à-dire le non-savoir absolu, où l'on se dit qu'il serait

---

nouvelles institutions et de nouvelles organisations sociales, par des changements dans l'éducation, dans le droit, dans les formes du pouvoir et, bien sûr, dans les fondements mêmes des savoirs – comme savoirs conceptuels aussi bien que comme savoir-faire et comme savoir-vivre. Mais c'est ce qui n'advient que dans un second temps, c'est-à-dire *après* que l'*épokhè* technologique a eu lieu.

C'est pourquoi une époque se produit toujours à travers un double redoublement épokhal :

. *double* parce qu'il se produit toujours en *deux temps* : d'une part, l'*épokhè* technologique ; d'autre part, l'*épokhè* des savoirs comme formes de vie et de pensée, c'est-à-dire la constitution d'une nouvelle transindividuation (caractéristique de telle époque en tel lieu) ;

. *redoublement* parce que, à partir des formes *déjà là* de la technique et du temps qui se sont constituées comme telle ou telle époque établie, une nouvelle réalité technique et une nouvelle réalité historique (ou plus précisément historiale – *geschichtlich*) redoublent et par là relèguent dans le passé ce qui les a engendrées, qui apparaît dès lors précisément constituer *le passé* ;

. *épokhal* parce que ce n'est que comme *interruption* inaugurant un *recommencement* et la *nouveauté* d'un *présent actuel* que ce double redoublement advient en s'établissant fermement comme ce que l'on appelle précisément une *époque*.

La *disruption* que constitue le système technique *numérique* est une telle *épokhè* : la disruption est une telle suspension de *toutes* les façons antérieures de penser, qui s'étaient élaborées par l'appropriation de changements antérieurs de systèmes techniques (et de systèmes mnémotechniques et hypomnésiques qu'il faut penser comme processus de grammatisation, ce dont je ne parlerai pas ici). Mais cette *épokhè* est disruptive précisément en cela qu'*elle ne donne absolument pas lieu au second temps*, ni donc à *aucune pensée* : elle ne donne lieu qu'à un *vide absolu de la pensée*, qu'à une kénose d'une radicalité telle que Hegel lui-même aura été dans l'incapacité de l'anticiper. C'est au contraire ce que Nietzsche aura vu venir "à pas de colombe" – comme l'épreuve du nihilisme.

La dimension grotesque de ce que l'on appelle le "débat intellectuel", en France en particulier, et tel qu'en auront parlé les médias au début de l'automne 2015, est un symptôme pathétique de cet état de fait ». Bernard Stiegler, *Dans la disruption. Comment ne pas devenir fou ?*, Paris, Les Liens qui libèrent, 2016, p. 34-35.

temps d'aller avec Hegel et par-delà Hegel (en repassant par Marx) un peu plus loin que Kojève.

La nouvelle économie psychique prend place dans cette déséconomie libidinale où les instances des différances – éducatives et savantes au sens large : génératrices de savoirs, vivre, faire, conceptualiser et spiritualiser –, différant les buts des pulsions en investissements exorganologiques, sont fonctionnellement court-circuitées et délégitimées.

Cette déligitimation est celle du père et du grand-père, c'est-à-dire aussi du *ça*, telle qu'on l'a décrite dans *Prendre soin. De la jeunesse et des générations*, où l'on a tenté de montrer de quoi procède la chaîne de télévision pour la jeunesse Canal J. (et plus encore Baby First), aussi bien que la déligitimation de la puissance publique, court-circuitée par ce que Frank Pasquale a appelé la souveraineté fonctionnelle d'Amazon[9], où l'on voit pourquoi et comment tout cela provient du diagnostic néolibéral *sur l'impuissance* – de la « puissance publique », mais aussi, au-delà, de toute institution, qu'il s'agit dès lors de remplacer par un système de calcul universel appelé le marché.

Tout cela se déploie au moment où la reproductibilité sexuée du vivant sous toutes ses formes est mise en cause par la défonctionnalisation et la refonctionnalisation organologique et exorganologique issue des biotechnologies. Cela signifie-t-il par exemple un retour au matriarcat ? J'en doute profondément. C'est au contraire un court-circuit de la figure de la mère, encore bien plus radical que celui de la figure du père : il s'agit en définitive d'une *défonctionnalisation systémique de la parentalité*.

*

Un tel devenir est-il concevable et possible, c'est-à-dire aussi solvable et soutenable ? La réponse est non. Et puisque la question posée par ce que Pierre-Christophe Cathelineau a donc décrit comme l'économie capitaliste de la jouissance (qui est une déséconomie libidinale) est aussi et primordialement celle de ce que Marx critiquait sous le nom

9 Frank Pasquale, « From Territorial to Functional Sovereignty : The Case of Amazon », https://lpeblog.org/2017/12/06/from-territorial-to-functional-sovereignty-the-case-of-amazon (consulté le 20 janvier 2019).

d'économie politique, la question de la solvabilité de celle-ci ne saurait être éludée.

Un tel devenir défonctionnalisant en fin de compte toute la noèse et, avec elle, l'économie psychique telle qu'elle engendre comme individuation collective (au sens de Simondon) une solidarité organique et fonctionnelle (si l'on parle avec Durkheim), un tel devenir n'est ni concevable, ni possible, ni solvable, ni soutenable : il ne recèle aucun avenir.

Ce devenir n'a pas d'avenir parce qu'il est entropique – et anthropique au sens du GIEC, qui parle de « forçages anthropiques », ce qui signifie que l'activité humaine (appelée aussi anthropisation) ainsi *déséconomisée* libidinalement aussi bien que politiquement détruit toute singularité et, de ce fait, toute possibilité de bifurcation salvatrice du système technosphérique qui a remplacé la biosphère[10] et qui est sursaturé, ce dont le mouvement à vocation révolutionnaire des « gilets jaunes » est une expression par-delà les régressions innombrables qu'aura provoquées cet état de fait sans conception noétique d'un nouveau droit – état de fait sans droit qui se nomme la post-vérité.

Dans une telle situation, la place de la psychanalyse devrait être royale, pour autant qu'elle saurait prendre la mesure de ce que Freud lui-même visait dans son *Esquisse d'une psychologie scientifique*, à savoir qu'il s'agit d'articuler analytiquement et du point de vue du système nerveux les systèmes organique, organologique et exorganologique. Mais cela supposerait d'introduire dans la neuroscience freudienne les questions de Schrödinger (l'entropie négative, dont Freud esquisse lui-même une sorte d'hypothèse dans *Au-delà du principe de plaisir*) et de Lotka (qui prend toute la mesure extra-biologique de ce qu'il décrit comme une évolution exosomatique[11]) – c'est-à-dire aussi, et d'abord, la *localité* telle qu'elle est néguentropique dans le vivant organique et néguanthropique dans le vivant (ex)organologique, et à quoi ne suffit pas la théorie des ensembles, l'*exception* n'étant telle que *localement*. On trouvera des développements sur ces points dans *Qu'appelle-t-on panser ? 1. L'immense régression*[12].

[10] Wladimir Vernadsky, *La Biosphère*, Paris, Seuil, 2002.

[11] Alfred J. Lotka, « The law of evolution as a maximal principle », *Human Biology*, vol. 17, n° 3, 1945, p. 167-194.

[12] Bernard Stiegler, *Qu'appelle-t-on panser ? 1. L'immense régression*, Paris, Les Liens qui libèrent, 2018.

L'articulation fonctionnelle et originelle entre la rétention tertiaire et le langage, c'est-à-dire entre la technique et le signifiant, et telle que le devenir du signifiant est transductivement lié à celui de la défonctionnalisation et de la refonctionnalisation technique *et inversement*, ce qui engendre la dérive temporelle de l'inconscient qui ne connaît pas le temps, et cette non-temporalité interne est fonctionnelle, c'est ce qui se traduit à présent par ce qui est appelé la *data economy*, laquelle tente de *contrôler le signifiant*, ce qui tend à le rendre *insignifiant*, voire *asignifiant*, c'est-à-dire *follement vain*.

Telle est la réalité d'un capitalisme pulsionnel qui est basé sur une prolétarisation généralisée, telle que, de la mère porteuse[13] à Alan Greenspan[14], en passant par toutes les formes de savoir, la transmission est sous toutes ses formes réduite à des formules algorithmiques probabilistes désymbolisées d'où est fonctionnellement évacuée toute sorte de singularité en tant qu'elle est improbable, c'est-à-dire figurant l'horizon de l'Autre.

Prendre soin des appareils psychiques ruinés par cet état de fait suppose de relancer le travail spéculatif, théorique et constamment sur le métier de la bienveillante exigence apodictique qui caractérisa les travaux de Freud aussi bien que de Lacan au-delà des querelles de clocher, d'où qu'elles vinssent - le clocher étant ce qui transforme la localité en « narcissisme des petites différences ». C'est ce à quoi invitent les propositions de Pierre-Christophe Cathelineau, dont on discutera plus en détail les hypothèses dans un ouvrage encore à venir.

13 Bernard Stiegler, *Ce qui fait que la vie vaut la peine d'être vécue. De la pharmacologie*, Paris, Flammarion, 2010, chap. 8.

14 Bernard Stiegler, *La Société automatique*, Paris, Fayard, 2015.

J'adresse mes chaleureux remerciements à Claude Landman pour sa brillante préface, à Bernard Stiegler pour sa postface audacieuse, à Marc Darmon pour son écoute bienveillante et enfin à Lorraine Ouvrieu, ma correctrice. Ils m'ont donné l'élan d'avancer dans la publication de ce livre et leur lecture m'a encouragé encore dans l'approfondissement de ce travail sur le monde contemporain du point de vue de la psychanalyse lacanienne.

Parus dans la collection « Lire en psychanalyse »

Hubert Ricard, *Du symbolique au réel. Éthique et politique,* ISBN : 978-2-8066-3654-6 • 2018 • 190 pages.

Christian Fierens, Frank Pierobon, *Les pièges du réalisme. Kant et Lacan,* ISBN : 978-2-8066-3607-2 • 2017 • 322 pages.

Hubert Ricard, *De Platon à Wittgenstein. Lectures lacaniennes,* ISBN : 978-2-8066-3596-9 • 2017 • 318 pages.

Élie Doumit, *Lacan ou le pas de Freud,* ISBN : 978-2-8066-3597-6 • 2017 • 198 pages.

Le questionnement psychanalytique, *Trente ans de questionnements,* ISBN : 978-2-8066-3567-9 • 2016 • 88 pages.

Hubert Ricard, *De Spinoza à Lacan. Autre chose et la mystique,* ISBN : 978-2-8066-3383-5 • 2015 • 248 pages.

Fierens Christian, *Lecture d'un discours qui ne serait pas du semblant, Le séminaire XVIII de Lacan,* ISBN : 978-2-8066-1085-0 • 2013 • 227 pages.

Moroncini Bruno, *Sur l'amour. Jacques Lacan et Le* Banquet *de Platon,* ISBN : 978-2-8066-2860-2 • 2013 • 215 pages.

Nassif Jacques, *Le livre des poupées qui parlent,* ISBN : 978-2-8066-0740-9 • 2012 • 170 pages.

Claudine Hunault, *Des choses absolument folles. Une lecture du roman* Le Très-Haut *de Maurice Blanchot,* ISBN : 978-2-8066-0715-7 • 2011 • 159 pages.

Centner Christian, Darmon Marc, Fierens Christian, Veken Cyril, *La parole et la topologie. Pourquoi et comment la parole implique-t-elle la topologie ?,* ISBN : 978-2-8066-0725-6 • 2011 • 180 pages.

www.ingramcontent.com/pod-product-compliance
Lightning Source LLC
LaVergne TN
LVHW010918051026
849532LV00003B/738